新时代
大学生心理健康
教育

○○○○

闫秀云　李　梅　徐延兵　主　编

中国纺织出版社有限公司

图书在版编目（CIP）数据

新时代大学生心理健康教育/闫秀云，李梅，徐延兵主编．—北京：中国纺织出版社有限公司，2023.11

ISBN 978-7-5229-1295-0

Ⅰ．①新…　Ⅱ．①闫…②李…③徐…　Ⅲ．①大学生－心理健康－健康教育　Ⅳ．①G444

中国国家版本馆 CIP 数据核字（2023）第 229320 号

责任编辑：王　慧　责任校对：王蕙莹　责任印制：储志伟

中国纺织出版社有限公司出版发行

地址：北京市朝阳区百子湾东里 A407 号楼　邮政编码：100124

销售电话：010－67004422　传真：010－87155801

http：//www.c-textilep.com

中国纺织出版社天猫旗舰店

官方微博 http：//weibo.com/2119887771

三河市宏盛印务有限公司印刷　各地新华书店经销

2023 年 11 月第 1 版第 1 次印刷

开本：787×1092　1/16　印张：18

字数：350 千字　定价：48.00 元

编委会名单

总编审 韩业文

主　编 闫秀云　李　梅　徐延兵

副主编 杨　慧　王万里　丁厚光　石　珍

　　　　　唐　硕　张慧玉　胡永华

前　言

当前，我国正处在社会转型的特殊时期，社会经济结构等发生了深刻的变化。中国特色社会主义进入新时代，我国社会的主要矛盾已经转化为人民日益增长的美好生活需要和不平衡不充分的发展之间的矛盾。美好生活需要不仅包括物质生活的需要，而且包括精神生活的需要。党的十九大报告中要求："加强社会心理服务体系建设，培育自尊自信、理性平和、积极向上的社会心态。"党的二十大报告也指出，推进健康中国建设，要重视心理健康和精神卫生。加强心理健康服务是建设健康中国、平安中国、法治中国的重要内容，是培养良好道德风尚、培育和践行社会主义核心价值观的内在要求，也是实现国家长治久安的一项源头性、基础性工作。

在社会高速发展的形势下，大学生的观念和心理状态在遭受着冲击，心理上的动荡进一步加剧，所面临的心理行为适应问题也前所未有，因此，大学生心理教育尤为重要。为此，教育部颁布了《高等学校学生心理健康教育指导纲要》和《普通高等学校学生心理健康教育课程教学基本要求》，规范了高校心理健康课程教育的基本内容，将大学生心理健康教育纳入学校人才培养体系，使每一位在校大学生都能接受心理健康教育。教育部每年都出台相关文件并制订相应的措施，反复强调对当代大学生进行心理健康教育的重要性和迫切性。党中央也发布了一系列相关文件，文件中均明确要求："注意促进人的心理和谐，加强人文关怀和心理疏导，引导人们正确对待自己、他人和社会，正确对待困难、挫折和荣誉。加强心理健康教育和保健，健全心理咨询网络，塑造自尊自信、理性平和、积极向上的心态。"本书旨在解决时代变迁过程里大学生发展中的心理问题，帮助大学生健康成长。

本书主要依据国家教育大政方针和国家对大学生心理健康教育建设标准进行编写，联系大学生活实际，注重解决实际问题，并提出可操作的、科学的、合理化的建议，使大学生能保持良好的心理健康水平，及时发现问题，及时解决问题，指导和帮助大学生顺利度过大学生活，为其日后发展奠定良好的基础。据此，本书主要涉及以下内容：大学生心理健康概论、自我意识培养与发展、人格发展、情绪管理与调适、人际交往、恋爱和性心理、挫折与压力应对、心理障碍的识别、生命健康教育与心理危机干预、择业与创业心理十个方面的内容，通俗易懂，可读性强，在给大学生普及心理学相关基础知识的同时，注重引导其联系自身实际，有针对性地采取相应的策略、方法，消除心理困扰，从而学以致用。本书具备以下特点。

（1）实用性。本书主要针对在校的大学生进行心理健康教育，对他们在校期间可能会出现的心理问题进行梳理，并提出有针对性的、科学的调适策略，指导大学生顺利地度过大学生活，为他们的身心健康保驾护航。

（2）新颖性。本书在体例上设置了学习要点及学习目标，以案例引入教学内容，穿插部分心理案例，并以拓展阅读的形式增加部分知识内容，增强教材的可读性。最后增添了心理测试和思考与练习，使学生对照内容能够进行自我测试。

（3）应用性。本书提出了针对某些心理问题的调适策略及方法，考虑了大学生的实际情况，并注重其可操作性，学生可以依据指导进行自我调节，达到预防心理问题的目的，从而提高大学生的心理健康水平。

在编写本书的过程中，我们借鉴并吸收了国内外专家和学者们的科研成果，在此对他们深表感谢。

由于编者水平有限，书中难免会有不妥之处，期待同行和广大读者批评指正。

编者

2023 年 6 月

目　录

第一章
大学生心理健康概论

学习目标 ▶▶▶

（1）了解心理学的产生与发展，掌握心理健康的内涵。

（2）了解大学生心理健康的标准。

（3）熟悉影响大学生心理健康的因素。

（4）了解大学生常见的心理健康问题。

（5）了解大学生常见的适应困扰问题及应对策略。

思政目标 ▶▶▶

（1）实事求是：了解权威官方媒体渠道，对大学生心理健康问题进行理性判断。

（2）辩证思维：从整体理解心理健康的动态发展变化。

（3）理论联系实际：将心理健康理论研究成果与当前大学生的心理健康实际相联系。

引导案例

一颗自我发现的心

20世纪初，美国有一位来自康涅狄格州，就读于耶鲁大学，名叫比尔斯（C. W. Beers）的大学生。比尔斯与他哥哥住在一起，他哥哥患有癫痫病，发作时四肢抽搐、口吐白沫、声似羊鸣，痛苦万分，使他非常害怕。他听说此病有遗传性，总担心自己也会像哥哥一样，所以终日生活在恐惧、担忧、焦虑的情绪中。终于在1900年，他因心理失常，被送进了精神病院。住院期间，他目睹了精神病患者受到的种种粗暴、残酷的待遇与非人的生活，不胜悲愤。同时有感于社会对心理异常者的歧视、偏见、冷漠，病愈出院后，他根据自己三年的亲身经历和体会，用生动的文笔撰写了一部书名为《一颗自我发现的心》（*A Mind That Found Itself*）的书。1908年3月出版时，此书得到美国哈佛大学心理学教授威廉·詹姆斯（W. James）的高度评价，并为此书作序。康奈尔大学校长列文斯通·法兰（L. Farrand）等名人也被此书感动，纷纷支持比尔斯。于是在1908年5月，世界上第一个心理卫生组织"康涅狄格州心理卫生协会"诞生了。1909 年 2 月，在比尔斯等人的积极努力下，"美国全国心理卫生委员会"在纽约成立。此后，心理卫生运动不仅在美国迅速发展，而且扩展到世界各地。1930 年，"第一届国际心理卫生委员会"在华盛顿召开，到会 3042 人，代表 53 个国家和地区，会上成立了一个永久性的"国际心理卫生委员会"，它的宗旨是，完全从事于慈善的、科学的、文化的、教育的活动。尤其关心世界各国人民的心理健康的保持和增进，心理疾病、心理缺陷等的研究、治疗与预防，以及全体人类幸福的增进。

第一节　心理健康概述

一、健康与心理健康

　　"健康"一词最早出现于我国儒家经典著作《周易》和《尚书·洪范》。《周易》曰："天行健，君子以自强不息。"《尚书·洪范》曰："身其康强，子孙其逢吉。""健康"有"刚健""无病"，于是"安乐"之意。

心理健康的含义

　　1948 年，世界卫生组织（WHO）提出，健康是一种生理、心理与社会适应都趋于完满的状态，而不仅是没有疾病和虚弱的状态，并进一步指出健康的新概念：一是精力充沛，能从容不迫地担负日常工作和生活，而不感到疲劳和紧张；二是积极乐观，心胸开阔，勇于承担责任；三是精神饱满，情绪稳定，善于休息，睡眠良好；四是自我控制能力强，善于排除干扰；五是应变能力强，能适应外界环境的各种变化；六是体重得当，身材匀称；七是眼睛炯炯有神，善于观察；八是牙齿清洁，无空洞，无痛感，无出血现象；九是头发有光泽，无头屑；十是肌肉和皮肤富有弹性，步伐轻松自如。

　　1989 年，WHO 进一步深化了健康的概念，认为健康不只是指身体无疾病，还应包括躯体健康、心理健康、道德健康以及社会适应良好，要求人们从这四个方面综合评价一个人的健康，如表 1-1 所示。所以，身体无疾病、牙齿坚固、吃饭香、身体壮的人不一定就健康，一个人健康与否，应该依据以下四个方面来评价。

表 1-1　健康的含义

类别	定义
躯体健康	人体的结构完整，生理功能正常

续表

类 别	定 义
心理健康	在身体、智能及情感上与他人的心理健康不矛盾的范围内，个人心境发展最佳的状态
道德健康	在稳定的道德观念支配下表现出来的一贯的符合社会道德规范的行为
社会适应良好	能胜任个人在社会生活中的各种角色，能立足角色创造性地开展工作，取得成就、贡献社会、实现自我
健康四方面之间的关系	躯体健康是其他健康的基础；心理健康与躯体健康相互作用；以心理健康为基础发展起来的道德健康高于单纯的心理健康；社会适应良好是心理健康的充分体现，是健康的最高境界

二、心理健康的标准

心理健康包括哪些维度？是否有心理健康标准？对此，国内外学者有过各种不同的阐述。世界心理卫生联合会曾具体明确地指出心理健康的标志：身体、智力、情绪十分调和，适应环境；人际关系中彼此谦让，有幸福感；在学习和工作中，能充分发挥自己的能力，过着有效率的生活。

坎布斯认为，心理健康者具有四种特质：积极的自我观念；恰当地认同他人；面对和接受现实；主观经验丰富，可供人们取用。

罗杰斯认为，心理健康者的特征是：对任何经验是开放的，不对某种经验拒绝和歪曲；自我结构与其经验相协调，并能同化新经验；能体验到自我价值感；与周围人高度协调，乐于给他人以关怀；自我实现的潜能得到发挥。

美国心理学家马斯洛和密特尔曼提出了 10 条被认为是经典心理健康的标准：①有充分的自我安全感；②能充分了解自己，并能恰当地评估自己的能力；③生活理想切合实际；④不脱离周围现实环境；⑤能保持人格的完整与和谐；⑥善于从经验中学习；⑦能保持良好的人际关系；⑧能适度地宣泄情绪和控制情绪；⑨在符合团体要求的前提下，能有限度地发挥个性；⑩在不违背社会规范的前提下，能适当地满足个人的基本需要。

我国绝大多数学者认为心理健康的标准如下：

（一）智力正常

一般智商在 80 分以上。这是人们学习、工作与生活的基本心理条件，也是适应周围环境变化所必需的心理保证。

（二）情绪健康

其标志是情绪稳定和心情愉快。包括的内容有：愉快情绪多于负面情绪，乐观开朗，富有朝气，对生活充满希望；情绪较稳定，善于控制与调节自己的情绪；既能自我克制又能合理宣泄；情绪反应与环境相适应。

（三）意志健全

意志是一个人在完成一种有目的的活动时所进行的选择、决定与执行的心理过程。意志健全者在行动的自觉性、果断性、顽强性和自制力等方面都表现出较高的水平。意志健全的大学生在各种活动中都有自觉的目的性，能适时地做出决定并运用切实有效的方法解决所遇到的问题；在困难和挫折面前，能采取合理的反应方式；能在行动中控制情绪和行为，而不是行动盲目、畏惧困难、顽固执拗。

（四）人格完整

人格是指个体比较稳定的心理特征的总和。人格完整是指有健全统一的人格，即个人的所想、所说、所做都是协调一致的。个人具有正确的自我意识，能把积极进取的人生观作为人格的核心，并以此为中心把自己的需要、目标和行动统一起来。

（五）自我评价正确

正确的自我评价乃是心理健康的重要条件。一个人要学会自我观察、自我认定、自我判断和自我评价。恰如其分地认识自己，摆正自己的位置，既不以自己在某些方面优于别人而自傲，也不以在某些方面差于别人而自卑。能做到自尊、自强、自制、自爱，正视现实，积极进取。

（六）人际关系和谐

和谐的人际关系表现为：乐于与人交往，既有广泛的人际关系，又有知心朋友；在交往中保持独立而完整的人格，不卑不亢；能客观地评价别人和自己，有自知之明，善于取长补短；宽以待人，乐于助人；积极的交往态度多于消极态度，交往动机端正。

（七）社会适应正常

个体与客观现实环境保持良好秩序。个体能客观地认识现实环境，以有效的办法应对环境中的各种困难，不退缩，还要根据环境的特点和自我意识的情况努力进行协调，或改善环境适应个体需要，或改变自我适应环境。

（八）心理行为符合年龄特征

不同年龄阶段有不同的心理和行为，心理健康者应具有与多数同龄人相符合的心理行为特征，如果心理行为特征严重偏离同龄人，则是不健康的表现。

值得注意的是，心理健康的标准是相对的。我们在理解和运用心理健康的标准时，应把握以下几点。

（1）反映心理健康与否的心理活动和行为表现不能等同。心理不健康是指一种持续的不良状态。我们不能仅根据一人一时、一人一事而简单地给自己或他人下心理不健康的结论。一个人偶尔出现一些偏离正常的心理活动或行为表现，并不意味着这个人就是心理不健康，应具体问题具体分析。例如，一个平时活泼可爱的女生，近来突然变得郁郁寡欢，有时半夜啼哭。她的表现是心理不健康吗？如果知道她的亲人刚去世了，或者她最近失恋了，你又会怎么想？

（2）心理健康与否不是泾渭分明的截然对立，而是一种连续或交叉的状态。人的心理健康水平可以分为不同等级，从严重的心理疾病到轻度的心理障碍、从心理健康状况一般到心理健康状况良好，这是一个连续的过程。在许多情况下，异常心理与正常心理、变态心理与常态心理这两极之间只有相对标准，没有绝对的界限。

（3）心理健康状态具有动态性。心理健康的状态并非静止的、固定的，而是动态的变化过程。如果人们不注意心理保健，经常处于焦虑、抑郁的心理状态，其心理健康水平就会下降，甚至出现心理变态或患上心理疾病；反过来，如果心理有了困扰或出现失衡时，能及时自我调整和寻求心理咨询师的帮助，就会很快恢复到心理健康良好的状态。随着自身的成长、经验的积累、环境的改变，心理健康状况也会有所改变。

（4）心理健康的标准是一种理想的尺度。它不仅为我们提供了衡量心理是否健康的标准，还为我们指明了提高心理健康水平的方向。

心理健康说到底是一种人生态度。心理健康的人，一般都能以积极的眼光看待世界，看待周围事物，富有利他精神，能在付出、发展自己的过程中增强自我价值感。他们追求高尚的生活目标，但又没有做"完人""超人"等超出其自身能力的念头。

 拓展阅读

心理健康经典 10 句

（1）记住该记住的，忘记该忘记的。改变能改变的，接受不能改变的。

（2）如果敌人让你生气，那说明你还没有战胜他的把握；如果朋友让你生气，那说明你仍然在意与他的友情。

（3）有些事情本身，我们无法控制，只好控制自己。

（4）人就是孤独的，缓解孤独带来痛苦的唯一方式就是平静地接受它。

（5）日出东海落西山，愁也一天，喜也一天；遇事不钻牛角尖，人也舒坦，心也舒坦！

（6）每个人都有潜在的能量，只是很容易被习惯所掩盖，被时间所迷离，被惰性所消磨。

（7）人生短短几十年，不要给自己留下什么遗憾，想笑就笑，想哭就哭。该爱的时候就爱，千万不要压抑自己！

（8）死亡教会人一切。如同考试之后公布的结果，虽然恍然大悟，但为时已晚矣！

（9）我们确实活得很难，要承受种种外部的压力，更要面对自己内心的困惑。在苦苦挣扎中，如果有人向我投以理解的目光，我会感受到一种生命的暖意，或许仅有短暂的一瞥，就足以使我感奋不已。

（10）后悔是一种耗费精神的情绪。后悔是比损失更大的损失，比错误更大的错误。

三、影响大学生心理健康的主要因素

大学生的心理问题是其人格与环境交互作用的结果。其中，环境因素主要包括社会因素和家庭因素；人格因素主要包括应对方式、自我概念、归因方式、社会比较方式、社会支持以及人际关系等。一般情况下，不良的人格倾向会在极大的程度上导致大学生心理健康问题的产生。此外，大学生群体所处的特殊的发展阶段和面临的独特的发展任务也是影响其心理健康的重要原因。

（一）社会因素

在一个国家和社会的发展过程中，尤其是转型时期，其内部会发生一系列的转变，这种转变会造成许多冲突与矛盾，进而影响生活在其中的个体的心理健康。处于转型期的社会，在旧规范失效，新规范尚未起作用的情况下，社会中会出现两极分化、道德缺失等现象，人们的安全感会降低，大学生会出现难以适应所处社会环境的情况。此外，社会变革使得高校普遍扩招，大学生人数增多的同时，学费也在不断提高，导致一部分大学生的经济压力较大。目前高校对大学生的评价方式十分多元化，而中小学时期学校大多单纯以学习成绩评价学生，因此，一些学生难以适应这种和原来有很大差异的评价方式。国家和社会的进步在给大学生带来机遇的同时也带来了全新的挑战。新的教育模式使得更多的青年人进入各大高校就读，从而导致大学生人数激增，造成大学毕业生就业困难；并且社会上对于大学毕业生的就业条件增加，其中不乏过于苛刻的条件，这些都会影响大学生的心理健康状态。

（二）家庭因素

家庭对于大学生的心理发展十分重要，包括家庭氛围、父母的教育方式等。家庭里的每一个成员之间都有着独特的相处方式，因而每个家庭都有着不同于其他家庭的氛围，这种家庭氛围会对家庭中的每一个成员有着潜移默化的影响。良好的家庭氛围会使孩子受益终生，不和谐的父母关系、离异的家庭等不良的家庭氛围会使孩子形成各种不利于日后自身发展的性格，如自卑、好猜忌、冷漠等。"父母是孩子最好的老师"，家庭教育可以从方方面面深度地影响一个人，类似否定的、消极的、拒绝的教育方式会对个体的心理健康产生不良的影响；而类似肯定的、积极的教育方式则会对个体的个性特征、社会交往、自我评价起积极的作用。

案例

苦恼的小刚

小刚和张帅是大学好友。有一天，张帅突然接到小刚妈妈的电话，小刚妈妈特别焦急地说："张帅，你赶紧去看看小刚吧，他现在整天玩游戏，打电话不接，发信息也不回，老师给我打电话说他很多课都没去上，我真是担心死了。"

张帅一下子有点蒙了，赶紧说："阿姨，您先别着急，我去看看他到底怎么回事。"

小刚妈妈接着说："好的，这孩子太不让人省心了，现在父母说的话也不听了，你是他最好的朋友，你说的话他肯定听，你劝劝他吧，让他别玩游戏了，好好专心学习，阿姨就拜托你了！"

张帅安慰道："阿姨，好的，我去找他聊聊，您先别着急。"

挂完电话后张帅感到很奇怪，心想：小刚一直都是比较听话的学霸啊，怎么突然就沉迷于游戏了呢？我得去看看到底是什么情况。

张帅约了小刚一起吃饭，可是过了十几分钟小刚才来。

张帅说："忙啥呢，怎么还迟到了？"

小刚说："没忙啥，有点事情耽误了。"

张帅说："是不是在玩游戏啊？阿姨给我打电话都告诉我了，你为什么会变成这样？"

小刚说："你别管了，我没事。"

张帅说："你觉得我会相信吗？"

小刚支支吾吾了半天说出了自己的心里话："我对现在的课程一点都不感兴趣，你是了解我的，我爱好文艺。高中选文理科的时候我就想选文科，但我妈觉得男生学理科好，非让我学理科，我拗不过就选理科了。本以为上大学能选个自己喜欢的专业，可我妈又说学计算机将来好就业，我就又屈从了。现在我对所学的内容不感兴趣，根本没有原来的热情去认真学习，只能靠玩游戏消磨时间了。"

张帅说："你要是不喜欢现在的专业，你就和你妈谈，争取选个自己喜欢的专业。"

小刚说："我妈那张嘴，我能说得过她？很多时候我都觉得她说得很有道理，似乎我也没有更好的理由可以说服她，于是我就妥协了。"

听完小刚的心里话，张帅理解了小刚，这个问题看起来是小刚个人的问题，但又与小刚和妈妈的关系密不可分。

（三）大学生群体心理因素

1. 心理延缓偿付期

大学生正处于心理延缓偿付期，换而言之，绝大部分大学生已经是成年人，应该承担起成年人的责任和义务，但是由于大学生仍然需要在学校中承担学习任务，因而社会合法地延缓其承担责任的时间。但也正因如此，大学生的心理也会受到很大的影响，突出表现为成人身份与经济社会地位的不匹配而导致心理冲突。

2. 对自我同一性的追寻

自我同一性是指大学生寻求自我发展的过程中，对自我的确认和对有关自我发展的一些重大问题，诸如理想、职业、价值观、人生观等的思考和选择。大学生会利用自己所学的一切知识来解决这些问题，然后对自己的发展道路做出选择。

（四）个体心理因素

个体心理因素主要包括应对方式、自我概念、归因方式、社会比较方式，社会支持以及人际关系等。

1. 应对方式

应对方式是指大学生在面对挫折和压力时所采用的认知和行为方式。它是心理应激过程中一种重要的中介调节因素，大学生的应对方式影响着应激反应的性质与强度，进而调节着应激与应激结果之间的关系。大学生的应对方式主要包含自我防御机制、心理调节机制和外部疏导机制三个方面的内容。

2. 自我概念

自我概念是指大学生对自己人格的认知，是大学生感受和理解自己各个层面的方式。自我概念能够影响大学生的行为和对既有经验的解释，以及对将来的期望。大学生由于经验较少和发展尚未成熟，因而有时会对自己的认识存在偏倚，从而导致焦虑、自卑等心理问题。

3. 归因方式

归因方式是指当行为发生后，大学生对所发生的行为的原因进行解释和推论。美国著名心理学家韦纳认为，人们在推论成功或失败时主要有四种主要原因，分别是能力、任务难度、努力程度和运气。而大学生当中发生的自卑、抑郁等心理问题，常常是因为归因过程中发生的认知偏差和动机偏差造成的。

4. 社会比较

大学生会将自己的性格、思想和行为与周围的人作比较，并且以此为依据重新形成对自己本身、当下处境和生活质量的评价，导致不同的自我认知、情绪和对前途的展望，进而影响心理健康。刻板的社会比较方式是影响大学生心理健康的重要因素。

5. 社会支持

社会支持是指以大学生（被支持者）为核心，由大学生和他人（支持者）通过支持行为所构成的人际交往系统。它包括三个维度：一是客观支持，主要包括那些实际的、肉眼可以见到的支持，多指物质支持；二是主观支持，主要包括那些需要靠个人主观感觉才可以体验到的支持，如情感支持、信息支持等；三是对支持的利用度，也就是被支持者利用支持的多少，社会支持的多少与大学生心理健康程度呈正相关。

6. 人际关系

大学生是社会成员中的一分子，人际关系是其不可回避的问题。大学生面对自己处理不好的人际关系时，会出现各种身心症状，并且这种症状会随着这种人际关系的终止而消失。如果无法回避处理不好的人际关系，他们就会感受到持久且难以消除的困扰。因而人际关系能够在很大程度上影响大学生的心理健康。此外，在大学生的人际关系中，主要就是和同学的相处，其中比较容易出现问题的是与室友之间的关系和恋爱关系。

第二节　大学生心理发展的特点

人生是一个不断适应的过程，适应正在发展的环境，不断与环境保持与时俱进。大学生从中学走入大学，要经历一个重大的适应和发展过程。

一、大学生的身心特点

大学生的身心特点较为复杂，以下是其生理和心理特征的主要表现。

（一）大学生的生理特征

1. 身高、体重和生命力的改变

大学生正处于青年期，再加上现在物质丰富，他们的身高与体重可能会出现较快的变化，体型与成年人没有太大差别，骨骼粗壮，肌肉发达。各组织、系统与器官发育完全，血压和心率发生变化、心肺功能增强、胃肠容量达到最大、脑重量达到极值、激素分泌旺盛，新陈代谢处于顶峰状态。

2. 进入性成熟期

大学生的第一、第二性特征已经十分明显，生理发育接近或已经完成。女性表现为卵巢功能成熟并有性激素分泌及周期性排卵，生殖器各部和乳房也都有不同程度的周期性改变，一般从 18 岁左右开始逐渐成熟，持续约 30 年。男性表现为精子成熟并且外生殖器变得粗大，开始出现遗精现象。

生理变化是心理变化的基石，这会对大学生的心理健康产生重要影响。

（二）大学生的心理特征

1. 心理发展的滞后性

个体心理的发展是一个连续变化的过程。对于大学生而言，各项生理指标已经趋于完全成熟，然而受教育体制与教育习惯等因素的影响，多数大学生在其中学时代与社会的接触屈指可数，社会经历较少，心理体验欠缺，心理上并未完全成熟，适应能力较差，心理成长滞后于生理成长，因此易产生心理问题。

2. 理想与现实相矛盾

大学生刚刚告别中学时代，经过竞争激烈的高考，从高强度的学习生活中暂时释放出来，抱着梦想与希望步入各大高校。随着入学时间的增长，大多数学生会感受到这个他们曾经梦想中的"伊甸园"与他们所期待的样子并不十分相同，没有无拘无束的玩乐，也没有用不尽的休闲时光，取而代之的是紧锣密鼓的课程和严格的监督，许多学生会因此而产生失落感。

此外，社会上对于进入高校就读的大学生的高度评价，容易让大学生产生一定的优越感，往往对自身有着较高的评价和要求，尤其是一部分自尊心较强的学生，认为自己理应具备大学生活中需要的一切能力，如有很强的领导能力、交际能力、理解能力和办事能力。当这部分学生感受到其他人具有比自己更强的能力，或者自己并不具备自己理想中的能力时，又会导致自尊心理和自卑心理同时产生矛盾，如果不能及时排解，就容易产生消极悲观的情绪。健康的心理能够帮助大学生早日接受现实，找到实现理想的途径。

3. 渴望成就但自制力较低

绝大多数大学生都渴望在大学期间有所作为，丰富生活，提升自己。然而在大学生中普遍存在着自制力较低的情况，如逃课、拖延、熬夜。与小学、中学时期不同，老师不再时时刻刻监督，家长不能不分昼夜地陪伴，许多学生不能够科学地管理自己的时间和行为，上课不听讲，下课不复习，考试前临时抱佛脚，导致科目考试不及格甚至不能毕业的后果。健康的心理有助于大学生尽快发现自己的不足，及时改正，重新走上正确的学习生活轨道。

4. 自我意识增强

大学生能够更好地认识自我，自主性与独立意识增强，渴望与他人相互了解，对自己的未来有了更加理性和完整的规划，对未来工作的定位更加明确。并且大学生也渴望脱离父母的庇护，成为一个更加独立的个体，希望能够对自己的事情独立决断，并且得到亲友和社会的认可。但是由于大学生的经历较少、经验不足，经常不能做出最合理的判断，也无法完全脱离家人、老师的帮助。健康的心理可以让大学生在较强的自我意识和现实情况之间取得平衡。

5. 性意识发展迅速

由于大学生已经进入性成熟期，性意识得到发展，因而更加注重自己的性别特征，更加渴望与异性进行交往。但绝大多数大学生恋爱经历较少，性格、品德尚未发展完全，缺乏相关知识，同异性的交往容易产生许多问题，如失恋、吵架、被拒绝等，此时健康的心理能够帮助大学生解决交往过程中产生的矛盾，或是帮助其早日走出消极情绪。

二、大学生心理健康的常见问题

（一）环境应激问题

1. 学校环境的变迁

学校环境对大学生尤其是大学新生有重要影响。对于新生来说，他们面临着的是陌生的校园、生疏而又关系密切的新群体。多数学生首次远离家门，离开长期依赖的父母以及其他的亲人、朋友和熟悉的环境，意味着今后将开始独立生活，对众多的问题要自己拿主意，自己动手解决。所有这些都会给大学生带来不同程度的环境应激。当这种应激超过一定限度时，大学生就会产生心理健康问题，出现失眠、食欲不振、注意力不集中、焦躁、头疼、神经衰弱等症状，使其环境适应更加困难，甚至可能擅自离校。一项针对上大学前、后生活事件与大学生心理健康关系的研究表明，影响大学生心理健康的生活事件均为负性生活事件。生活事件能解释大学生心理健康总体水平变异量约占 30.1％；上大学后的生活事件对大学生的心理健康总体水平的影响约占 27.4％，上大学前的生活事件的影响约占 2.6％。

2. 学习条件和方法的变化

这种变化主要表现在两个方面：第一，许多大学生在入学前是当地的学习佼佼者，家长、老师都对他们呵护备至，在同学中也备受尊重，自我感觉良好，信心十足。但在集中了各地学习优等生的新群体中，他们也许不再是校园中的宠儿，学习上也可能不再是优等生了。假如对此现实不能恰当地接受和对待，就会造成心理健康问题，表现为自信心降低、有自卑感，甚至会出现强烈的嫉妒心理和攻击行为，从而使其更难适应现实。第二，学习方法不当等造成的学习困难，如在新的大学课程中仍沿用已不适用的中学学习方法，结果导致学习成绩不理想。如果忽视对学习方法的探讨，使自己在学习问题上疲于被动应付，心理上承受较大压力，则会出现焦虑、紧张等情绪反应，将会严重影响大学生的自信心，从而带来情绪苦恼及自我否认等心理问题。

3. 生活习惯的变化

南、北方学生的换位就学等，带来饮食方面的显著差异和生活习惯的不适应，会造成部分学生的环境应激。如果不能在短期内顺利适应，心理应激便会影响到正常的学习、睡眠等活动，造成心理健康问题。另外，随着学生家庭经济情况的改善，大学生中女生攀比衣着打扮，男生抽烟饮酒，追求享乐，各种名目的聚会及游玩消费逐渐上涨。部分经济能力有限而又爱面子讲虚荣的学生很容易因此产生心理问题，如严重的自卑、忧虑、紧张等，甚至引发违纪违法行为。

4. 语言隔阂

个别来自偏远地区的学生会出现一定程度的语言隔阂应激现象，因此造成学习困难和交往障碍等，这也会对其心理健康产生不良的影响。

（二）与自我有关的不适应

1. 理想自我与现实矛盾的不适应

大学生作为同辈人中的佼佼者，经过高考的独木桥步入大学后很自然地会过高地评价自己，认为自己非常完美，也会不切实际地设计美好的未来。然而现实的种种障碍会阻碍"理想自我"的实现，这一矛盾若处理不好就会严重影响自己的心理健康。虽然部分大学生能试图努力重建被现实排斥的自我，重新树立起自己的人生目标，但也有一部分学生企图逃避与现实的矛盾冲突，或者用攻击的方法发泄对现实的不满，或者变得消极颓废、不求上进、沉溺于玩乐放纵，还有的学生甚至可能因此产生不好的念头。

2. 自我发展的不适应

处在大学阶段的青年人自我意识增强，并有着强烈的充实自我、发展自我和强化自我的需求。但在追求自我发展的过程中，有的同学顾此失彼，没能达到期望的目标，并因此产生了不良心理反应。还有的同学过分放大了自我的"劣势"，忽略了自我的优势，且由于害怕暴露自己的弱点而采取了回避和压抑的心态，性格变得孤僻、多疑、嫉妒，产生严重的烦恼和恐惧不安等情绪。

3. 自我定向混乱

自我定向是青年时期的重要课题之一，对某种社会职业的选择，个人终生目标及其展望的形成以及人生观的建立，通常需要在这一时期完成。在这个过程中，部分大学生的自我定向会陷入混乱，产生心理健康问题。多元化的价值体系使他们目标模糊，人生观、价值观需要重构，失去了生命的存在感，不知道自己究竟应该往哪个方向发展，结果使自己陷入苦闷甚至绝望之中。

（三）人际关系及人格问题

1. 人际交往中的障碍

在大学阶段，个体独立地步入了准社会群体的交际圈，大学生们尝试人际交往，试图发展这方面的能力并对此作出评估，为将来进入成人社会做准备。在这一过程中，部分学生会遭受挫折，或表现为自我否定而陷入苦闷与焦虑，或企图对抗而陷入困境，并由此产生了心理健康问题。

2. 人格中的不完满

大学生的人格特征在遗传和后天因素的影响下已基本成型。部分大学生存在一些不良的人格特质，这些不良特质一方面严重影响着他们的学习、人际关系、社会性活动以及进一步的发展和自我完善；另一方面个体在意识到这些不良特质及其后果却又无力改变的情形下，会表现出消极的心理防御反应及自我否认，从而给自身的健康发展造成严重影响。

（四）与性有关的不适应

1. 性意识的困扰

大学生的性生理已发育成熟，与之相伴随的性心理也基本成熟。大学生或多或少都存在一定程度的性意识困扰，如性吸引、性幻想、性梦、常想到性问题，以及与之对抗的对性的压抑。这种困扰通常只带来一般程度的不安和躁动。但达到严重的程度，尤其是夹杂了一些不科学的性观念的情况下，就会产生心理问题，从而影响到学习、生活、休息等各个方面。

2. 对自己身体意象的不适应

处在青春期的大学生，对自己的身体意象极为关注。当个体不能接受自己的身体意象（如肥胖、身材矮小、相貌怪异、有某种残疾等）时，会产生强烈的自我否定、与周围的对抗态度和情感反应，甚至会引发攻击性、逃避性或病理性的行为，从而造成心理问题。

3. 性行为困扰

在未婚大学生中，性行为大多停留在自慰水平，如手淫、触摸等，以及两性之间的一些边缘性性行为，如爱抚、接吻、拥抱等，也有部分学生有性交行为。这类行为，尤其是性交行为，很容易给当事人造成诸多心理压力，严重的也会导致心理问题。

4. 性行为异常

在大学生中，也可见暴露癖、恋物癖、窥阴（淫）癖等常见的性变态情况。

5. 失恋造成的不适应

大学生的恋爱现象已相当普遍，失恋的情况也就经常发生。不少大学生把失恋看成是极端严重的生活事件，使自己的情绪、自我评价、人际交往、学习、生活规律等受到沉重打击，并由此造成诸多心理问题。

（五）其他

1. 对重大丧失的不适应

在大学阶段，学生有面对各种意外事件的可能性，当这些事件对个体意义特别重大（客观上的或主观上的）且未能被妥当应对时，就会对他的各方面产生严重的不良影响，继而出现心理问题。这些情况包括严重的外伤或疾病、亲人亡故或重病、家乡遭受重大灾害、丧失重要的机遇等。

2. 早年的伤害性体验带来的不适应

一些大学生在幼年、童年，甚至青少年时期的生活环境中，曾经历过不幸的事件、境遇，并造成严重的伤害性体验，以至于对他们的行为模式、看待生活的态度，甚至个性产生了恶性影响。在进入大学新环境后，他们仍然可能以仇恨、猜疑、逃避、攻击、不合作等行为模式对待周围的一切，结果会加重他们对社会的不适应，并影响自身的发展。这些情况包括父母离异或家庭严重不和睦，被遗弃与收养，家庭及本人长期处在被严重压抑的环境，长期被伤害或迫害而缺乏爱与同情，以及家庭经济状况长期困窘等。

第三节 大学生心理健康教育

一、大学生心理健康教育的目标

从广泛和根本的意义上说，教育的目的就是要使受教育者的个性得到全面发展。但就大学生心理健康教育而言，其具体的目标是要形成、维护和促进大学生的心理健康，从而为他们的全面发展提供良好基础。为此，从教育者的角度说，可以将大学生心理健康教育的目标分为发展性目标与补救性目标；从受教育者的角度说，又可以分为当前目标与长远目标。当然，这两种区分本身是密不可分。

（一）发展性目标与补救性目标

大学生心理健康教育的发展性目标是要对大学生的心理素质和心理健康进行有目的地培养和促进，使他们的心理素质不断优化，形成健康的心理，从而能适应社会，健康地成长和良好地发展；补救性目标则主要是针对少数在心理上出现问题的学生，是治疗性和矫正性的。两种目标结合在一起，是为了增进全体学生的心理健康程度，提高大学生的学习与生活质量。

（二）当前目标与长远目标

大学生心理健康教育的当前目标往往是针对大学生个体当前存在的问题，如失恋、学习成绩差、被同学轻视、感到人生空虚无聊等，开展及时的心理疏导，以及解除当事人即时的心理困扰；长远目标涉及大学生心理素质的提高和健康人格的塑造，使他们有机会重新认识自己、接纳自己，进而欣赏自己，克服成长障碍，使自己的潜能得到充分的发展。在心理健康教育过程中，当前目标与长远目标应当有机地结合起来。

 拓展阅读

"健全人格"的境界

心理健康的内涵既丰富又模糊。人们在确定一个人是否心理健康时，可能依据的标准不同，包括统计常模的、社会规范的、生活适应的、心理成熟状况的、主观感受的等；也可能着眼点不同，包括对待世界的、对待他人的、对待社会的、对待自己的、对待现在的、对待将来的等；还有把握的尺度不同，既有马斯洛（A. H. Maslow）的"精英标准"，也有临床心理医生的"临界标准"等。在我们看来，心理健康是有层次性的，大致可分为心理疾病或障碍、心理机能正常和人格健全三个层次。其中，心理疾病或障碍属于不健康的层次。心理机能正常则属于低层次的心理健康，以心理适应为基本特征，通常表现为能消除过度的紧张不安而达到内部平衡状态，对周围环境顺从，内心无冲突，甚至上下讨好，左右逢源。而人格健全属于高层次的心理健康，表现为有高尚的目标追求，发展建设性的人际关系，从事具有社会价值的创造，渴望生活的挑战，寻求生活的充实与人生意义。

关于健全人格，西方心理学家如弗洛伊德（S. Freud）、阿德勒（A. Adler）、兰克（O. Rank）、荣格（C. G. Jung）、赖克（W. Reich）、珀尔斯（F. Perls）、埃利斯（A. Ellis）、鲁斯切（J. Ruesch）、布拉茨（W. Blatz）、阿萨基奥里（R. Assagioli）、奥尔波特（G. W. Allport）、罗杰斯（C. R. Rogers）、凯利（G. A. Kelly）等都曾提出过自己的观点。其中马斯洛关于自我实现者的人格特征的描述，更被视为最有参考价值的见解之一。在我们看来，下列几条是对于健全人格十分重要的标准：①对世界抱开放的态度，乐于学习和工作，不断吸取新经验；②以正面的眼光看待他人，有良好的**人际关系和团队精神**；③**以正面的态度看待自己，能自知、自尊、自我悦纳**；④**以正面的态度看待现在和未来，追求现实而高尚的生活目标**；⑤**以正面的态度对待挫折，能调控情绪，心境良好**。总之，所谓健全人格就是以正面的态度对待世界、他人、自己、过去、现在、未来、顺境与逆境，做一个自立、自信、自尊、自强的人，一个幸福的进取者。

自立、自信、自尊、自强这"四自"不仅是颇具我国文化传统的人格特征，也是所谓健全人格的基础。从1996年起，有学者开始了这一领域的心理学研究，最早是对自尊的研究。心理学家对自尊（self-esteem）的研究很多，但英文文献中的"self-esteem"是指个人评价自己的程度，包括高低价值在内，与中文的"自尊"即尊重自己不尽一致。于是开始了对自我价值感（self-worth）的研究，并根据实际调查提出了多维度多层次的自我价值感模型。该模型包括总体自我价值感、一般自我价值感和特殊自我价值感三个层次；首先是总体自我价值感抽象程度最高，其次是一般自我价值感，包含社会取向和个人取向两种，最后是抽象程度最低的特殊自我价值感，表现为生理的、心理的、人际的、道德的和家庭的自我价值感五个具体方面，且同时表现为社会取向和个人取向两种。

国外对独立性、依赖性有不少研究，但对自立（self-supporting）却未见有研究。有的学者把"自立"定义为个体从自己过去依赖的事物那里独立出来，自己行动、自己作主、自己判断，对自己的承诺和行为负起责任的过程。自立贯穿于我们的整个人生，早前关于大学生的自立意识的一项研究发现，大学生们回忆其自立意识的发生主要在中学时期并延续至大学阶段，自立意识发生的心理背景往往与个人欲摆脱挫折和战胜困难有关。目前，通过对前期系列研究结果的梳理，已经建构出了涉及个人自立与人际自立两个方面共十种特质的青少年学生自立人格结构。

自信（self-confidence）是个人对自己的信任。虽然国外对自我效能（self-efficacy）、自尊（self-esteem）、自我概念（self-concept）、自我意识（self-conscious-ness）、自我觉知（self-awareness）有不少研究，但对自信的研究却甚少见到。有学者以整体自信、学业自信、社交自信、身体自信四个维度的构成模型对大学生自信特点做过研究，并对青年学生的自信类型进行了初步探索，发现自信可以划分为成熟型、盲目型、滞后型、游离型和中间型五种基本类型。

虽然自强与成就动机（achievement motivation）、自我实现的动机（motivation of self-actualization）有密切的联系。但从对成就动机的初步研究来看，自强的心理结构要丰富得多。初步的研究表明，公众的自强观主要是指持久的意志力；自强可分为顺境自强、逆境自强、竞争性自强、成长性自强和他向性自强，而逆境自强更为公众所赞同。

二、大学生心理健康教育的原则

（一）系统性原则

人的心理是一个十分复杂的系统，心理健康教育也应遵循系统性原则。从心理健康教育的对象为大学生来看，他们的心理具有系统性，他们的知、情、意、行紧密联系，心理倾向、心理过程和心理特征相互影响，心理因素和生理因素交互作用，构成一个有机的整体，"牵一发而动全身"，因此不能孤立、静止地看待学生的心理问题，不能"头痛医头、脚痛医脚"。从心理健康教育与其他教育的关系来看，心理健康教育是教育系统的一部分，应同学校的其他教育相结合，应渗透到各"育"之中，寓于各科教学之中，寓于大学生的课外活动和校园文化活动之中。从学校与社会的联系上看，学校、家庭和社会对学生心理健康的影响相互制约，必须协调三方面的力量，形成一种合力，多角度、多层次地培养和促进学生的心理健康。

（二）发展性原则

心理健康本身是一个动态的过程。大学生正处在从青少年向成人的过渡时期，也正是积极实践心理健康的阶段，这种发展变化的特点尤其明显。在实施心理健康教育的过程中，要以发展的眼光看待学生的心理健康问题。要看到大学生的心理健康问题大多是发展性的而非障碍性的，即使在一定时期出现了某些典型的病理性症状，也不要过早地、盲目地下结论。另外，按照发展性原则，学校心理健康教育不仅是针对有问题的学生，也要针对所谓表现好的学生，因为良好的心理健康状态并非是一成不变的。

（三）主体性原则

心理健康教育的目的是培养学生良好的心理素质，学生自己是心理健康发展的主体。因此，在心理健康教育过程中，应充分调动学生参与教育活动的积极性和主动性。离开学生的主动参与和自觉努力，学校心理健康教育的种种努力都是枉费心机。人都有理解自己、不断走向成熟、产生积极的建设性变化的心理潜能，心理健康教育就是要启发和鼓励学生发挥这种潜能，促使其心理成长，而不是一味地说教、劝导和指示。

（四）平等性原则

在心理健康教育中，教师应以平等尊重的态度对待学生，特别是那些心理不健康或有心理疾病的学生。大量的心理健康教育和心理咨询实践表明，在教育者和受教育者之间建立一种相互信赖的关系，营造和谐的心理氛围是进行心理健康教育的必要前提，而只有以平等尊重的态度对待学生，学生才能向教师打开心扉，后续的心理健康教育措施也才能奏效。

（五）多样性原则

学生的个性是丰富多彩的，心理健康问题本身也是复杂而多样的。因此，心理健康教育在形式上应该是灵活多样的，在内容上应该是开放的。为此，在实施心理健康教育的过程中，教师除了注意形式上要富于变化外，还应鼓励、引导学生表达不同的内心体验、感受和看法，并充分肯定其合理性。事实上，就心理健康教育的许多具体内容而言，丰富多样的表现方式和解决问题的方法都是合理的、有价值的。

（六）保密性原则

保密可以说是对心理咨询与治疗工作者的一项基本而普遍的要求，也最能体现心理工作者的职业道德。保密性原则同样适用于学校的心理健康教育，保密既是教育者与受教育者双方建立相互信赖的关系的基础，又关系到学校心理健康教育工作的声誉。

（七）防重于治的原则

学校毕竟是教育而非治疗机构，学校心理健康教育理应贯彻预防重于治疗的原则。首先是要在学校广泛开展心理健康教育工作，以保障大多数学生的心理健康。其次是要注意加强对学生常见心理障碍的分析和研究工作，以及对个别学生的危机干预，以利于早期发现和早期诊治。

三、大学生心理健康教育的方法与途径

（一）普及心理健康知识

在高校开设心理学课程和心理讲座，有利于大学生更好、更全面、更广泛地了解心理学的知识，让大学生了解自己心理发展的特点和趋势，在遇到困惑时能够从容应对而不是盲目从众或者无端猜疑，这对大学生心理健康的维护和促进十分有益。

（二）建立心理咨询机构

自 1980 年以来，我国的部分高校开展了高校心理咨询活动，为心理健康教育打下了良

好的基础。这些心理咨询机构主要负责心理健康教育的宣传、心理素质培养计划的实施，开展大学生心理健康的诊断和咨询，还担负着向全校教师和学生普及心理知识的任务。

（三）组织学生参加社会实践活动

在客观条件允许的情况下，尽可能地让学生们参加社会实践活动，多接触社会、了解社会，从而调整自己的行为、态度和自我意识，提高适应社会的能力。

（四）营造良好的校园气氛

校园气氛是校园文化建设的重要内容，也是影响大学生心理健康的重要方面，良好的校园气氛可以净化人的心灵，使人与人之间保持和谐的人际关系，有利于同学之间的良好沟通，促进彼此互相帮助。

（五）将心理健康教育渗透到各科教学中

实践表明，任何一门学科的教学过程都包含着心理健康教育的因素，因为教学过程是以社会历史积淀的文化知识、道德规范、思想价值观念为内容和主导的。教师在传授知识的过程中，要注重考虑学生的心理需求，激发学生学习的兴趣，并深入挖掘知识内在的教育意义，把人类历史形成的知识、经验、技能转化为学生的精神财富，即内化为学生的思想观点、人生价值和良好的心理素质，并在他们身上持久扎根，实现以课堂教学促进心理健康教育的作用。

（六）建立大学生心理档案

建立大学生的心理档案，既是大学生心理健康教育的依据，也是学生接受个别心理辅导的必要记录；建立大学生心理档案，有利于教师更好、更及时地掌握大学生的心理特点与倾向，有助于教师因材施教，从而取得更好的教学效果；建立大学生心理档案也有利于学生开展自我认识和自我了解，在遇到问题时能够相应地采取积极应对措施。

（七）培养大学生自我教育的能力

自我教育的基本构成分为正确认识自我、积极悦纳自我和主动调控自我三个部分，自我教育能力是大学生心理健康水平发展的源泉和动力。

（八）创造良好的家庭生活环境

家庭作为个体的主要社会网络，是个体心理健康的重要影响因素。家庭是儿童心理健康形成的初始环境，是儿童获得早期生活体验、形成最初的道德认识和行为习惯的主要场所，家庭结构、家庭环境、家庭成员之间的相互作用，家长的教育观念、教育态度、教育方式，以及家长的人格特征等都可能影响个体心理的健康发展。良好的家庭物质环境，有利于大学生发展的家庭生活内

关爱自己，关注家庭

容、欢乐和谐的家庭氛围、良好的亲子关系、民主权威型的教养方式、合理的期望以及良好的家庭功能都有利于大学生的心理健康。作为具有主观能动性的人，作为一名大学生，应该厘清家庭对我们的影响，理解父母，接纳父母和家庭的不完美，并能有所担当，迅速成长，成为独立自主的人，将父母的爱继续传承下去。

第四节　大学生入学适应

一、适应概述

（一）适应的概念

适应是个体与环境之间的平衡状态，当这种平衡状态被打破时，便会产生不适应之感。关于适应的含义，在心理学中的看法是见仁见智。人本主义心理学家罗杰斯的定义是："适应是有机体想要满足自己的需要，而与环境发生调和作用的过程。它是一种动态的、交互的、有弹性的过程。"当个人的需要与环境发生作用时，若不能如愿以偿，通常会造成两种情形，要么形成悲观消极心理，要么从失败中学习适应方法。当有机体与环境发生适应作用时，久而久之就形成一种习惯，这种习惯就是适应习惯。成功的适应才能促进心理健康，养成健康人格，失败的适应就会造成心理困扰。

心理学家朱智贤认为：适应是来源于生物学的一个名词，用来表示增加有机体生存机会的那些身体上和行为上的改变，如对光的变化的适应和人的社会行为的适应等。

总体来说，在心理学范畴使用适应概念时通常有三种维度：第一种是生物学意义的适应，即生理适应，如感官对声、味等刺激物的适应，如"入芝兰之室，久而不闻其香。入鲍鱼之肆，久而不闻其臭"就是嗅觉的适应。第二种是心理上的适应，通常是指遭受挫折后借助心理防御机制来使人减轻压力，恢复平衡的自我调节过程。如地震过后的人们能够恢复正常的生活。第三种是对社会生活环境的适应，包括为了生存而使自己符合社会标准的适应和努力改变环境以使自己能够获得更好发展的适应。

（二）大学新生适应的内容

大学是培养专业人才的摇篮，其特有的生活规律和学习方式与中学有着很大的区别。

进入大学后能否适应大学的学习和生活，这对每一个大学生来说都是一种考验。大学生要适应大学环境，把握成才的主动权，争取有一个光明的前途，就应该努力去适应以下内容。

1. 从中学到大学：适应社会角色转变

在中学时，不少人在校园和班级内担任一定职务，是有一定知名度的学习尖子。

而在人才济济的大学校园里，他们中的大多数成为不再担任职务的普通学生。大学生必须适应这种由备受关注到默默无闻、由高材生到一般学生的转变。克服失落感和自卑感，对成才要充满信心。从社会角度看，大、中学生担当着不同的角色。一般来说，中学的心理和思想仍不够成熟，职业方向仍不确定，他们是潜人才；而大学生作为"准人才"，职业方向基本确定，社会对大学生的期望和要求也比中学生高得多。因此，要实现由中学生到大学生的转变，就要处处用大学生的标准严格要求自己，学会做事，做一个高素质的受社会欢迎的大学生。

2. 从考试到深造：适应奋斗目标转变

经历紧张的高考后，一些学生进入高校后顿时失去奋斗的目标，无所适从，感到很迷茫，学习也缺乏动力和激情，其根本原因就在于失去了远大的人生奋斗目标。其实，大学只是人生成才的一个新起点，进入高校后，大学生要端正心态，从高考成功的自豪和陶醉中清醒过来，以崭新的姿态和振奋的精神，站到新的起跑线上。同学们要在入学之初就做到一切从零开始，以务实的态度制定出个人在学习、思想道德、心理素质、动手能力等方面的长期的奋斗目标和短期的、切实可行的行动计划和策略，做好人生职业生涯设计，以激励和鞭策自己，为创造大学阶段的人生而不懈努力。

3. 从监督到自觉：适应学习方式转变

人类已进入知识经济时代，学习是每一个现代人生存发展所面临的首要问题。对以学习为主要任务的大学生来说，学习是硬道理，是大学生活的主旋律。相对中学而言，大学的学习氛围较为轻松，学生自我支配的时间比较多，学习的自主性更强。学习环境由"硬"变"软"，这对自制力和自律性强的学生是十分有利的，而对自制力差的学生无疑是严峻的考验。为了掌握大学的学习之道，大学生要积极转变学习方式。要培养学习的兴趣，提高学习的积极性、主动性和创造性，强化自主和能动意识，从中学时代的"要我学"变为"我要学"，增强学习的目的性，激发成就欲望。

4. 从依赖到独立：适应生活方式转变

在家时，许多生活琐事由父母、亲友帮助料理。进入大学后，衣食住行等都由自己安排处理。自主、自立、自律是大学生活的特征。俗话说，习惯决定性格，性格决定命运。好习惯是一个人终生受用不尽的财富，坏习惯是一生偿还不完的债务。大学生应适应这种生活方式的变化，坚持自己的事自己做，今天的事今天完成。从点滴事入手，严格要求自己，控制好生活节奏。不管做什么事情都要掌握分寸，把握一个度。处理好学习与娱乐之间的关系，养成良好的生活习惯，敢于对自己的不良习惯说"不"。

5. 从旧友到新朋：适应交往方式转变

我国的中学生一般在家乡附近学校就读，同学相处多年，乡音乡情使他们结下深厚的友谊。而大学生来自全国各地，相互之间的了解和磨合需要一定时间。交往和良好的人际关系是拓展大学生的生存发展空间、促进成才必不可少的重要因素。来到新的环境中生活，面对陌生的校园、陌生的面孔，大学生一是要主动交往，做到相互了解，相互适应。在渴望别人接受自己的同时，善于悦纳、接受他人；二是同学间相互尊重理解、相互关心、严于律己、宽以待人、光明磊落，要有合作意识和团队精神。同学间大事讲原则，小事讲风格，不要斤斤计较，要多做自我批评；三是交往要坚持与人为善的原则，既要培养竞争意识，又要注意人际关系的和谐性，善于理解和宽容别人，掌握交往之道。

二、大学生常见的适应困扰

大学生活与高中生活的种种差异和变化，会给大学生，尤其是新入学的大学生带来不小的压力，若缺乏充分的准备，会产生一系列的适应困扰。

（一）生活适应问题

大学新生入学后面临的首要问题就是生活适应问题，下述案例中的小洁遇到的困扰，也许很多学生都有感触，没有住校经历的学生尤其有同感。高中时期，很多学生没有关心过生活上的诸多事务，习惯了衣来伸手、饭来张口、父母包办的生活。很多父母甚至认为，学习才是孩子的首要任务，从而忽略了对孩子生活能力的培养，以至于孩子进入大学之后不知道如何照顾自己。从某种意义上说，大学生活的自理自立，成了当代大学生成人的开端。很多学生进入大学后，不是先经历"精神断奶"与思想独立，而是得先经历生活的独立。很多大学生几乎是在无奈、无助的摸爬滚打中，逐渐学会独立生活的。

 案例

我该怎么办？

"自从爸爸妈妈离开学校那刻起，我就经常哭。他们陪我安顿好之后没几天就离开了学校。我每个晚上都想他们，甚至想到流泪。"小洁是大一新生，来自北方的省会城市。进入大学以来，她一直茶饭不思，经常感到孤独、想家。同寝室的同学一开始都安慰她，但两个多月了，她还是老样子，嫌食堂没有可口的饭菜，吃不惯本地饭菜的口味；冬天学校没有暖气，冷得睡不好；寝室不能购置大功率的洗衣机，大件衣物没法洗；好朋友不在同一个城市，没有人懂得自己的想法……总之，方方面面都不顺，大学生活简直糟透了。

（二）学习适应问题

专业不如意、学习缺乏动力和方法、对大学学习的理解过于理想化……这些问题确确实实存在着：由于对大学专业的不了解或者不自主的专业选择，一些学生进入了一个自己不擅长或者根本不感兴趣的专业，从而缺乏学习兴趣；没有学习目标，动力不足，态度不端正；大学教学方式的变化，使得有些大学生无法跟随教师教学的节奏，或不知如何安排学习计划，掌握有效的学习方法；屡次受挫、丧失信心而导致的学习方面的"习得性无助"……这些都是大学学习中可能遇到的学习适应困扰。

案例

沮丧的小杰

"学了一学期，考试下来，我挂了一半。"大一男生小杰显得十分沮丧，"我是文科生，本来理科就不好，进入这个文理兼招的专业，没想到还会碰到类似理科的科目。第一节课听不懂，第二节还是不懂，后面我就崩溃了，不想听了。其他的课程也没有原来想象得那么好玩，都是枯燥的知识，也找不到学习的感觉，平时也没有作业、测验，我都不知道自己学到了什么、学得好不好。期末考试快到了，我觉得我什么都不懂，一下子慌了神。结果就这样了。我想转专业，但是好像要考到前几名才有希望。"

（三）人际适应问题

人类心理适应的重要内容是对人际关系的适应，人们的心理健康水平有赖于正常的人际交往和社会生活的和谐。友爱、和谐的人际关系可以使人感到温暖、安全、舒适，从而激发人的创造性和积极性；相反，冷漠、敌对的人际关系轻则使人不快，重则使人产生焦虑、强迫等症状，极大损害人的身心健康。因为成长经历、地域差异的不同，大学生进入新的人际圈时都或多或少带有自己的特质，这种差异性既是人际交往的起点，也是摩擦和矛盾产生的源头。

案例

为什么冷落我

寝室长玲子最近特别苦恼，因为年长一些，刚进新寝室，她就被"拥戴"为寝室长，她与欢欢、小娟、果果三个女孩彼此也志趣相投，相处挺融洽。玲子不是独生子女，是家中的长女，对待家务事熟门熟路；其他三个女孩都是家中娇生惯养的独生女，别说公共卫生，就是个人的铺床叠被都成大难事。玲子觉得自己是寝室长，就得多帮助她们一些，于是就经常帮忙整理桌面、打扫卫生，但是久而久之，玲子发现，原本每个人都需要承担的卫生责任，现在变成了玲子一个人的任务。果果和小娟不再主动清理个人脚边的垃圾桶，非得玲子帮忙倒掉才行。有次玲子提出大家需要按照值日表共同承担劳动任务时，反而遭到了室友们的冷落。最近，这三个姑娘好像不太和自己说话，吃饭也不叫自己一起去了。

三、大学生常见的适应困扰的应对策略

（一）生活适应问题的应对策略

1. 学会成长，学会独立面对问题

克服大学生自理能力和独立能力差的弱点，摆脱事事依赖他人的习惯，在大学这个脱离家庭的环境里有意锻炼自己。独立处理生活中遇到的难题，独立做出抉择与判断。练习基本的生活能力，自己照顾自己，摆脱心理上的依赖，不怕失败，在能力范围内独立安排、处理自己的事情，自己对自己负责。

2. 养成良好的生活习惯

从日常生活着手，养成良好的生活习惯，学会自主、自立、自制。第一，从小事做起，学会自己打水、叠被子、打扫宿舍卫生、洗衣等生活琐事，学会合理地安排作息时间，养成早睡早起的好习惯；第二，树立正确的消费观念，学会理财。学生进入大学，第一次掌管了"财政大权"，普遍会出现开支无计划。月初往往出手大方，挥霍无度，而月底又陷入"经济危机"，无法维持正常生活的现象。针对这种情况，要根据自己的经济条件定好月、周、日的生活支出计划，并尽量按照计划进行，杜绝超前消费；第三，尽快地融入到集体生活中。在与宿舍、班级同学共同生活和学习的过程中，学会关心他人、谦虚宽容，并积极参加一些集体活动等；第四，合理安排自己的时间。在学习之余，有意识地培养和发展某一方面的特长，积极参加各种各样的校园文化活动，从中陶冶情操，充实生活。

（二）学习适应问题的应对策略

1. 正确认识大学的学习特点，寻找适合自己的学习方法

进入大学要改变依赖老师的心理，调整状态，积极摸索适合自己的学习方法，培养自学能力。大学学习是很灵活的，要合理安排学习时间，掌握进度，提高学习效率。对问题要善于思考，多参考相关书目，形成个人见解，不要迷信书本。尤其要学会利用大学里的各种学习资源，如图书馆、同学讨论、学术报告等。

2. 确定新的学习目标

学习目标要符合大学学习和个人的实际情况，详细具体。列出学习计划，合理安排时间，注意大目标与小目标、长远计划和近期计划相结合。这样才能对学习起到引导与督促作用，实施起来才更为可行。

3. 积极参加学校组织的各种活动，培养自己多方面的能力

大学里衡量一个人的标准是多方面的，学习成绩不是唯一的标准。要在学习与有

意义的活动之间找到平衡，在学校的学生组织、社团活动、文化娱乐等活动中锻炼各方面的能力，发掘自身潜力，拥有一个优秀的全面的适应能力。

（三）人际适应问题的应对策略

1. 加强认识

和谐的人际关系是大学生心理健康的标准之一，也是适应大学生活的重要条件。每个大学生都应认识到人际交往的重要性，本着真诚、平等、互惠、尊重、宽容的原则，广泛地和同学、老师、长辈交往，有意识地锻炼自己人际交往的能力，积累人际交往经验，增强处理各种关系的能力。

2. 建立和谐的同学关系

同学关系是大学里最重要的人际关系，尤其是共同生活在同一班级同一宿舍的同学，相互之间会产生深刻的影响。和谐融洽的同学关系使我们在心理上产生安全感与归属感，有利于促进每个人的成长。处理同学关系最主要的是学会平等相处、相互尊重。每个人都有不同的个性与生活方式，可能有时会产生摩擦，但同学关系本质上是纯洁珍贵的，完全可以通过相互尊重、体谅与沟通解决。

3. 加强与长辈的交流，汲取经验

与老师和长辈的交往能增加我们的人生阅历，弥补自身的不足，直接吸取人生的宝贵经验与知识。因此，大学里老师、辅导员、长辈等人力资源也要充分利用。与老师、长辈的交往除了人格上的平等外，应特别注意对他们的尊重。

（四）参加社团活动

随着新生的到来，各高校社团的招新活动也将会陆续展开。面对如此数目繁多的社团组织，大学生们该如何做出自己的选择呢？

1. 要根据自己的兴趣爱好做选择

社团有很多，但不是所有的都适合自己。选择社团时首先要考虑自己擅长什么和是否真正感兴趣。

2. 要了解你所要加入的社团

社团种类主要有：

专业知识性社团：以专业学习、交流、实践为主要内容。如英语协会、书法协会等。

文艺活动性社团：依据学生的文艺特长和兴趣爱好组建而成的，以注重艺术享受、提高艺术素养为主要特征。如舞蹈协会、大学生艺术团等。

体育型社团：依据学生的体育特长和兴趣组建而成的社团。如足球协会、篮球协

会、乒乓球协会等。

社会服务型社团：以服务社会、锻炼自我为宗旨的团体，如志愿服务队等。

以兴趣出发，选择自己喜欢的社团，结交一群志趣相投的朋友，为大学生活增加快乐美好的经历。

 拓展阅读

社团可以给大学生带来什么

高校开学后，学校里各个社团此时也是摩拳擦掌，大量吸收"新鲜血液"加入，让社团的规模更加壮大，但是大家有没有想过这样的一个问题"社团到底给我们带来了什么？我为什么要报社团？"。

其实，社团作为学生自发组织的团体，还是可以给我们带来不少好处的。

一、使青年学生的人生态度更加积极向上

大学生通过参加"青年志愿者协会"等公益组织的活动，通过走入社区、乡村、孤儿院、敬老院等为他人服务，为社会无私奉献，经受社会实践的锻炼，可以使学生树立起无私奉献的价值观和世界观，艰苦奋斗的精神和为人民服务的思想。大学生对待人生的态度也会因此变得积极向上。

二、使青年学生更有集体意识与责任意识

大学生的社团活动通常集知识性、趣味性于一体，适合大学生思维活跃、接受信息快、可塑性强的特点，容易被学生所接受，有利于形成凝聚力，在社团内形成团结互助、平等友爱、共同前进的人际关系，潜移默化地使大学生的集体主义观念得以增强。社团的生死存亡与社团所有的人都息息相关，大家都希望社团发展壮大，都关心社团的各项事务，逐步培养了每个成员的责任感。

三、提高了大学生适应社会的能力

大学生在假期、周末、课余时间，放下课本，参加社团活动，广泛接触社会，与各种人交往，可以学到许多在课堂上难以学到的东西，使自己更了解社会、融入社会，一改往日大部分人认为大学生"只会贪图享受"的传统观念，有利于改变大学生看问题天真幼稚的作风，使自己思想意识接近社会现实。社会实践类社团、志愿者类社团，带领学生走出校门，走向社会，深入农村，深入企业，关心社会"弱势群体"，广泛深入地了解社会，与方方面面交往，积极进行实习、实践活动，提高了大学生适应社会的能力与素质。

四、使青年学生的个性得以发展

很多人说，初中、高中的学习太枯燥了，没有让年轻人的个性得到充分的发挥。那么，在大学里、社团里，你的个性可以得到充分的施展。每位大学生的需求、动机、兴趣、信念都不可能完全一样，所以大学生的个性发展自然也是不同的，因种种条件的限制，大学的课堂教育仅仅解决了大学生对于更高水平知识的需求问题，要做到对个性的培养仍需付出较大的努力。社团活动无疑在解决个性培养问题上发挥着重要作用。

3. 选择时避免草率和贪多

在大学，学习永远是第一，活动虽然是丰富多彩的，但要尽量避免与正常的学习相冲突。参加了社团，就需要组织活动、参加会议、实践服务，这些都是需要花费很多业余时间的。在选择的时候，有余力的同学可以参加两至三个社团。一般就选择参加一个自己感觉最适合的即可。

4. 要对自己有自信

在上大学之前，除了学习之外，学生们大部分是很少参加社团活动的。踏入大学，来到了一个崭新的环境，这个时候就更需要我们对自己有信心。自信是你做好一件事情的前提。大学就是个叫你肆意挥洒的舞台，面对机会我们要学会去争取。

心理测试

大学生心理健康测试

对以下 40 道题，如果感到"常常是"，画"√"；"偶尔是"，画"△"，"完全没有"，画"×"。

(1) 平时不知为什么总感觉心慌意乱，坐立不安。 （　　）

(2) 上床后怎么也睡不着，即使睡着也容易惊醒。 （　　）

(3) 经常做噩梦，惊恐不安，早晨醒来就感到倦怠无力、焦虑烦躁。 （　　）

(4) 经常早醒 1～2 小时，醒后很难再入睡。 （　　）

(5) 学习的压力常使自己感到非常烦躁，讨厌学习。 （　　）

(6) 读书看报甚至在课堂上也不能专心致志，往往不清楚自己在想什么。 （　　）

(7) 遇到不顺心的事情较长时间地沉默少言。 （　　）

(8) 感到很多事情不称心，无端发火。 （　　）

(9) 哪怕是一件小事情，也总是很放不开，整日思索。 （　　）

(10) 感到现实生活中没有什么事情能引起自己的乐趣，郁郁寡欢。 （　　）

(11) 对于老师讲的概念常常听不懂，有时懂得快、忘得也快。 （　　）

(12) 遇到问题常常举棋不定，迟疑再三。 （　　）

(13) 经常与人争吵发火，过后又会后悔不已。 （　　）

(14) 经常追悔自己做过的事，有负疚感。 （　　）

（15）一遇到考试，即使有准备也紧张焦虑。　　　　　　　　　（　　）

（16）一遇到挫折，便心灰意冷，丧失信心。　　　　　　　　　（　　）

（17）非常害怕失败，行动前总是提心吊胆，畏首畏尾。　　　　（　　）

（18）感情脆弱，稍不顺心就暗自流泪。　　　　　　　　　　　（　　）

（19）自己瞧不起自己，觉得别人总在嘲笑自己。　　　　　　　（　　）

（20）喜欢跟比自己年幼或能力不如自己的人一起玩或比赛。　　（　　）

（21）感到没有人理解自己，烦闷时别人很难使自己高兴。　　　（　　）

（22）发现别人在窃窃私语，便怀疑是在背后议论自己。　　　　（　　）

（23）对别人取得的成绩和荣誉常常表示怀疑，甚至嫉妒。　　　（　　）

（24）缺乏安全感，总觉得别人要加害自己。　　　　　　　　　（　　）

（25）参加春游等集体活动时，总有孤独感。　　　　　　　　　（　　）

（26）害怕见陌生人，人多时一说话就脸红。　　　　　　　　　（　　）

（27）在黑夜行走或独自在家有恐惧感。　　　　　　　　　　　（　　）

（28）一旦离开父母，心里就不踏实。　　　　　　　　　　　　（　　）

（29）经常怀疑自己接触的东西不干净，反复洗手或换衣服，对清洁非常注意。（　　）

（30）担心是否锁门和可能着火，反复检查，经常躺在床上又起来确认，或刚一出门又返回检查。　　　　　　　　　　　　　　　　　　　（　　）

（31）站在经常有人自杀的场所，如悬崖边、大厦顶、阳台上，有摇摇晃晃要跳下去的感觉。　　　　　　　　　　　　　　　　　　　　　　（　　）

（32）对他人的疾病非常敏感，经常打听，生怕自己也身患其病。（　　）

（33）对特定的事物、交通工具（电车、公共汽车等）、尖状物及白色墙壁等稍微奇怪的东西有害怕倾向。　　　　　　　　　　　　　　　　（　　）

（34）经常怀疑自己发育不良。　　　　　　　　　　　　　　　（　　）

（35）一旦与异性交往就脸红心慌或想入非非。　　　　　　　　（　　）

（36）对某个异性伙伴的每一个细微行为都很注意。　　　　　　（　　）

（37）怀疑自己患了癌症等严重不治之症，反复看医书或去医院检查。（　　）

（38）经常无端头痛，并依赖止痛片或镇静药。　　　　　　　　（　　）

（39）经常有离家出走或脱离集体的想法。　　　　　　　　　　（　　）

（40）感到内心痛苦无法解脱，只能自伤或自杀。　　　　　　　（　　）

测评方法：

"√"得2分，"△"得1分，"×"得0分。

评价参考：

（1）0～8分。心理非常健康，请你放心。

（2）9～16分。大致属于健康的范围，但应有所注意，也可以找老师或同学聊聊。

（3）17～30分。你在心理方面有了一些障碍，应采取适当的方法进行调适，或找心理辅导老师帮助你。

（4）31～40分。是黄牌警告，你有可能患了某些心理疾病，应找专门的心理医生进行检查治疗。

（5）41分以上。有较严重的心理障碍，应及时找专门的心理医生治疗。

单元小结

健康不仅是躯体没有疾病，它包括生理健康、心理健康、社会适应良好和道德健康，只有具备了上述四个方面的良好状态，才是一个完全健康的人。大学生的心理健康是遗传与环境相互作用的结果，其中家庭、社会和学校是最重要的环境影响因素。大学生常见的心理问题包括：环境适应问题、学习问题、情绪问题、自我认识问题、人际关系问题、恋爱问题、性心理问题等；加强大学生心理健康教育工作是实施素质教育的重要举措，更是促进大学生全面发展的重要途径，是高等学校心理健康工作和德育工作的重要组成部分。

思考与练习 ▶▶▶

（1）如何科学地理解健康和心理健康？

（2）大学生心理健康的标准是什么？

（3）影响大学生心理健康的因素主要有哪些？

（4）大学生常见的心理健康问题有哪些？

（5）如何提高大学生的心理健康水平？

（6）大学生常见的适应困扰及应对策略是什么？

心理训练营

第一步：写出几个你必须要做，但并不想做的事情，以"我不得不"开头造句。

例如：我不得不学习。

我不得不忍受宿舍同学的坏习惯。

注意：要大声读出你的句子，看看自己写了几个句子。三个？五个？

第二步：把每个"我不得不"都改成"我选择"，再大声读出每个句子。

例如：我选择学习。

我选择忍受宿舍同学的坏习惯。

第三步：对比前后两种状态的感受。当把"我不得不"改成"我选择"时，体味一下自己的心态有哪些变化？可以自己完成，也可以和同学一起完成。

我不得不	我选择
感到自己是被动的	感到自己是主动的
感到自己是无力的	感到自己是有力的
感到自己无法掌控	感到自己能够掌控

 思政学堂 ▶▶▶

影视推荐：朗诵表演《请党放心，强国有我》

推荐理由：青年兴则国家兴，青年强则国家强。《请党放心，强国有我》朗诵是中国共产党成立 100 周年大会上，共青团员和少先队代表集体致的献词。青年代表以响亮的"请党放心，强国有我"的呐喊向党致以青春最高礼赞。一张张青春年少的面庞，一句句郑重有力的誓言，彰显着新时代中国青年的志气、骨气、底气所在。时代在变，但青年人的生机和活力不变，青春的热血一直相连。新时代的中国青年要以实现中华民族伟大复兴为己任，增强做中国人的志气、骨气、底气，不负时代，不负韶华，不负党和人民的殷切期望。

第二章
大学生自我意识培养与发展

学习目标 ▶▶▶

（1）掌握自我意识的定义及分类。

（2）了解自我意识的发展过程。

（3）体验大学生自我意识发展的特点、偏差及缺陷。

（4）能够发现自我、发展自我及完善自我。

思政目标 ▶▶▶

（1）全面分析：深入自我意识的各个维度，获得全面的自我意识。

（2）实事求是：通过自我反思、他人反馈、心理评测，建立客观的自我意识。

引导案例

迷茫的青春

　　小张是某高等院校的学生，高考后选择了比较热门的计算机专业，可是学了不到一个学期，他发现自己的兴趣根本不在此。尽管他学习非常勤奋刻苦，但是成绩达不到自己的要求。枯燥的指法练习和晦涩难懂的程序语言让他渐渐失去了学习热情。在高中时期一直担任班委的他原以为自己有较好的管理组织能力，可是进入大学以后，在组织班级和社团活动时，总有部分同学不配合，甚至有的同学还在背后议论他，对他嗤之以鼻。再加上优秀干部落选，他渐渐对自己失去了信心，觉得自己很失败，未来也没有方向，由此，陷入迷茫、沮丧和痛苦之中难以自拔。

　　这是在大学生当中比较普遍的一个案例。由于对兴趣、能力和人际关系缺乏正确的自我认识，小张在学习和工作中都不如意。也正是缺乏健康的自我意识，才导致他遇到挫折一蹶不振，看不到自己的优势和前途。可见，正确而积极的自我意识在成长和发展中至关重要。

第一节　自我意识概述

"我是谁?"这是一个古老而又永恒的话题，也是每一个人毕生都在探寻和不断获取不同答案的问题。古希腊的神殿之上有句名言——认识你自己。这句名言警示世人："人的一生就是一个探索自我的过程，认识自己是人生之旅的出发点，是实现自我价值的基础。"

一、自我意识的概念

自我意识也称自我概念，是一个人对自己存在的觉察，对自身的认识以及对自身与周围环境关系的多方面的认识、体验和评价，是个体关于自我全部的思想、情感和态度的总和。自我意识主要包括三方面的内容：

自我意识

（1）个体对自身生理状态的认识与评价。例如，个体对自己的身高、体重、身材、相貌和性别等方面的认识与评价，以及对身体的饥饿、疲倦和疼痛等状态的感觉。

（2）个体对自身心理状态的认识与评价。例如，个体对自己的智力、气质、性格、能力、情绪、理想、信念和兴趣爱好等方面的认识和评价。

（3）个体对自己与周围关系的认识与评价。例如，对自己在家庭或班级中的地位和作用以及对自己与他人关系的认识和评价。

简而言之，自我意识就是对自己个人身心活动的觉察。由于个体能洞察自己的一切，因而能对自己的行为加以控制与调节，并形成对自己固有的态度，如自尊自爱或自卑自怜。这种自己对自我的认识与情感，表面上看来好像属于个人的私事，实质上却是在特定的文化环境中，经由个人与他人的互动而形成的，是社会化的结果。自我意识不仅是人脑对主体自身的意识与反映，而且受周围环境的影响，特别是人与人之间关系的制约和影响，所以自我意识也反映人与周围现实之间的关系。自我意识是人类特有的反映形式，是人的心理区别于动物心理的一个重要特征。

二、自我意识的分类

自我意识是一个多维度、多层次的心理系统，对个性的形成与发展起着调节与监督的作用。

（一）从结构上进行分类

从结构上看，自我意识可分为自我认识、自我体验和自我调节。

（1）自我认识是自我意识的认知成分，主要包括个体的自我感觉、自我观察、自我分析和自我评价等方面的内容。自我认识是自我意识的首要成分，正确的自我评价对个人的心理及其行为表现有较大影响。如果个体对自身的评价与其他人对自己的客观评价差距过于悬殊，就会使个体与周围的关系失去平衡，产生矛盾。长期以来，就会形成稳定的心理特征——自负或自卑，不利于个人心理的健康成长。

（2）自我体验是自我意识的情绪和情感成分，是主体对自身的认识而引发的情感体验，是主观的我对客观的我所持有的一种态度，主要包括自尊、自信、自卑、自负、自责和自豪等方面的内容。自我体验往往与自我认知和自我评价有关，也与自己对社会规范和价值标准的认识有关，良好的自我体验有助于自我监控的发展。

（3）自我调节是自我意识的意志成分，主要是指个体对自己的心理、行为等方面的调节，包括自主、自立、自律、自我教育和自我控制等方面。自我调节是自我意识直接作用于个体行为的环节，是一个人自我教育和自我发展的重要机制，自我调节的实现是自我意识的能动性的表现。自我意识的调节作用表现为：启动或制止行为；心理活动的转移；心理过程的加速或减速；积极性的加强或减弱；动机的协调；根据拟订的计划监督检查行动；动作的协调一致等。

（二）从内容上进行分类

从内容上看，自我意识可分为生理自我、社会自我和心理自我。

（1）生理自我是对自己的身体、性别、年龄、容貌、仪表、健康状况以及所有物等方面的认识。伴随着生理自我的体验，个体就会在不同的自我体验中出现自豪感或自卑感。不同体验的个体也开始追求身体的外表、健康和物质欲望的满足，并维护家庭的利益等，这样才能使个体产生自豪感而避免产生自卑感。

（2）社会自我是对自己在集体中的角色、名望、地位和经济条件等方面的认识。个体在集体中不断与他人进行比较，感受到自己在社会或集体中的位置从而产生社会自我的感受。个体通过追求名誉、地位和威望，与他人竞争，争取得到他人的好感来获得自豪感，避免自己在社会自我体验中产生自卑感。

（3）心理自我是对自己的智力、性格、气质、兴趣、信念、理想和爱好等个性特征的认识。个体在认识到了心理自我后，就要开始追求理性，注意行为符合社会规范，促进智慧与能力的发展，这样才能使自己更加完善。

（三）从存在方式上进行分类

从存在方式上看，自我意识可分为现实自我、镜像自我和理想自我。

现实自我就是个体从自己的立场出发对自己当前实际状况的基本看法。镜像自我又称他人自我，是指个体想象自己在他人心目中的形象或他人对自己的基本看法。理想自我则是指个体想要达到的比较完美的形象。三者之间是相互依存、相互制约的。当理想自我与现实自我一致，且符合社会要求和期望时，理想自我就会指导现实自我积极适应并作用于内外环境，从而使自我意识获得快速发展。反之，如果理想自我、现实自我和社会要求三者之间有矛盾，就会引起个体内心的混乱，甚至会引起严重的心理疾病。同样，当现实自我和镜像自我一致时，个体会产生加快自我发展的倾向，反之，个体会感到别人不理解自己。

（四）从自我意识的作用进行分类

从自我意识的作用来看，自我意识可分为积极自我和消极自我。

（1）积极自我是指自己对自己的认识较客观，有积极的自我体验，能进行有效的自我控制，实现自身与环境的统一。如表现出独立的自信心、适度的自尊心、一定的责任感和义务感等。

（2）消极自我是指自己对自己的认识有失客观，有消极的自我体验，不能进行有效的自我控制，难以实现自身与环境的统一。如表现出自卑、自我否定、缺乏自制力等。

三、自我意识的产生与发展

自我意识不是与生俱来的，而是随着年龄的增长在社会化的过程中逐步形成的。自我意识的发展经历了萌芽、发生和发展三个过程。

（一）生理自我意识阶段（0～3岁）

这一时期儿童行为的突出特点是以自我为中心，即以自己的想法解释外部世界，并把自己的想法和情感世界投射到外界事物上去。这一时期也被称为生理自我时期或自我中心期，是自我意识的萌芽阶段。这一阶段又可分为三个时期。

1. 自我感觉期

刚出生的新生儿并没有意识，也没有自我意识，只有一些简单、片段的感觉、动作和本能的反射，因而和一般的小动物没有多大区别。他们认识不到自己的存在，分不清自己的身体与外界有什么区别，吮吸自己的指头和吮吸母乳一样。婴儿在以后的生活中，由于不断地与外界事物接触，身体器官、神经系统也随之不断发展、完善，一般在8个月时了解到自己的存在，听到自己的名字会有反应，也逐渐了解自己和外在世界是分开的、自己与他人是不同的，但这时仍然人我不分、物我不分。1岁左右，婴儿产生了自我感觉，这是自我意识最原始、最初级的形态。这时，儿童逐渐能将自己和自己的动作区分开来，将自己的动作和动作对象区分开来。例如，儿童发现咬自己的手和脚，与咬别的东西（玩具、饼干等）感觉不一样；自己推皮球，皮球就滚动了，等等。这就使儿童认识到自身是一个独立实体，是动作的主体，体验到了自我的存在和力量，产生了最初的自豪感和自信心，从而形成自我感觉。

2. 人称代词"我"的出现期

2岁以后，儿童学会使用人称代词"我"来表示自己，使用别的词表示事物时，说明他开始意识到自己心理活动的过程和内容，开始从把自己当作客体转化为把自己当作主体的人来认识。这是自我意识发展中的一次质变和飞跃，人的自我意识从此萌生。

儿童掌握人称代词比掌握名词困难得多，代词具有很强的概括性，"我"一字可与每一个人相联系，运用时必须要有一个内部转换过程。例如，母亲问孩子："谁给你的糖？"孩子应该回答"阿姨给我的糖"，而不能说成"阿姨给你的糖"。儿童要能完成人称代词运用中的这一内部转换，没有对自我与他人、自我与他物的一定的区别和把握，是不可能实现的。当然，这时的儿童还没有关于自己内心的意识，不能像成人一样地沉思内省。

3. 自我意识萌芽期

3岁左右的儿童，"我"的使用频率增加，产生了一些较为极端的自我独立要求，在成人的眼中，这时的孩子常常与父母闹别扭，原来顺从而又可爱的孩子，变得有主见，总想按照自己的方式去处理问题，达到自己的目的，事实上，他们根本做不到，此间孩子开始出现羞耻感、自主性和占有欲。

（二）社会自我意识阶段（3岁到青年初期）

这一时期是个体接受社会化影响最深刻的时期，经历了从幼儿园、小学、初中到高中这些人生成长中非常重要的时期，个体在游戏、学习、劳动、生活中，通过模仿、认同、练习等方式，逐步形成各种角色观念，建立角色意识。个体开始意识到自己在人际关系、社会关系中的地位和作用，意识到自己所承担的社会责任与享有的社会权利。此阶段自我意识的显著特征是从以自我为中心转换为以社会要求、他人要求为标准。这一阶段也可分为三个时期。

1. 小学时期（童年期）

小学时期儿童自我意识的特点是模糊、不自觉、被动的，心理活动主要指向外部世界，对自己的内心世界没有多少认识，如果问"你是一个什么样的人？"许多小学生会回答不上来，说没有想过。即使回答，也往往是对自己一些外部特点的描述，如我是一个爱画画的人、守纪律的人、喜欢猫的人等，或者是转达教师、家长或其他成人对他的评价。他们也意识不到自己所面临的各种矛盾，因而内心世界很平静，没有忧愁，没有烦恼，这一时期是一个从快乐到快乐的时期。

2. 初中时期（少年期）

初中时期人们的自我意识逐渐清晰、自觉了，开始意识到自己与他人、与集体的关系，意识到自己的内心活动，开始想到自己，开始"发现"自己。比如。这时他们会发现自己能想出某个主意，而别人想不出，从而感到自豪、得意；他们开始关心自己的发展，出现理想或幻想，还有了许多内心的小秘密；他们开始对周围人的精神世界、个性品质等感兴趣，欣赏文艺作品时，开始关注人物的内心体验、动机、想法、个性特点等，而不是像小学生那样，只注意作品的情节和人物的外部动作。但这时他们自我意识的水平还不是很高，对自己的内心世界了解得也不是很深。

3. 高中时期（青年初期）

人的自我意识的全新发展和最后成熟，是从青年初期（高中阶段）开始的，并在青年期内基本完成。其显著特征是把原来主要朝向外部的认识活动，转向自己的内心世界，探索自己的内心活动。比如，这时青年会提出一系列的问题要自己回答：我是一个什么样的人？我要成为一个什么样的人？我的长相如何？我的脾气、性格怎样？我有什么样的特长和才能？我能成就什么样的事业？我在别人心目中的形象如何？我怎样走人生之路？这是个体在智力成熟、生理成熟、社会地位和社会化迅速发展的基础上达到的。

（三）心理自我意识阶段（青年中期到生命结束）

如果说前一个阶段是自我意识迅速发展并趋向成熟的阶段，那么从青年中期开始，个体的自我意识便开始进入完善与提高的阶段，这一阶段一直持续到人生的终结。也就是说自我意识的完善与提高是个体毕生的任务。

大学生处于青年中期，是自我意识完善的关键时期。他们的自我意识发展正经历着一个特别明显的从分化到冲突再到统一的过程。这时，原本"笼统的我"被打破了，出现了两个"我"，一个是处于观察地位的我，即"主体我"，另一个是处于被观察地位的"我"，即"客体我"。出现了"主观我"与"客观我""理想我"与"现实我""感性我"与"理性我"的分化。

这种分化标志着大学生的自我意识开始走向成熟，也是他们自我意识发展的最重要的过程。正是这种分化过程促进了大学生思维和行为主体性的形成，从而为客观地评价自己或他人、合理地调节自己的言行奠定了基础。

四、自我意识的特征与作用

（一）自我意识的主要特征

1. 自我意识的社会性

马克思指出，人的本质是一切社会关系的总和。人的成长离不开社会环境，否则，即使在生理上发育得像人的模样，也不具有人的意识。首先，从个体发展来看，个体参与社会生活，逐渐对周围的世界也产生认识，与此同时，也对自己产生了认识，形成了人所特有的自我意识。其次，从种系发展来看，自我意识是随着人类的劳动和语言的产生和发展而发展的，是在人类的实践活动的基础上形成的。因此，自我意识的社会性是指自我意识的形成和发展是社会环境的产物。

2. 自我意识的能动性

马克思指出，意识对物质的反映不是被动的，而是能动的。自我意识作为意识发展的高级阶段，其能动性主要是指人能自觉地、主动地认识和调控自己。

3. 自我意识的客观性

自我意识的形成和发展既非与生俱来，也非封闭环境的产物，而是接触和反映周围客观现实的结果。一方面，自我意识中的任何心理成分都可以从客观现实中找到来源；另一方面，自我意识的评价是有其客观标准的，自我意识是社会评价、社会价值观的反映。

4. 自我意识的形象性

自我意识的形象性主要指个体对自己的意识总是与一定的具体形象联系在一起。心理学家柯里认为，自我意识的形象包括三个因素：首先是关于被他人看到的姿态的自我觉察；其次是关于他人对自己所作的评价与判断的自我想象；最后是关于自己对自己怀有的某种情感——自尊或自卑。柯里还指出，其中第二个因素在实践中具有重要意义，且第三个因素由第二个因素决定。

（二）自我意识的突出作用

自我意识对一个人来说具有十分重要的作用。离开了自我意识，我们将无从感知自己的身心存在和需要，分不清自己和周围世界的关系，头脑一片混沌，一切活动将无法进行。当一个人自我意识不正常，不知自己是谁时，便迷失了自我。因此，自我意识是人须臾不可缺少的，它是随时都发挥作用的人类意识最本质的体现。它能使人反省自身，有明确的自我存在感及丰富的心理内容，它为"我是谁""我从哪里来""我要到哪里去"这些问题带来答案，使人过出自己独特的人生。换言之，个体的自我意识以其固有的特质，调控着人的心理和行为，决定着一个人心理健康的水平，关系着一个人学业和事业的成功。人的自我意识具体有以下四个方面的突出作用。

1. 目标导向作用

目标是个体发展的导航机制，一个人要想成就一番事业，就必须从自身的实际出发，制定明确的目标，只有如此才能调动自身的潜能，激发强大的动力。人通过正确地自我认识，确立较为合理的理想自我的内容，能为个人将来的发展确定目标，对个人的认知、情感、意志、行动会产生很大的影响，也成为个体活动的动力。自我意识健全的个体，在从事一项活动之前，就已把活动的目的和结果以观念的形式置于头脑之中了，并依此做出计划，指导自己的活动，从而达到预期的目标。

2. 自我控制作用

一个人要获得发展，取得成就，不能只有目标，还必须具备自我控制的意识，对自己的情感、行动加以调节和控制。自我意识健全的个体，在对自我做出正确认识、合理规划的基础上，能够对自己的注意力、情感、行为等加以控制，以实现自己的目标。在通往成功的路上，很多人并不缺乏机会和才华，而是缺乏自控的意识和能力，故而与成功失之交臂。自我控制是自我意识发挥能动作用的一个重要方面，它是目标的守护神，是成功的卫士。缺乏自我控制意识的人，将是一个情绪化的人、缺乏毅力的人，终将一事无成。自我意识的控制作用主要体现在自我扮演着个体活动的觉察者、调节者和发动者三个角色方面。自我作为个体活动的觉察者，能使个体知道自己在干什么、干得如何，并随时修正。而某一活动干得是否恰当，自我会对其作出评价，提供反馈信息，从而保持或改变活动的内容、方向和强度，这是自我作为调节者的功能，这种调节有时是有意识的，有时也是无意识的。自我作为个体活动的发动者是指个体能决定自己的活动，当个体总感到自己不能决定自己的活动时，他就处于一种危险的境地。临床发现，如果个体长期处于被强迫的活动状态之中，就会产生心理上的烦恼，丧失自信，产生生理或心理疾病。

3. 内省作用

自我意识健全的个体，不仅能够确立理想自我的内容，为自己将来的发展做出规划，而且能够通过自我控制来实现预期目标。此外，由于主客观条件的制约，理想自我的实现常常会遇到各种障碍，致使个体产生不同程度的挫折感。当现实的自我和理想的自我不能统一，或在理想的自我实现过程中受到挫折时，有健全自我意识的人能够自省、自觉地寻找失败的原因。一方面通过自我调节、控制，纠正心理偏差，努力缩小理想自我与现实自我的差距；另一方面通过重新调整认识，形成新的理想自我的内容，使自己的心理行为个体化与社会化协调、平衡、完善、发展。内省可谓是个体成长中所进行的自我监督和自我教育，每个人要想使自己的天赋和才能得到充分的开发和利用而成为自我实现的人，就需要有积极的自我意识，随时对自我的认识、情感、意志和行为加以反省和审察。

4. 激励作用

正确的自我意识可以帮助个体形成准确的自我认知与评价，并在此基础上建立自立、自主、自信的良好心理品质，激励个体去大胆尝试、积极进取，最大限度地调动个体的潜能，激发个体思维活动的功能，取得成就。在这一过程中，个体应不断克服负面的自我意识，强化正面的自我意识，形成个体自我意识的良性循环。因此，往往自我意识越健康、越积极的人，就越能取得成就，一个人不断取得新的成就时，又会进一步促使健康自我意识的形成。

第二节　大学生自我意识的发展

自我意识在现实生活中更多地体现为一个人的人生价值观问题，而一个人的人生价值观又会受到他所处的社会历史阶段主流思想的影响，因此人们的自我意识也就具有了时代特征。同时，不同的社会形态也相应地塑造着人类不同的社会性格：传统的、自我的、他人的，其实质就是三种不同的价值取向。当代中国大学生人生价值观的演变就经历了从传统的、没有选择余地的单一价值观向自我的、多元化的价值观转变，并且正在呈现出为适应社会发展而选择的环境、时尚决定自己行为的他人导向的价值观。可以说，当代中国大学生人生价值观演变与世界范围内的人生价值观演变在方向上是吻合的，在进程上则表现出浓缩性的特征。

一、大学生自我意识的形成过程

进入青春期后，大学生的自我意识会出现一个从分化到冲突再到统一的过程。这个过程是大学生自我意识不断发展、趋于成熟的过程。大学生的自我意识在大学阶段得到了迅速发展，其自我认识、自我体验和自我控制逐步协调一致。但在自我意识逐步成熟和确立的这一过程中，大学生也品尝了酸甜苦辣，付出了很大代价，并为解决内心的矛盾冲突进行了不懈的努力。

（一）自我意识的分化

儿童的自我意识是一个尚未分化的整体，其意识内容主要停留在对自己外部行为和自己与周围关系的外部特征的认识上。进入青年期，原来在儿童、少年时期统一不可分割的自我意识一分为二：一是理想自我，它是根据主观的自我和对社会现实的主观感受所形成的希望自己未来成为什么样的人而达成的自我状态。理想自我处于观察者的地位，也就是"主体我"。二是现实自我，它是指当前实际所达到的自我状态，即我现在是什么样的人。现实自我处于被观察者的地位，是理想自我所要观察的对象，也就是"客体我"。

自我意识的明显分化使大学生主动、迅速地对自己的内心世界和行为产生新的意识，他们开始意识到自己那些从来没有被注意到的"我"的许多方面和细节。在这一时期，大学生自我沉思、自我分析、自我反省的时间明显增多；由对自我新的认识、体验和控制而带来的种种激动、焦虑、喜悦和不安也显著增加；为自己应该怎样做、能怎样做、不应该怎样做等开始认真地动脑筋，不像中学生那样随心所欲。

此时如果个体的理想自我（主体我）和现实自我（客体我）能保持大致的平衡，也就是说，个体的能力、性格、欲望能如实地表现出来，个体便能以自己的本来面目出现在别人面前，既不用掩饰自己的努力，也不怕暴露自己的缺点，从而有利于发挥自己的实际能力，促进个体健康发展，但也常常会出现理想自我和现实自我的失衡。

现实自我占优势的个体，往往表现出较强的虚荣心和自我陶醉感，特别在乎他人对自己的评价，期望事事处处得到他人的赞赏。他们担心暴露自己的缺点，常常炫耀自己的知识，追新猎奇，哗众取宠，以换取他人的赞赏。

理想自我占优势的个体，往往将"客体我"萎缩到实际能力之下，总认为自己事事处处不如人。他们往往自卑感较强，因为自己某方面的欠缺，如口才不佳、身材不好、相貌一般、家境贫寒、能力不强而苦恼，甚至放弃应有的努力，表现出自我怜悯或伤感的心理状态。

总之，自我意识的分化促进了大学生的思维和行为主体性的形成，从而为客观地评价自己和他人、合理地调节自身的言行奠定了基础，这是自我意识开始走向成熟的标志。

（二）自我意识的冲突

自我意识的分化，一方面使大学生开始意识到理想我与现实我的差距；另一方面，由于处于发展阶段，自我形象不能很快确立，自我概念不能明确形成，因而自我冲突加剧，表现为内心冲突，甚至有很大的内心痛苦和强烈的不安感。归纳起来，当代大学生自我意识的矛盾冲突主要表现在以下五个方面。

一是理想我与现实我的冲突。这是大学生自我意识矛盾最突出、最集中的表现。大学生对未来充满信心，抱负心较强，取得成就的欲望较强，但由于他们生活范围相对狭窄，社会交往比较简单，社会阅历相对缺乏，对自我认识的参照点较少，因此不能很好地将理想与现实结合起来，从而使理想我与现实我之间产生较大差距。这种差距给大学生带来苦恼和不满的同时，也会激发大学生奋发进取的积极性，但如果这种矛盾与冲突过于强烈，且不能及时加以调适，则会导致大学生自我意识的分裂，从而带来一系列心理问题。

二是独立意识与依附心理的冲突。进入大学后，大学生的独立意识迅速发展，他们希望能在经济、生活、学习、思想等方面独立，希望摆脱成人的管束，从而自主地处理所遇到的一些问题，但他们在心理上又依赖成人，无法真正做到人格上的独立，这种独立意识与依附心理的矛盾也一直困扰着他们。

三是交往需要与自我闭锁的冲突。大学生迫切需要友谊，渴望理解，寻求归属和爱。他们有强烈的交往需要，希望能向知心朋友倾吐自己对人生和生活的看法，盼望能有人分担痛苦、分享欢乐。但同时他们又存在着自我闭锁的倾向，许多人往往不愿主动敞开自己的心扉，而把自己的心灵深藏起来，在公共场合很少发表个人的真实意见。他们在与他人交往时存有较强的戒备心理，总是有意无意地保持一定距离，正是这种交往需要与自我闭锁的矛盾冲突，使得不少大学生饱受孤独的煎熬。

四是自信心与自卑感的冲突。大学生在刚刚考上大学时，受到教师、家长、亲朋好友的赞赏及同辈人的羡慕，故而优越感和自尊心都很强，对自己的能力、才华和未来都充满了自信。然而进入大学后，群英荟萃，许多大学生发现"山外有山"，尤其是当学习、文体、社交等方面显露出某些不足时，有些大学生就会陷入怀疑自己、否定自己的不良情绪中，因而产生自卑心理。在这些大学生的内心深处，自信心和自卑感常常处于冲突状态。

五是追求上进与自我消沉的冲突。许多大学生都有较强的上进心，他们希望通过努力来实现自身的价值。但在追求上进时，困难、挫折在所难免，不少大学生常常出现情绪波动。在困难面前望而生畏，消极退缩，虽然退缩但又不甘放弃，心中依然想追求、想奋进，内心极为矛盾，困惑、烦躁、不安、焦虑也由此产生。

（三）自我意识的统一

由自我意识的分化带来的种种矛盾、冲突是大学生自我意识发展中的正常现象，也是大学生迅速走向成熟的集中表现。自我意识矛盾、冲突一方面会使大学生感到焦虑苦恼、痛苦不安，可能影响到他们的心理发展和心理健康，另一方面也会促使他们设法解决矛盾，来实现理想自我与现实自我的统一。由于个人的社会背景、生活经验、智力水平、追求目标等方面的差异，自我意识的统一途径也有所不同，但总的来说，其统一途径有三个方面：一是努力改善现实自我，使之逐渐接近理想自我；二是修正理想自我中某些不切实际的过高标准，并改善现实自我，使两者互相趋近；三是放弃理想自我而迁就现实自我。按照心理学健康标准，无论哪种途径达到自我意识的统一，只要统一后的自我意识是完整的、协调的、充实的、有力的，就是积极和健康的统一，这种统一有利于个体的心理健康和发展，有利于社会的文明与进步。

总之，大学是理想自我与现实自我矛盾突出的时期，也是使其趋向统一和转化的关键时期。过了大学阶段，自我意识就逐渐趋于稳定，再变化发展也没有原来那样急剧了。一般来说，一年级大学生具有一定的依赖性和盲目性，二年级大学生理想成分较多，容易想入非非，三年级以后就显得沉着稳定了。这表明大学生的自我意识正处在矛盾、统一、转化并日趋稳定的阶段。教师应把握大学生自我意识发展的各个重要环节，认识大学生自我意识发展的规律性，促使大学生的自我意识沿着正确健康的方向发展。

二、大学生自我意识发展的特点

（一）自我认识不断拓宽和深化

大学生自我意识不断拓展，其心理活动的深度、广度和发展速度都远远超过中学阶段。大学生开始主动和积极地探索自我、认识自我。他们不仅积极主动地把自己和周围的同学及老师进行比较，把自己和心目中的成功人士及英雄人物进行比较，把自己和社会推崇的优秀的同龄人进行比较，还运用自己的聪明才智和经验，对自己的思想、学习、工作、品德和成长等情况进行独立的分析和判断。同时他们对心理学的讲座、书籍、调查与测试等表现出较高的热情。大学生的知识面不断得到拓展，他们会经常思考"我想成为一个什么样的人""我要过什么样的生活""我要如何实现自己的价值"等问题。

（二）自我认识途径增多

大学生能够通过自我反省认识自我，通过与他人比较认识自我，通过网络世界认识自我。丰富的网络信息激发了大学生自我分析的灵感，拓宽了他们自我分析的广度。现在很多学校开设了心理健康课程，成立了心理咨询中心，大学生可以通过课堂、心理咨询和心理测评认识自我。越来越多的大学生已能坦然接受心理咨询，与咨询老师一起分析自我和评价自我，使自己的认识更完善、更合理。

（三）自我评价能力显著提高

由于各类知识的增多，生活经验的扩大，感性与理性趋于成熟，多数大学生对自己的分析和评价逐渐变得客观和全面，能认识到自己较稳定的个性心理品质。例如，对自己的缺点、性格、道德品质、同学关系、理想信念、能力才华、世界观、人生观和价值观等方面，能从多个视角进行动态的认识和评价。大学生自我评价能力以及对自我分析要求的提高，是大学生个性高度发展的重要标志。大学生不再完全依靠他人的评价作为评价自己的标准，大学生在自我评价的发展上表现出个体差异。

（四）自我体验日益深刻而丰富

在丰富多彩的自我体验中，大学生的情绪和情感基调大多是健康的、积极的。多数大学生喜欢自己、满意自己、自尊、自信和好胜。同时，大学生自我体验又比较复杂、敏感和闭锁，有一定的波动性。凡是涉及"我"以及与"我"相联系的许多事物，常常会引起大学生的情绪、情感反应。大学生对别人的言行和态度极为敏感，把自己的情感体验闭锁于内心，且内心体验起伏较大，有明显的两极情绪。他们取得成就时容易产生积极和肯定的自我体验，甚至骄傲自满和忘乎所以；遇到挫折时又容易产生消极或否定的自我体验，甚至自暴自弃和悲观失望。另外，大学生的自我体验有时还带有一定的直觉性和情境性，如有时从顿悟和苦思冥想中产生自我情绪体验，有时也容易受到小说、电影和美术等文艺作品和突发事件的影响。

（五）自我调控能力提高

自我调控能力的提高，是大学生自我意识成熟的重要标志。一方面，大学生强烈要求独立和自主，热切期望能够摆脱对成人的依赖，试图确立一个成人的和全新的自我形象。在以自主学习和自理生活为主的高校环境中，多数大学生能够科学合理地安排学习、组织活动、料理生活和解决问题，能够制订相应的计划并自觉付诸实践，很少需要他人的督促；另一方面，他们的自我调控水平还不够高，既不善于及时调整自己的目标，也不善于理智地控制自己的行为。

 拓展阅读

关于自我的相关理论

一、弗洛伊德的本我、自我和超我理论

弗洛伊德（Sigrnund Freud，1856—1939，犹太人，奥地利精神病医生及精神分析学派的创始人）认为人格由本我、自我和超我三部分组成。

本我（Id）即原我，指原始的自己，包含生存所需的基本欲望、冲动与本能，是

一切心理能量之源。本我遵循"快乐原则"行事，它不理会社会道德和外在的行为规范。它唯一的要求是趋乐避苦，它的目标是求得个体的舒适、生存及繁殖。本我是无意识的，不被个体觉察。

自我（Ego），其德文原意指"自己"，是个体可以意识到的其思考、感觉、判断、记忆或行动的部分。自我的机能是寻求"本我"冲动得以满足，同时保护个体不受伤害，而对本我加以约束和压抑，遵循的是"现实原则"。自我一般是延迟本我的即时需要而产生出来的意识水平。

超我（Superego），是代表人格结构中的理想的部分，是"道德化的自我"，由"良心"和"自我理想"组成。超我大部分是无意识的，指导自我按社会可接受的方式去满足本我，遵循"理想原则"。意识上，它尽力使我们变成一个有道德的人。

二、埃里克森的心理社会性发展模型八阶段理论

埃里克森（E. H. Erikson，1902—1994），美国著名心理学家、新精神分析学派的代表人物。他在《儿童期与社会》一书中，提出了人心理发展的八阶段理论。他认为人的自我意识的发展要持续一生，从婴儿期到老年期，自我意识要经历八个阶段。每个阶段都有一个需要解决的主要问题，只有解决了这个主要问题，个体的自我意识才会进入下一个新的阶段，新的阶段又会面临新的问题需要解决，这样螺旋式地循环发展。如果上一阶段的主要问题没有解决好，就会影响下一阶段自我意识的顺利发展，从而出现心理危机，出现情绪障碍。

1. 婴儿期（0～1.5岁）：基本信任对不信任的冲突期

在这一时期，如果新生儿的需要得到了满足，他们的啼哭得到了注意，他们得到了适当的爱和关注，他们就感到自信和信任他人。对他们来说，世界是美好的，人是充满爱意的，是可以接近的。反之，如果这一时期婴儿的需求没有获得满足，他们没有得到足够的爱和关注，他们在一生中对他人都会是疏远的和退缩的，不相信自己，也不相信他人。

2. 儿童期（1.5～3岁）：自主与害羞对怀疑的冲突期

一周岁以后，大多数儿童在这个阶段产生了自主性意识。儿童进行探索，获得个人控制感和对外界的认识，他们就感到有能力，是独立的。有强烈的个人操控感、自主感，相信自己能够克服障碍，能够应对生活中的挑战。反之，儿童就会产生羞怯和怀疑，他们对自己感到不确定，变得依赖他人。

3. 学龄初期（3～6岁）：主动对内疚的冲突期

随着儿童开始与其他儿童交往，他们面临着进入社会生活的挑战。儿童必须学会怎样与其他人一起玩或一起做事，怎样解决不可避免的冲突。儿童通过寻找游戏玩伴以及参与其他的社会性活动发展主动性。不能很好地发展主动性的儿童，在这个阶段会产生内疚感和退缩性，他们可能缺乏目的感，并在社会交往或其他场合很少表现出主动性。

4. 学龄期（6～12岁）：勤奋对自卑的冲突期

儿童进入小学后，他们开始与别的孩子展开竞争。他们不可避免地将自己的聪明和能力与同龄儿童进行比较。如果儿童体验到了成功，他们的竞争意识就会不断增强，这为他们今后成为积极的、有成就的社会成员铺平了道路，但失败的体验，会使儿童产生一种不适当的感情，对今后的创造与生活都期望不高。

5. 青春期（12~18岁）：自我同一性对角色混乱的冲突期

青少年阶段可能是人在一生中最困难的时期。这种跨越造成的混乱使青少年感到烦恼甚至痛苦。年轻人开始提出这样一个重要问题："我是谁？"如果对这一问题的回答是成功的，他们的自我认同感就形成了，他们对个人价值和宗教问题就能独立作出决定，理解自己是怎样的人，接受并欣赏自己。但是，有许多青少年不能形成良好的自我认同感，从而出现了角色混乱。

6. 成年早期（18~25岁）：亲密对孤独的冲突期

年轻人开始寻求一种特殊的关系，发展亲密关系。亲密关系发展的结果一般是结婚，或是对另一个人作出爱的承诺，如果在这一阶段不能形成良好的亲密关系，那么他们就会面临孤独感。

7. 成年中期（25~65岁）：生育对自我专注的冲突期

进入中年，人们开始关心下一代。没有子女的成年人通过与年轻人的接触会感到这种生活的丰富多彩。我们都看到父母在抚养孩子的过程中，生活变得很有意义和有趣。遗憾的是，有些父母，他们从教育孩子的过程中很少获得快乐，而是充满了厌烦，对生活感到不满。

8. 老年期（65岁以上）：自我调整对绝望的冲突期

大多数人到老年时都能保持原来的状态，但埃里克森认为，老年人还有一种危机要克服。过去的岁月和经历，走向死亡的必然性，使老年人要么达到一种自我整合，要么产生失望感。以满足的心情回忆往事的人，将以一种完善感走完最后的发展阶段。不能形成这种良好整合状态的人会落入失望的境地。他们认识到自己的时间不多了，年轻拥有的选择和机会，他们都没有了，一生已经过去，他们希望用完全不同的方式重新生活一次，这样的人常常通过对他人的厌恶和轻蔑来表达他们的失望。在生活中没有什么东西比一个老年人的失望更悲哀，也没有什么事情比一个充满完善感的老年时期更令人满足。

第三节 大学生自我意识的培养与完善

德国著名作家约翰·保罗曾说过："一个人的真正伟大之处，就在于他能够认识自我。"这句话表明，客观和全面地认识自我是相当困难的。对自我的正确认识是培养大学生健康自我意识的前提，也是大学生自我调控的重要因素，是塑造和完善自我意识的基础和依据。

拓展阅读

神奇的发卡

有一个女孩子，相貌平平，个子矮小，总认为自己不讨别人喜欢，因此有一点自卑。一天她在商店里看到一支漂亮的发卡，当她戴起发卡的时候，店里的顾客都说她很漂亮，于是她非常高兴地买下了发卡，并戴着它去学校。接着，奇妙的事情发生了。许多平日不太跟她打招呼的同学纷纷来跟她接近，一些同学还约她一起去玩，原本死板的她似乎一下子变得开朗、活泼了许多。她想："都是因为我戴了一个奇妙的发卡。"随即她想到店里似乎还有许多其他样式的发卡，应当都买来试试。于是放学后，她立刻跑回那个商店。岂知她才进店门，老板就笑嘻嘻地对她说："我就知道你会回来拿你的发卡，早上我发现它躺在地上时，你已经一溜烟地跑去上学去了。所以我就暂且替你保管了。"这时她才发现其实自己头上根本就没有戴什么神奇的发卡。

人的容貌并没有因戴发卡而改变，改变的只是人的心态。自信和自尊并非源于有形的东西，而是源于我们的内心。自信使人变得开朗、活泼，自信使人更好地面对生活和困难。无论什么时候，我们都不要排斥自己，对于那些已经无法更改的客观现实，与其整天抱怨苦恼，不如坦然地自我悦纳，以积极、赞赏的态度来接受自己。

一、大学生自我意识的偏差与缺陷

（一）自我意识的偏差

1. 自我中心

自我中心指大学生在思考问题和做事情的时候，始终以自我利益为中心的心理现象，即一切从"我"的利益出发。这样的大学生具有普遍性，尤其是那些有较强自信心、自尊心、优越感和独立性的大学生，更容易形成这种"唯我独尊"的心理。以自我为中心的大学生过多地从自我的角度和标准去评价和认识事物与行为，很少站在别人的立场上替对方着想，他们也容易因别人没有按照他们的意愿行事而责备别人，或与别人结下仇怨。当然，这些大学生不仅伤害了他人，而且伤害了自己。这种大学生往往有好处就上，有困难就推，不能赢得别人的好感与信任，人际关系大多难以和谐。

自我中心的调适方法主要有四种：第一种要摆正自己的位置。不要总是把自己看得重于泰山，把他人看得轻于鸿毛、微不足道。第二种要客观地、实事求是地、正确地评价自己，既不自高自大，也不妄自菲薄。第三种要学会设身处地、多从别人的角度想一想，从而体会他人的心境与感受，去理解他人和关爱他人，不要事事先想、只想、总想着自己。第四种要自觉地把自己融入集体中，走出个人的小天地。

2. 过度自我接纳

自我接纳是指自己认可自己，肯定自己的价值，对自己的才能和局限、长处和短处都能客观评价、坦然接受。过度自我接纳是指高估自我，对自己的肯定评价远远超出自己的实际能力和表现，用"放大镜"看自己的长处，很少认识到自己的缺点和短处，用"显微镜"看他人的短处，很少看到他人的长处。其人际交往模式是"我好，你不好""我行，你不行"。在人际交往中总是居高临下，给别人带来不愉快感。由于不切实际地高估自己的能力和长处，对自己的缺点和短处缺乏清醒的认识，一旦遇到挫折总是把责任推到老师和同学身上，认为别人对自己不公平，从而疏远集体和他人，很难处理好人际关系。

过度自我接纳的调适方法主要有三种：第一种要看到自己的不足，承认自己的缺点和弱点，承认自己也需要不断完善。第二种要看到他人的长处，欣赏他人的独特性，理解并尊重他人。第三种要多与他人交往，以开放的心态尊重和认真地对待来自他人的意见。要认识到给你正确反馈和批评意见的人，往往是真心为你好的人。

3. 过度从众

从众是指个体在群体生活中，会不自觉地遵从群体压力，在知觉、判断、信仰以及行为上，放弃自己的主张，趋向与多数人一致。但从众心理过强，凡事从众，就会导致个体独立性差，缺乏正确的世界观、人生观和价值观，有碍于心理发展。比如，大学里比较常见的消费从众、恋爱从众和作弊从众等。

过度从众的调适方法主要有两种：第一种是努力提高和培养自己独立思考和明辨是非的能力。第二种是遇事和看待问题既要慎重考虑多数人的意见和做法，也要有自己的思考和分析，从而使判断能够正确，并以此来决定自己的行动。

（二）负性的自我体验

1. 孤独感

孤独感是因为得不到他人思想上的理解与情感上的共鸣而产生的一种自我体验。大学生由于年龄的增长和"代沟"的形成，同长辈之间的交流日益减少。而且由于思想的深化和个性的分化，他们已不满足于同关系一般的朋友交往，要求在更深层次上同知心的朋友互诉心声、情感共鸣。如果需求得不到满足，就会产生缺乏知音的孤独感。还有的学生缺乏主动交往的意识，不善于与他人交往，过着三点一线的生活，行单影孤，没有融入大学的文化生活中，从而产生孤独感。

2. 过度的"三自"心理

（1）过度的自尊就是虚荣。虚荣是一种追求外表荣誉，以期获得社会或他人尊重的心理行为。过度自尊者追求虚假的荣誉，不仅会使个体失去他人的尊重和友谊，而且会失去实在的追求。一个人有过强的自尊心，会导致自尊的需要经常得不到满足，产生心理失望，并逐渐丧失自信。

（2）过度的自信就是自负。自负是人自以为是、自命不凡的一种情感体验和情绪表现。过度自信的大学生容易过高评估自我，甚至把自己的缺点也看成是长处。他们听不进师长的教诲，听不进同龄人的意见，一意孤行。这类学生容易提出过高的自我要求，失败的概率很大，也很难处理好人际关系。

（3）过度的自卑就是自我否定或自我毁灭。自卑是人自以为不如他人而产生的一种不满自己、轻视自己和否定自己的消极心理，往往是人的自尊心多次受挫的结果。人在某些时候产生自卑感是很正常的，自卑感对人的发展不一定是坏事，有时也会成为发展的动力。但过度自卑的大学生会对自我产生厌恶之情，通常只看到自己的缺点、不足或失败，而看不到自己的长处和优点，总是有意无意地拿自己的弱项和他人的强项进行比较，其结果只能是自卑心理越来越严重。

 案例

我怎么可能会不通过

某高校学生小张，在校期间一直担任班级干部，自认为可以将班级的事务处理得井井有条，能得到班级同学的认可和维护。因此，他认为自己有领导才能，未来工作中在领导和管理方面可以大展拳脚。然而，在毕业前夕，就在准备发展小张入党而进行班级民主测评时，自认为稳操胜券的小张却看到了意想不到的结果：同意小张入党的同学仅占全班人数的30%，小张没有被发展为预备党员。对于这个结果，小张感到很意外，同时也很难接受，自己在同学心目中的形象竟然与自己想象的相差如此悬殊，难道是自己不适合在领导岗位上工作吗？小张不禁对自己毕业后工作去向的问题产生了困惑。

（三）消极的自我控制

1. 自我放弃

大学生在自我控制上开始有了明显的自觉性和主动性。但在追求上进的同时，遇到困难与挫折时，不少大学生情绪常常易产生波动，在困难面前放弃自我。还有一些大学生认为寒窗苦读十余载，如今考上大学，总算解放了，再也不愿意埋头苦读，只要求分数及格，甚至面临数门功课"挂彩"仍然无动于衷，消极懒惰。于是有大学生喊着这样的口号："60分万岁，61分浪费，59分犯罪。"

2. 逆反心理

大学生随着自我控制独立性的增强，常表现出力图摆脱社会传统的约束，按照自己的意志行事；强烈要求像成年人那样独立自主地行事，不愿受父母的约束和教师的训诫。然而大学生在摆脱依赖和走向独立的过程中，常会表现出过分的独立意向，产生逆反心理，逆反的对象主要是家长、教师以及道德约束和社会规范等，其结果是阻碍了自身的健康发展。逆反心理虽然属于成长中的一种正常现象，但是过度地逆反说明个体的自我意识存在缺陷。

 案例

后悔还来得及吗？

这是一个退学的学生写给老师的一封信。

老师，我就要被退学了，回想大学这几年非常后悔。现在要回家了，心里有很多不舍，真的是后悔无奈。我以前一直是在父母、老师关爱和同学们羡慕的目光中成长，我一直努力学习，小学、初中、高中就读的都是重点学校，我始终坚信我会考上全国一流的大学。然而，由于高考的失误，我进了这个不是我梦想中的学校。开学报到时，开心洋溢在很多大学新生的脸上，可我却一点也高兴不起来。心里想着一定要在大学好好学习，考出好成绩，成为一名一流大学的研究生，在学校里要成为最棒的。可是一段时间过后，我发现我很难成为众人瞩目的焦点了，我以前成绩好，到了大学才发现很多同学多才多艺，唱歌、跳舞、打球、辩论演讲等我都不行。我把所有时间都放在学习上，不和同学交往，不参加活动，可是学习效率不高，期末考试只考了个中等成绩。大二开学不久我就不太想学习了，好像也没多少用处，一次一个老乡喊我去网吧散散心，从此一发不可收拾。我在网吧聊天看电影，找到了被重视的感觉，随时都有人和我说话谈论电影。后来我几乎课都不想上了，成绩一落千丈，天天在网吧上网，考试几乎全挂科，老师和同学找我，我也不想理。现在我被劝退了，我知道对不起父母、老师，甚至在网上聊天的一些网友都不愿理我了。

如果重新来过，我想我不会这样只把成绩当成唯一，我要学会和同学相处，积极参加活动，不为了一点虚荣心而放弃自己。

二、大学生完善自我的途径与方法

（一）正确地认识自我

正确地认识自我是形成自我意识的基础。如果一个人能够全面和正确地认识自己，客观和准确地评价自己，他就能够量力而行，确立合适的奋斗目标，并为实现这一目标而不懈努力。因此，大学生只有打破自我封闭，拓宽生活范围，增加生活阅历，拓展交往空间，积极参加活动，扩大社会实践，才能找到多种参考体系，才能凭借参考体系来多方面、多角度地认识自我，做到不自卑也不过于自信，不骄傲也不过于谦虚，才能充分发挥自己的聪明才智，实现自己的人生价值。大学生可以通过以下方法来认识自我。

1. 比较法

一是与他人比较来认识自我。大学生对自己的能力和品德等人格特征的认识和评价往往是通过与他人的比较来实现的。一项有趣的心理学实验证明了这一点。这个实验是让一些大学生和他们的竞争对手一起讨论参加工作的问题。在讨论前，所有的被试者都接受了自尊测验。讨论时，一半被试者看到的竞争对手是衣冠不整和仪表一般的人；另一半被试者看到的对手是仪表端庄和谈吐文雅的人。讨论后，实验者又对大学生做了自尊测验。结果表明，接触到"仪表比自己强"的竞争者的被试者，自信心明显降低；而看到"仪表不如自己"的竞争对手的被试者，自信心大大提高。大学生在选择比较的对象时，会选择条件跟自己相似的人，认为这样的比较才有可比性。因此，大学生在与他人比较时，首先要明确与他人比较的目的，既要认识自己的优势，又要认识自己的劣势，这样才能有利于自己不断进步。

二是通过与自己比较来认识自我。拿破仑曾说："我最大的敌人就是我自己。"一位成功人士在自己的办公桌上放了一面镜子，在镜面上贴了一张字条，上面写着："请注意，你是世界上最难克服的敌人。"心理学研究表明，人们常常通过与过去的自己相比较来认识和评价现在的自己。例如，一个青年把现在的自己和童年时的自己相比，很可能认为自己在身体状况和能力水平等方面取得了极大的发展；一个老年人把现在的自己和青年时的自己比较，则很可能得出相反的结论。

2. 他人评价法

从他人对自己的态度中认识自我。他人的态度是一面镜子，可以用来认识自己。例如，某大学生发现另一同学对他很友善，愿意与他一起学习、交谈和娱乐等，那么就可以断定自己很可能有吸引对方的品质。如果相反，那么该大学生就该反省自己身上很可能有什么特质引起对方的厌恶了。人们对自己的认识和评价往往会受到他人对我们的态度的影响。艾里斯和霍姆斯的一项实验证明了这一点。这个实验是让两组大学生参加十分钟的会谈。在交谈的前两分钟，主试对大学生的态度反应为中性。正式交谈时，通过微笑次数和声调等非语言行为对一组大学生表现出热情的态度，而对另一组大学生表现出冷淡的态度。会谈后，让大学生评价自己的表现。结果表明，那些受到热情接待的大学生比受到冷遇的大学生对自己的评价要高。为了更好地认识自我，我们需要参考他人的评价和意见，但他人的评价未必都是正确的，我们需要有自己的判断。听什么就信什么的人，难以获得正确的自我认识。

3. 自我反省法

曾子曰："吾日三省吾身。"没有自我反省，就无法实现自我完善。在反省的过程中，可以分析自己成败的原因，对自己作一分为二的分析，严于剖析自我，敢于批评自我，从而提高自我认识，调整自我评价和自我定位。有些大学生不知道该如何自我反省，他们认为自我反省就是把自己封闭起来进行冥想。事实上，自我反省必须建立在自己积极地投身各种实践活动的基础上才是可行的。大学生只有通过积极地参加各种实践活动，在活动中让自己的品德和才能等充分展示出来，才能给观察自我和思考自我提供机会和依据。

4. 测量法

大学生可以通过心理测验来辅助了解自己。例如，"我是谁（二十问法）"可以帮助大学生了解自我意识；"自信量表"可以帮助大学生了解个人对自己的身体和外貌的满意程度；"韦氏成人智力量表"可以帮助大学生了解自己的智力水平；"卡特尔16种人格因素测验"有助于大学生了解自己的个性；"气质调查表"有助于大学生了解自己的气质；"职业兴趣测验"有助于大学生了解自己的职业兴趣等。

（二）积极地悦纳自我

悦纳自我是指无条件地接受自己的一切，包括好的、坏的、成功的和失败的等。悦纳自我的人知道自己的优缺点，并且会尽量扬长避短，接纳自己、喜欢自己并欣赏自己，体会自我的独特性。他们不会因为听了别人的评论就轻易改变自我概念，他们爱自己也爱别人，所以很快乐也很自信。

悦纳自我不只是接受现在，也接受不如意的过往。当面对自己曾虚度光阴、走过弯路、错失机会、伤害过他人时，他们能够认识到自己的过失，吸取经验教训，不会在悔恨和遗憾中裹足不前。并且知道自己以后仍可能会有失误或犯错，但只要不再犯同样的错误即可。悦纳自我是学会经营自己的长项，不放弃希望和努力，毋以己之长而形人之短也不妄自菲薄，顾影自怜。

（三）保持乐观的心境

一种美好的心境，比十服良药更能解除生理上的疲劳和痛苦。进入大学后，大学生经常面临各种生活和学习压力，经常遇到各种挫折。有的同学碰到挫折时会安慰自己"吃一堑，长一智"，以积极乐观的心态看问题，从长远的利弊做决定，不使自己的生活和思维僵化，为自己在思考与行动上留一点弹性空间，保持身心放松，保持好心情才能面对现实，正视现实中的自我。

（四）正确对待挫折和失败

一个人在成长过程中难免会有失败，要有勇气面对挫折，认真总结经验教训，树立不达目的决不罢休的决心。大学生应正确对待学习和生活中的种种困难与挫折，从困境中走出来，总结教训，吸取经验，认可并提高自己的能力，最终实现自己的理想。例如，电视剧《士兵突击》里的经典台词"不抛弃，不放弃"一度成为大众流行语。

当士兵许三多在一次次的坚持中接近梦想的时候，观众的心灵也被他这句铿锵有力的话语感染。不抛弃自我，不放弃自我，勇于接受自我和尊重自我，在浮躁和喧嚣的环境里显得更加难能可贵。

（五）有效地控制自我

亚里士多德曾经说过，美好的人生建立在自我控制的基础上。很多大学生自控能力较差，他们往往想得多，做得少，甚至只想不做。大学生需要自我控制，他们应该清晰地意识到，在人生道路上，只有对自己负责的人，只有不断提高自律性，塑造自我，超越自我，完善自我，才能更快地成长、成熟和成功。大学生控制自我应该做到以下几个方面。

1. 用意志来调节自己的行为

很多大学生为自己树立了远大的目标和理想，在努力的过程中，却没有足够的自制力和意志力，经受不住挫折和打击，无法实现自我理想。大学生经常说："我想早起，可就是没有恒心。""我想学习，可就是学不进去。"大学生培养顽强的意志品质可通过设定符合意志品质训练的可行性目标；积极参加实践活动；坚持一项长久的运动来磨炼和培养意志品质。丘吉尔在剑桥大学讲演时曾说过，成功的秘诀有三个：第一，决不放弃；第二，决不、决不放弃；第三，决不、决不、决不放弃。

2. 培养自信心

自信心是一种自我肯定的信念，在自我意识中往往以"我行""我能行""我是不错的""我比很多人都强"等观念得以存在与表现，并会有意无意地体现在行为中。所以，自信心对大学生来说是非常重要的。自卑的大学生，更应当有效地调控自我，时常进行积极的自我暗示。当面临某种事情感到自己信心不足时，不妨给自己壮胆："我一定会成功！"或者自问："人人都能行，我为什么不能？"英国心理学家克列尔·拉依涅尔提出了十个增强自信心的方法：

第一，每天照三遍镜子。清晨走出宿舍之前，对着镜子修饰仪表，整理着装，务必使自己的外表处于最佳状态。午饭后，再照一遍镜子，修饰一下自己，保持整洁。晚上就寝前洗脸时再照照镜子，消除对自己仪表不必要的担心，更有利于你将注意力集中到学习和生活中。

第二，不要总想着自己的身体缺陷。每个人都有各自的身体缺陷，完美无缺的人是不存在的，对自身的缺陷不要念念不忘，其实人们并没有那么在意你的缺陷。只要少想，自我感觉就会更好。

第三，你感觉明显的事情，其他人不一定注意得到。当你在众人面前讲话感到面红耳赤时，你的听众可能只是看到你两腮红润，认为你感觉愉快而已。事实上，你的窘态并没有那么容易被其他人发现。

第四，不要过多地指责别人。如果你常在心里指责别人，这种毛病就可能成为习惯。应该逐渐地克服这种缺点，总爱批评别人是缺乏自信的表现。

第五，多数人喜欢的是听众。因此，当别人讲话时，你不要急于用机智幽默的插话来博得别人对你的好感。你只要认真地倾听别人的讲话，他们就一定会喜欢你。

第六，为人坦诚，不要不懂装懂。对不懂的东西坦白地承认，这不仅不会损害你的形象，还会给人诚实可信的感觉；对别人的魅力和取得的成就要勇于承认，并致以钦佩和赞赏。

第七，在身边找一个患难相助、荣辱与共的朋友。这样，在任何情况下你都不会感到孤独。

第八，不要试图用酒来壮胆提神。如果你害羞腼腆，那么就算喝干了酒瓶也无济于事。只要你潇洒大方，滴酒不沾也会受到大家的欢迎。

第九，拘谨可能使某些人对你存有敌意。如果某人不爱理你，不要总觉得自己有错。对于有敌意的人，置之不理不是最好的方法，但却是唯一的方法。

第十，一定要避免使自己处于一种不利的环境中。否则，当你面对这种不利的情况时，虽然人们会对你表示同情，但他们有时也会感到比你地位优越而在心里轻视你。

3. 尝试运用自我美化的心理暗示

自我美化的心理暗示在某些时候会发挥很大作用，产生意想不到的效果。当生活境况不如意时，个体还可以和比自己条件更差的人进行比较，产生"比上不足，比下有余"的心理感受；当考试不及格时，个体可以自我安慰式地归因于题目太难或自己不够努力等，以减少自责心理。需要提及的是，这种方法一定要适度运用，否则会使人适应社会的能力减弱。

4. 设计符合实际的理想自我，完善现实自我

符合实际的理想自我有两个基本要求：一个是理想的目标要远大。大学生要认识到社会对个体的要求和期望，在自我认识、自我认可的基础上，按照社会需要和个人的特点来确立自我发展的目标，明确自己要承担的责任，使个人的理想符合社会规范；另一个是理想的目标要符合个人的实际情况，包括自己的知识程度、能力水平、道德修养和生活经验等。

大学生设计符合实际的理想自我的途径主要有：通过各种渠道了解社会、探索社会发展的基本规律，了解社会需求；积极探索人生，理解人生，学会思考人生，树立正确的人生观、价值观和世界观；提出明确的发展目标，为确立理想自我提出具体要求和发展规划；为理想自我的确立寻找合适的学习榜样以及反面事例，运用榜样的力量和反面的经验教训，为重塑理想自我提供具体形象的参考。

现实自我是理想自我的立足点和出发点。努力提高现实自我，不断战胜旧的自我，重塑新的自我，个体要积极努力地对现实自我的智力、性格、气质、兴趣、地位和身

份等方面进行提高、改善。提高现实自我是一个长期的过程，大学生必须坚持不懈、持之以恒，才能使现实自我不断地向理想自我靠拢，并最终实现自己的人生目标。这一过程，也就是大学生努力完善自我的过程。

5. 不断超越自我

每个人身上都会有一些未被注意或有待发现的潜力，这些潜力充分被挖掘，就会使自我不断地得以发展。人脑为超越自我提供了无限发展的可能性。研究表明，人大脑的利用率还很低，首先要开发利用大脑尤其是右脑。其次要发现和利用自己的感官潜能。有的人嗓音好，有的人听力好，有的人平衡感好，有的人心灵手巧……这些都是个人成才的潜在力量。最后要战胜惰性。追求快乐和舒适是人的本性，但它会阻碍人去奋斗。因为要奋斗就会有痛苦，这与快乐原则相违背。惰性是超越自我的大敌，它会使人放弃一切努力，或得过且过，或畏难不前。每一个成功者的经历都证明了"一分耕耘，一分收获""一分辛苦，一分才华"，所以在现实生活中，要与惰性做斗争，以勤补拙，以长补短，努力超越自我。

 心理测试

自我形象测试

对下列每个题目做出最适合你的选择。

（1）上次某个异性朋友说你长得迷人，你当时反应如何？　　　　　　　　（　　）

A. 不觉得意外，因为知道会这么说

B. 觉得快乐，因为我也想到这一点，只是不能完全肯定自己而已

C. 又惊又喜

（2）你是否直呼你父母的名字？　　　　　　　　　　　　　　　　　（　　）

A. 是的，自从长大成人以来一贯如此

B. 是的，只因为父母提议要我那样做

C. 不知道什么缘故，我就是不喜欢那样的叫法

（3）你即将担任一项重要任务，一项你以前从未做过的事情。你有一位朋友不经心地说，但愿我有你那样的机会。你会：　　　　　　　　　　　　　（　　）

A. 接受这句恭维话　　　　　　B. 向他表明你并没有十足的把握，但你很乐观

C. 心想，如果你知道我有多紧张就好了

（4）你已经拿定主意下午逃学，你觉得：　　　　　　　　　　　　　（　　）

A. 好极了，我一定能玩得很痛快

B. 很好，只是有点罪恶感

C. 很有罪恶感，以至于玩兴全消失了

（5）你是否觉得别人不了解你的优点？ （　　）

　　A. 实在不觉得　　　　　　　B. 有时候觉得　　　　　　C. 经常觉得

（6）当你生气的时候，你通常： （　　）

　　A. 不表露出来　　　　　　　B. 直接表现出来　　　　　　C. 间接表现出来

（7）假如第（6）题的答案是 A，你是否觉得，你当时非常生气，别人看你却是镇定的？ （　　）

　　A. 很少觉得　　　　　　　　B. 有时觉得　　　　　　　　C. 经常觉得

（8）假如第（6）题的答案是 B，你是否觉得，在你气得快要崩溃时，别人看你却还是坚强的？ （　　）

　　A. 很少觉得　　　　　　　　B. 有时觉得　　　　　　　　C. 经常觉得

（9）下列情况哪一种最适合你？ （　　）

　　A. 我对自己的才干了如指掌，并正在善加利用

　　B. 有时候我觉得自己在某些事情上还可以做得更好一些。不过一般而言，我对自己努力的成果通常都很满意

　　C. 假如我用心去做，几乎什么事情我都能做，不过我从未得到应有的机会

（10）当你告诉某一个很了解你的人，你在某个特殊的场合有某种行为和感觉时，他是否说"我没想到你会这样"？ （　　）

　　A. 从来没有　　　　　　　　B. 很少　　　　　　　　　　C. 有时候如此

（11）如果你有一件想做的工作，但是没有规定是你完成，这时你： （　　）

　　A. 立刻行动

　　B. 有点分心的感觉，但很容易进入工作状态

　　C. 觉得不愿意定下心来做，或者感到注意力分散得很厉害

（12）当某个人似乎并不喜欢你时，你会： （　　）

　　A. 以旷达的胸襟接受这一事实：一个人无法讨好每个人

　　B. 想知道你是否做了什么事得罪他了

　　C. 认为他一定嫉妒你

（13）你是否担心自己会让别人失望，辜负他们对你的期望？ （　　）

　　A. 很少　　　　　　　　　　B. 有时候　　　　　　　　　C. 经常

（14）假如你在通过海关时被阻拦下来彻底检查行李，而你并没有携带违禁品，你会： （　　）

　　A. 因为被耽搁了，觉得有点懊恼

　　B. 心想，幸好我没带违禁品

　　C. 觉得紧张而有罪恶感，像自己做错了事一样

（15）你会做白日梦吗？ （　　）

　　A. 不常做　　　　　　　　　B. 偶尔做　　　　　　　　　C. 经常做

（16）假如（15）题的答案是 B 和 C，你的白日梦是： （ ）

A. 和可能的情况十分接近

B. 幻想你大权在握，人人仰望你，你经常都能随心所欲

（17）在过去两年之中，是否有好几个人评论你的人格（无论恭维或批评），让你感到惊讶的？ （ ）

A. 实在没有 B. 不是好几个，而是一两个

C. 是的，有一两个

（18）当你在学校里犯了错，或者在家里把晚餐弄糟了，这时你： （ ）

A. 就耸耸肩，心想没有一个人是十全十美的

B. 需要自我安慰，说那不太要紧

C. 觉得很着急，并且很想替自己辩护

（19）如果有人得罪了你，你会： （ ）

A. 生气了一阵子，过后就忘了

B. 觉得难以抛开创痛和怨恨

C. 想报复，并且想象用严厉的方式惩罚对方

（20）你必须参加某次面试或某种考试。对于这些，你已经有了充分的准备，你会： （ ）

A. 觉得有点紧张，但是仍愿意全力以赴

B. 有时觉得有把握，有时觉得紧张

C. 严重怀疑自己的能力

（21）假如你不喜欢你的学校或你的邻居，你会： （ ）

A. 痛下决心换一个地方，并且尽快去实现

B. 不知何去何从，犹豫不定，不过最后还是采取行动了

C. 觉得陷进去了，无法采取行动

（22）假如你把时间和金钱投进了某个冒险事业。结果一败涂地，你会： （ ）

A. 检讨得失 B. 决定将来小心行事

C. 认为那只是运气坏一点罢了，下次事情必定顺利进行

（23）你觉得下列哪个形容词最适合你，请你指出来。然后找两个很了解你的人，不要告诉他们你的答案，请他们分别告诉你，他们认为哪个最适用于你： （ ）

A. 性子稳重或急性子 B. 怕羞或外向 C. 粗心或谨慎

（24）有位朋友和你争论，而你认为他的观点不合理。这时你会： （ ）

A. 就直截了当地跟他说你的观点

B. 试着跟他妥协

C. 觉得难过又生气，但尽量避免对峙

（25）你是否觉得不论你做什么事情，都会有人照顾你？ （ ）

A. 否，我必须依靠自己的努力

B. 只是照顾到某个地步而已，不能过于强求他人

C. 是的，通常都有

（26）你是否觉得别人控制了你的生活，你所做的事情，没有发言的权利？（　　）

A. 并非如此　　　　　　　　B. 有时候这样认为　　　　　　　　C. 经常这样认为

计分标准：

除第（6）题选 A 或 B，均计 0 分，第（23）题你和朋友相异一次加 1 分外，其他题选择"A"计 0 分；选择"B"计 1 分；选择"C"计 2 分。

结论：

0～10 分：你对自己的看法和别人对你的看法很接近。

11～25 分：你对自己的评价大部分合理而真实。

26～35 分：你对自己的看法与别人对你的看法有差异。

36 分以上：假如你没有算错分数，而且也诚实地做了这个测验，表明你对自己的看法与现实极不相符。

单元小结

人对自己的认识是反映生物人成长为社会人的重要心理结构，大学生是正确的自我意识形成的重要阶段，按照自我意识的结构和内容不断地调控自我，是心理健康发展的有效方法，其目标是科学地认识自我、积极地悦纳自我、积极有效地控制自我和不断地超越自我。

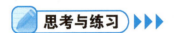

思考与练习

（1）什么是自我意识？自我意识的作用是什么？

（2）简述大学生自我意识形成的过程。

（3）怎样才能做到科学地认识自我？

（4）结合你自己自我意识的某一弱点，谈谈你将采用的调控方法。

心理训练营：我是……

发现自己的特别之处，并用有创造性的方式表现出来，会增加对自我的理解，并带来自信。接下来，请你根据自己的感受填写"我是……"的小诗，请给自己 15 分钟的时间。

第一节

我是＿＿＿＿＿＿＿＿＿＿＿（所具备的两种品格）；

我好奇＿＿＿＿＿＿＿＿＿＿（所好奇的事情）；

我听见＿＿＿＿＿＿＿＿＿＿（一种想象的声音）；

我看见＿＿＿＿＿＿＿＿＿＿（一种想象的情景）；

我愿＿＿＿＿＿＿＿＿＿＿＿（一个实在的愿望）；

我是＿＿＿＿＿＿＿＿＿＿＿（重复本诗的第一行）。

第二节

我假设＿＿＿＿＿＿＿＿＿＿（我想假设的事情）；

我感到＿＿＿＿＿＿＿＿＿＿（一种想象的感觉）；

我触摸到＿＿＿＿＿＿＿＿＿（一种想象的触觉）；

我担心＿＿＿＿＿＿＿＿＿＿（实在令你心烦的事）；

我哭泣＿＿＿＿＿＿＿＿＿＿（令你非常悲伤的事）；

我是＿＿＿＿＿＿＿＿＿＿＿（重复本诗的第一行）。

第三节

我明白＿＿＿＿＿＿＿＿＿＿（我认定为真的事情）；

我说＿＿＿＿＿＿＿＿＿＿＿（我相信的事情）；

我梦想＿＿＿＿＿＿＿＿＿＿（我实在梦想的东西）；

我试图＿＿＿＿＿＿＿＿＿＿（我真正努力去做的事情）；

我希望＿＿＿＿＿＿＿＿＿＿（我真正希望的事情）；

我是＿＿＿＿＿＿＿＿＿＿＿（重复本诗的第一行）。

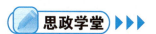 思政学堂 ▶▶▶

影视推荐：《感动中国 2021 年度人物颁奖盛典》

推荐理由：以平凡铸就伟大，英雄来自人民。《感动中国 2021 年度人物颁奖盛典》是中国人的年度精神史诗，其挖掘展现了一批榜样人物，他们都来自基层、出自平凡，却做出了一般人难以做到的不平凡事情。每一个人物每一段故事，都浸润着满满的真善美，都散发着暖暖的正能量。这些人物衬托着我们中华民族的文明，放飞追逐着我们的中国梦。观看《感动中国 2021 年度人物颁奖盛典》，以榜样为镜，自觉树立和践行社会主义核心价值观，发扬"敢教日月换新天"的奋斗精神，顽强奋斗、艰苦奋斗、不懈奋斗，脚踏实地把每件平凡的事做好，展现新时代青年的道德水准和精神风貌。

第三章
大学生人格发展

学习目标 ▶▶▶

（1）了解人格的概念与特征。

（2）掌握人格结构的内容与人格形成的影响因素。

（3）了解大学生常见的人格缺陷及其调适。

（4）了解发展健全人格的方法。

思政目标 ▶▶▶

（1）全面分析：引导大学生全面了解和分析人格的基本知识。

（2）辩证思维：引导大学生整体理解人格的特征。

（3）以人为本：引导大学生掌握个人塑造的方法。

引导案例

一位老师的三个学生

一位老师培养出三个得意门生：第一个在官场上春风得意，第二个在商场上捷报频传，第三个埋头做学问，成为某学科的带头人。在一次同学聚会上，有人问老师："您认为这三个人中，哪个将来最有出息？"老师说："现在还看不出来，竞争有三个层次，最低层次是技术的竞争，其次是智慧的竞争，他们现在正处于这一层次，而最高层次的竞争则是人格的竞争。"

人与人的竞争归根结底是人格层面的竞争，发展与完善自身人格不仅能为竞争中的个人提供内在的强大支撑，还利于身心健康，促进人际关系和谐，成就幸福人生。

在现实生活中，有的人热情奔放，有的人冷淡孤僻；有的人聪慧敏捷，有的人反应迟缓；有的人顽强果断，有的人优柔寡断；有的人善良助人，有的人恃强凌弱……同样是家境贫穷，为什么有人因此而发奋，走上自强之路，有人却因此而堕落，走上犯罪之路……这些都是由人格素质决定的。人格是人的综合素质的重要组成部分，更是大学生综合素质的重要组成部分。寻找通向健全人格之路，塑造健全的人格是大学生心理健康教育的重要目标之一。

第一节　大学生人格类型

一、人格的概念

　　人格一词是从英文"personality"翻译过来的。"personality"一词源于拉丁文"persona"，是面具的意思，原意是指希腊罗马时代戏剧演员在舞台上扮演角色时所戴的假面具。这种面具类似于中国的京剧脸谱，它用来表现剧中人物的身份和性格。把"面具"指定为"人格"，实际上说明两层含义：一个人在生活舞台上演的种种行为（外部特征），一个人真实的自我（内部特征）。

人格的定义

　　我们要讲的人格属于心理学的范畴，也称"个性"。它是一个人总的心理面貌，是一个人相对稳定、具有独特倾向性的心理特征的总和。人格是各种心理特性的总和，也是各种心理特性的一个相对稳定的组织结构。在不同的时间和地点，它都影响着一个人的思想、情感和行为，使之具有区别于他人的独特的心理品质。

　　人格是在长期的社会生活实践中形成、发展起来的，是人的遗传素质与环境因素相互作用的结果。人格结构的各个组成部分是相互依存、相互制约、相互协调的，对人的心理和行为进行调解和控制，从而构成一个人完整的心理面貌。如果各部分关系协调，人的心理和行为就健康且正常，否则就会产生不正常的心理和行为，甚至出现各种人格障碍和人格变态。

二、人格的特征

（一）独特性

　　在现实生活中，有的人外向开朗，有的人内向腼腆；有的人健谈幽默，有的人沉默寡言；有的人豪爽果断，有的人优柔谨慎；有的人冲动急躁，有的人理智沉稳。我们经常所说的"人心不同，各如其面"就是指人格具有鲜明的个体特征。人格的差异铸就了个体千差万别、千姿百态的心理面貌。个体的人格是在遗传、成长环境及教育等先天和后天多种因素交互作用下形成的。不同的遗传、生存及教育环境形成各自独特的心理特点。而生长教育条件的不同，也会使同一人格品质在不同人身上表现出不同的特点。例如，勇敢这一人格特质，对于在一个缺乏父母爱护的家庭中成长的孩子的影响结果可能是其极易与人产生争斗，而对于在一个民主型家庭中成长的孩子的影响则可能易让其产生见义勇为的行为。

（二）稳定性

人格的稳定性是指个体的人格特征具有持续性和一致性。一个人的某种人格特质一旦稳定下来，再要去改变是较为困难的事。这种稳定性还表现在人格特征在不同时空下的一致性。例如，一个性格外向的大学生，他不仅仅在家庭中非常活跃，而且在班级活动中也会表现出积极主动的一面，在老师面前同样也能自然地表现自己。不仅大学四年如此，即使毕业若干年再相逢，这个特质依旧不变。

（三）统合性

人是极其复杂的，人的行为表现出多元性、多层次的特点。人格的组合千变万化，并非死水一潭，因而使人格表现得色彩纷呈。在每个人的人格世界里，各种特征并非简单的堆积，而是如同宇宙世界一样，依据一定的内容、秩序与规则有机组合起来的动力系统。人格的有机结构具有内在一致性，受自我意识的调控。当一个人的人格结构的各方面彼此和谐一致时，他就会呈现出健康的人格特征，否则就会出现各种心理冲突，导致"人格分裂"。

（四）功能性

人格能引导行为，驱使人趋向或回避某种行为，寻求或躲避某些刺激，是一个人生活成败、喜怒哀乐的根源。正如人们常说的"性格决定命运"。人格决定了一个人的生活方式，甚至有时会决定一个人的命运。面对挫折和失败，坚强者能够认真总结经验教训，在失败的废墟上重建人生的辉煌。而懦弱者则一蹶不振，失去了奋斗的目标。当人格功能发挥正常时，表现为健康而有力，支配着人的生活与成败；而当人格功能失调时，就会表现出懦弱、无力、失控甚至变态。

（五）可塑性

虽然人格是稳定的，但不是不可以改变的。每个人的人格都可能随着现实环境的多样性和多变性而或多或少地发生变化。儿童期和青年期（成年前期）的人格正在形成和定型中，还不稳定，容易受外界因素影响而发生变化，因而可塑性较大。而成年的人格比较稳定，可塑性较小，但也并非不能改变。大学时期是人格形成的最后阶段。因此，大学生在大学期间要有意识地培养自己健全的人格。

（六）社会性与生物性

在人格的形成和发展过程中，不仅受生物因素的制约，还受社会因素的制约。人是一切社会关系的总和，离开人类社会生活，人的正常人格是无法形成和发展的。

三、人格的结构

人的心理结构包括心理倾向性和心理特征两大部分。人格的倾向性主要包括需要、动机、兴趣、理想、信念、世界观等。人格的心理特征是指人们在各种心理活动过程中，经常地、稳定地表现出来的心理特点。其中性格具有核心意义，最能表现人的人格差异。

（一）气质

气质是指个体表现在心理活动的强度、速度、灵活性与指向性上的一种稳定的心理特征。这种特征既决定了个体心理活动的动力特征，又给每个人的心理活动蒙上了一层独特的色彩。

气质最初是由古希腊医生希波克里特提出的，他把气质分为胆汁质、多血质、黏液质和抑郁质四种类型。这四种气质类型的典型特征如下：

1. 胆汁质（兴奋型）

外向、精力旺盛、直率、热情、行动敏捷、性情急躁、心境变换剧烈。这类大学生有独立见解，反应迅速，行为果断，表里如一；不愿受人指挥而喜欢指挥别人；学习、工作热情高涨，有魄力，能吃苦，但不够细致；热情、执着，活动效率高，想干的事未完成，饭可不吃，觉可不睡；学习的理解能力和接受能力强，但不求甚解；思维方式刻板，说话喜欢与同学争辩，喜欢在公开场合表现自己；能以极大的热情和旺盛的精力投入学习和工作，一旦精力消耗殆尽时，便会失去信心，情绪顿时转为沮丧而且心灰意冷。

2. 多血质（活泼型）

外向、活泼好动，反应迅速，情绪发生快而多变，兴趣广泛。这类大学生在学习和工作上肯动脑、主意多，不安于机械、刻板、循规蹈矩，常表现出较强的工作能力和办事效率；内心体验多在面部表情和眼神中明显地表现出来；易于适应环境的变化，性情活泼、热情、善于交际，容易交上朋友，但友谊常不稳固，缺少知心朋友；对外界事物兴趣广泛，但容易浮躁，见异思迁；容易激动，但情绪表现不强烈；情绪变化快，遇到稍不如意的事就情绪低落，而稍得到安慰或又遇到其他高兴的事，马上就会兴高采烈。

3. 黏液质（安静型）

内向、稳重，反应缓慢，沉默寡言，情绪不易外露，注意力稳定，难以转移，善于忍耐。这类大学生一般很少发脾气，情感很少外露，面部表情单一；反应较为迟缓，无论环境如何变化，都能基本保持心理平衡；凡事深思熟虑，力求稳妥，一般不做无把握的事情，表现出较强的自我克制能力；与人交往得体有度，不卑不亢，不爱抛头露面和做空泛的交谈；学习、工作有板有眼，踏实肯干；兴趣爱好稳定专一，有毅力，但不善于随机应变，固定性有余而灵活性不足，有墨守成规、因循守旧的表现。

4.抑郁质（抑郁型）

内向孤僻、注重细节、行动迟缓、情感体验细腻、深刻。这类大学生喜欢安静独处，与人交往时显得腼腆、忸怩，善于领会别人的意图，在团结友爱的集体中很可能是一个容易相处的人；自己心里有话，宁愿自己品味，也不向别人倾诉；不爱表现自己，不喜欢出头露面；感情细腻而脆弱，常为区区小事引起情绪波动，容易神经过敏，患得患失；在困难面前常怯懦、自卑和优柔寡断；当学习或工作失利时，会感到很痛苦。

上述为典型的气质类型，近似其中一种者为一般型，这种人比较少，具有两种或两种以上类型者为中间型或混合型，这种类型在人群中占的比例比较多。

气质是人的天性，本身无优劣之分，任何一种气质都有其积极和消极的两面性。气质也不能决定一个人的社会价值和成就的高低。因此，大学生要正确对待自己的气质类型，经常有意识地控制自己气质的消极品质，发扬积极品质，这样有利于形成良好的个性。

 案例

截然不同的孪生兄弟

一个美国家庭有一对孪生兄弟，一个出奇的乐观，一个却非常悲观。

父母希望兄弟俩的性格都能改变一些。于是，他们把那个乐观的孩子锁进了一间堆满马粪的屋子里，把悲观的孩子锁进了一间放满漂亮玩具的屋子里。

一个小时后，他们的父母走进悲观孩子的屋子时，发现他坐在一个角落里，一把鼻涕一把眼泪地哭泣。原来，他不小心弄坏了玩具，怕父母会责骂自己。

当父母走进乐观孩子的屋子时，却发现孩子正在兴奋地用一把小铲子挖着马粪，把脏乱的马粪铲得干干净净。看到父母来了，乐观的孩子高兴地叫道："爸爸，这里有这么多马粪，附近肯定会有一批漂亮的小马，我要给它们清理出一块干净的地方来！"

一对孪生兄弟之所以会有如此大的区别，是因为他们的气质不同。人在出生后很快就出现了明显的气质差异，气质是影响一个人心理健康的重要因素。

（二）性格

性格是一种与社会最密切相关的人格特征，是一个人对现实稳定的态度和与之相适应的习惯化了的行为方式的总和。性格表现了人们对现实与周围世界的态度，对自己、对别人以及对事物的态度。一个人对现实稳定的态度决定了他的行为方式，而习惯化了的行为方式又体现了他对现实的态度。性格是在社会生活实践中逐渐形成的，一经形成便比较稳定。性格的稳定性并不是一成不变的，性格也具有可塑性。性格是在生活实践中形成的。一个人生活环境如果发生了重大变化，他的性格也将发生显著改变。从不同角度可以对性格类型进行不同的划分。

第一，按照知、情、意在性格中的表现程度，可分为理智型、情绪型和意志型三种。①理智型的人以理智支配自己的行动；②情绪型的人，情绪体验深刻，举止容易被情绪左右；③意志型的人具有较明确的目标，行为主动。

第二，按照个体的心理倾向，可分为外倾型和内倾型。外倾型的人的心理活动倾向于外部，活泼开朗，善于交际，感情易于外露，处事不拘小节，独立性较强。但有时粗心、轻率，容易轻信他人；内倾型的人心理活动倾向于内部，一般表现为感情含蓄，处事谨慎，自制力强，但交往面窄，适应环境困难。

第三，按照个体独立性程度，可分为独立型和顺从型。独立型的人意志坚强、具有坚定的信念，不易受外来事物的干扰；能独立地判断事物，发现问题、解决问题，在紧急和困难的情况下不慌张，易于发挥自己的力量，但有时会把自己的意志强加于人，固执己见，不易合群。顺从型的人，随和、谦虚、易与人合作，但独立性较差、易受暗示，容易接受别人的意见，在紧急情况下易惊慌失措。

典型性格的人很少见，一般人都处在两种性格之间或偏向某种类型性格。

性格与气质都是构成人格的重要因素，二者相互渗透、相互影响、彼此制约。二者有所不同的是，性格是人格中涉及社会评价的内容，更多受到社会环境的影响，体现了人格的社会属性。性格具有社会评价的意义，反映了社会文化的内涵，有好坏之分。而气质更多受生理和心理上的特点制约。虽然在后天的环境影响下也有所改变，但与性格相比，它更具有稳定性，变化比较缓慢。个体之间人格差异的核心是性格的差异。

 拓展阅读

人格与躯体疾病

躯体疾病与人格之间存在一定的对应关系。美国精神病学家弗劳依特·林曾经研究过如何仅靠了解患者的人格特征，就能相对准确地诊断他们的身心疾病。他询问了其他医生介绍来的400余名病人，他们分别患有哮喘、腰痛、关节炎、糖尿病、高血压、消化性溃疡等14种疾病。然而林医生在和病人谈话之前并未看过他们患病的资料。他告诉病人不必描述自己的躯体症状和治疗经过，只要求他们表露自己的性格。在谈话期间，工作人员将病人的身体掩盖起来，以防止林医生和其他研究者看到任何有关疾病的躯体征兆。其间还有两个监督人员在场，以证实病人并没有由于疏忽而向研究者暴露自己的身体情况。实验时排除了无意中暴露了自己身体状况的病人。最终的研究结果表明，他们对甲亢诊断的正确率是100%；对胃溃疡和风湿性关节炎的诊断正确率是83%；对冠心病诊断的正确率是71%；对哮喘、肥胖症、高血压及溃疡性结肠炎诊断的正确率是60%～67%。不做任何身体检查，只通过15～20分钟的谈话，能作出这样的诊断，可以认为是比较精确的。有趣的是，在一个病例中，林医生作出的诊断完全不同于病人会谈前的诊断，但最终详细的复查证明林医生的诊断是正确的。

库里和基塞（Cooley & Keesy）的调查表明，对于内向型性格的人来说，生活事件与躯体疾病之间的相关系数为 0.64；而对外向型性格的人，其相关系数仅为 0.33，两者之间差异极为显著。通过多变量方差分析发现，内向思维型的人其相关系数为 0.71，内向感觉型的人其相关系数为 0.68，表明性格类型的确与躯体疾病之间存在某种关系。1976 年美国霍普金斯医学院的专家们以 182 名志愿者（学生）为研究对象，将其性格分为甲、乙、丙三类，目的是探讨人格特征与发病率之间的关系。通过长达 16 年的追踪研究发现，在新环境中，谨小慎微的甲型性格人的患病率为 25%；以冷静、主动、敏锐、聪明、愉快以及能说会道为特点的乙型性格人的患病率为 26.7%；而那些性格怪僻，表面上小心翼翼，但时有冲动、多愁善感、才华横溢、奋斗目标不定的丙型性格人，其患病率高达 77%，而且以癌症居多。

西福尼奥斯（Sifneos）认为，身心不健康的病人具有一些共同的人格特征。多数身心疾病的患者都具有"述情障碍"倾向，其人格的共同特点是不能把自己的情感语言化、客观化，或在与他人的交往中不能表达出自己的情感。而日本的池见则认为，身心疾病的患者除具有"述情障碍"的倾向外，还具有体感丧失症的倾向。即这种人缺乏对身体的关注，不考虑身体条件勉强自己去从事难以胜任的活动。他们做事认真顽强，工作勤勤恳恳、有求必应，有自我牺牲的精神，对社会呈现出过度顺应的状态。

第二节　大学生人格特征

一、大学生人格的形成与发展

大学生人格的形成与发展不是一蹴而就的，它是随着年龄增长而不断发展完善的，它的发展大体上可分为三个阶段，即萌芽期、重建期和成熟期，每个时期又有其不同的特点。

第一阶段为萌芽期。这个阶段是从人一出生到进入青春期之前。当婴儿出生至 2 周岁时，开始有了"我"的概念，开始确立作为个体的一些基本概念，如性别、年龄等。在心理上形成了初步的性格、情绪反应方式等。随着怀疑感的产生，个体也会对周围的事情提出问题，并逐步发展到在一定程度上对周围世界进行观察与思考。在观念上也会因被灌输而产生朦胧、机械的道德观、价值观等。在这个时期，个体以模仿为主，依赖性很强，自觉程度较低，缺乏个体的主动性。

第二阶段为重建期。重建期是指从青春期开始到青年期结束，是人格突变、重建和产生新的质变的时期，是人的生理和心理都处于显著变化的时期。青年由于身体的急剧发育和性的成熟，他们在关心自己的身体和探索自己的内心世界的同时，也开始关心他人对自己的评价。学者把这个时期称为"断乳期""I 与 Me 的分裂期""感情上的暴风雨期"等。在这个时期个人由过去的依附走向稳定，开始用自己的眼睛去审视世界并加以判断，确立自己的世界观与人生观，人格在此阶段得到调整、修正、补充和完善，所以称之为人格的重建期。

第三阶段为成熟期。这个阶段是从成年期到老年期。随着自我意识的日趋成熟，人在社会中的位置和适应性得到强化，人格特质也逐步稳定，行为方式进一步稳固，社会角色得到确立，开始积极参加社会生活，专注于为各自的事业发挥才干，为社会谋利益并进一步实现人生价值，同时会关注、维持家庭，教育子女。在事业和情感上会产生全面的体验和认识。人格特征若未遇到强烈刺激会趋于平稳，观念也会趋于稳定。

二、大学生人格发展的特点

大学阶段是个体人格形成、发展的关键时期。人格是社会文化的产物，不同的社会文化成就不同的人格。相关研究表明，我国当代大学生在人格发展方面具有以下特征。

(一) 具有崇高的理想和信念

大学阶段是大学生人生观、世界观形成时期。大学生追求人生价值的自我完善，既重视物质利益，又崇尚精神文明；既强调个人的发展，又关心国家的命运，能将个人前途与国家的未来相联系，热爱祖国，具有为中华民族的伟大复兴而努力奋斗的责任感和使命感。

(二) 能够正确地认识自我

大学生已具有良好的自我意识，能够客观、全面、辩证地看待自我、分析自我，接受一切属于自我的东西，从而形成对自己积极的看法；能够理解理想与现实的差别，有明确的奋斗目标和愿望，并为之而努力。自我同一性已经确立。

(三) 认知能力逐步完善

大学生通过各阶段的学习和成长，已具备良好的观察力、记忆力、思维力、想象力等，他们头脑清晰，思维灵活敏捷，并能使各种认知能力有机结合，发挥其最佳效能。

(四) 对社会环境有较强的适应能力

社会适应能力是个体通过适应性的改变，与社会达到和谐状态的一种能力。大学生对外部世界有着浓厚的兴趣，并具有从事多样化的社会活动的能力和愿望，他（她）们能够积极主动地参与到各种形式的社会实践活动中，在社会化过程中不断地自我成长，融入社会、接纳社会。

（五）富有进取心

大学生具有较强的进取心和责任感，他们努力学习，不甘落后，具有竞争意识，具有开放的思想观念，勇于创新，自我独立性较强。

（六）情感丰富多彩

大学生在情绪情感上稳定性与波动性、外显性与内隐性、冲动性与理智性并存，情感丰富多彩，积极的情绪、情感体验在学习、生活中占主导。

三、影响大学生人格形成的因素

人格形成受多种因素影响，主要包括生物学因素、社会文化因素、家庭环境因素、儿童早期经验以及学校教育等因素。

（一）生物学因素

生物学因素是人格形成和发展的自然基础，为人格的形成和发展提供了可能性，其中遗传是主要的生物学因素。临床研究表明，在精神疾病中，精神分裂症、躁狂抑郁症等疾病具有显著的遗传性。

弗洛德鲁斯（Floderus）等人对瑞典的 12000 名双生子进行了人格问卷测验，结果表明同卵双生子在外向和神经质上的相似性明显要高于异卵双生子，在这两项人格特征上具有较强的遗传性。

20 世纪 80 年代，美国明尼苏达大学对成年双生子人格的形成进行了比较研究，有些双生子是一起长大的，而有些是分开抚养的，平均分开时间是 30 年。结果发现：无论是在相同的抚养环境下，还是在分开抚养的环境下，同卵双生子人格相似性显著高于异卵双生子。因此，心理学家认为：①遗传是人格形成不可缺少的因素；②遗传因素对人格的作用程度随人格特质的不同而异。通常智力、气质这些与生物因素相关较大的特质受遗传因素影响较大；而价值观、信念、性格等与社会因素关系密切的特质受后天环境的影响更大一些，遗传对人格的作用在生命历程的早期，比环境因素大。③人格的形成是遗传和环境两种因素交互作用的结果，遗传因素影响人格的发展方向以及形成的难易。

 拓展阅读

基因、环境和反社会人格障碍

Cadoret 研究小组于 1995 年报告了对人格障碍与遗传、环境之间关系的研究。研究者募集了 95 位男性被试者，102 名女性被试者，这些被试者都是在出生几天后被领养的。领养机构提供了他们生父母的资料，这样研究者就可以确定哪些父母本身就患有反社会型人格障碍。这些数据为评估基因对于这种障碍的影响提供了可能性。研究者们同时通过访谈从寄养的家庭中采集信息，以此来确定被试者成长的养父母家庭环境是否不利，譬如其养父母是否存在婚姻、法律、不良行为等方面的一系列问题，通过这些数据可以评估反社会人格障碍形成的环境影响。

研究结果验证了两类影响是有意义的：一般来讲，生父母被诊断为反社会型人格障碍的个体或者处于不利生长环境的个体更容易患上反社会型人格障碍。

（二）社会文化因素

人既是一个生物个体，又是一个社会个体。人在胚胎时期，环境因素的影响就已经开始，而且这种影响会在人的一生中持续下去。社会文化因素是影响个体人格形成的最大、最广泛的环境因素。

每个人都生活在特定的社会文化环境之中，社会的文化背景、社会制度、经济地位等都会对人格的形成和发展产生深刻的影响。社会文化塑造了社会成员共同或相似的人格特征，这些特征具有维系社会稳定的功能，同时又使每个人能够稳固地融入整个文化形态之中。

社会文化对人格形成的影响力体现在对人格的塑造功能上，这表现在不同文化的民族具有其固有的民族性格。例如，米德（Mead）等人考查了新几内亚的三个民族的人格特征，结果发现来自同一祖先的不同民族，由于居住地不同，生活方式各不相同，其人格有很大的差异。居住在山丘地带的阿拉比修族，崇尚男女平等的生活原则，成员之间相互友爱、团结协作，没有恃强凌弱，呈现出一派亲和景象；居住在合川地带的孟都古姆族，生活以狩猎为主，男女之间有权利、地位之争，对孩子处罚严厉。这个民族的成员表现出攻击性强、冷酷无情、嫉妒心强、妄自尊大、争强好胜等人格特征。居住在湖泊地带的张布里族，男女角色差异明显，女性是社会的主体，男性处于从属地位，这种社会分工使女人表现出刚毅、支配、自主、快乐的性格特征，而男性则有明显的自卑感。

社会文化环境塑造了社会成员的人格特征。但是，当个人极端偏离其社会文化所要求的基本特征，不能融入社会文化环境之中，就会被视为具有行为偏差或心理疾病。

 拓展阅读

父母对子女的控制，是关怀还是嫌弃？

有一个关于父母与孩子的"接受—厌弃理论"，它的一个主要观点是从儿童自身感受的角度来分析父母的作用。方法是考察孩子如何感受父母对他们的控制。结果显示，父母都爱自己的孩子，但是孩子却不一定接受他们爱的方式。同样是一种爱的方式，东西方的孩子在感受时，体验却大相径庭，这种现象说明不同文化背景是人们人格特征的主要影响因素。

　　美国（Pettengill & Rohner）和德国（Trommsdorff）的研究表明，少年儿童把父母的控制看成是嫌弃。他们认为：父母之所以用限制性的管教方式，是由于讨厌和嫌弃他们。孩子之所以产生这种感受是由于在他们的西方文化背景中，规范性的教育方式是宽容的、非限制性的教养。这样，儿童就会把父母限制性的管教视为缺乏爱心的表现。而来自韩国（Rohner & Pettengill）和日本（Trommsdorf）的研究结果显示，父母同样的限制性管教却使孩子感受到的是接纳和温暖。因为在东亚社会的文化背景下，孩子们认为父母的严厉是关怀的标志。当缺少父母的控制或具有很大范围的自主性时，他们感受到的是父母的嫌弃。此外，研究还发现，韩国裔的美国青少年的感受与美国青少年一致，而不是与韩国青少年一样。

　　这个研究说明，社会文化因素影响着人们的观念，影响着人们的行为，最终影响了人们的人格特征。

（三）家庭环境因素

　　家庭是个体最早接触的环境，因此常被视为"人类性格的加工厂"，它塑造了人们不同的人格特征。家庭虽然是一个微观的社会单元，但对个体人格的培养起到了至关重要的作用。家庭是社会的细胞，家庭不仅具有其自然的遗传因素，也有着社会的"遗传"因素，这种遗传因素主要表现为家庭对子女的教育作用，即父母会按照自己的意愿和方式教育孩子，使他们逐渐形成某些人格特征。

　　家庭教养方式的影响力在儿童人格形成过程中的影响是巨大的。家庭教养方式一般可以分成三类，这三类方式造就了具有不同人格特征的孩子：第一类是权威型教养方式，这类父母在对子女的教育中表现为过于支配，孩子的一切由父母来控制。成长在这种教育环境下的孩子容易形成消极、被动、依赖、服从、懦弱、做事缺乏主动性，甚至会形成不诚实的人格特征。第二类是放纵型教养方式，这类父母对孩子过于溺爱，让孩子随心所欲，父母对孩子的教育甚至达到失控状态。这种家庭里的孩子多表现为任性、幼稚、自私、野蛮、无礼、独立性差、唯我独尊、蛮横胡闹等。第三类是民主型教养方式，父母与孩子在家庭中处于一个平等和谐的氛围中，父母尊重孩子，给孩子一定的自主权，并给予孩子积极正确的指导。父母的这种教育方式使孩子形成了一些积极的人格品质，如活泼、快乐、直爽、自立、彬彬有礼、善于交往、富于合作、思想活跃等。

　　西蒙斯（Symonds）研究认为：儿童人格的发展和他（她）与父母之间的关系息息相关，孩子的人格是在与父母相互作用的过程中逐渐形成的，如情感丰沛的父母会示范并鼓励孩子采取更富情感性的反应，因此有利于孩子的利他行为的形成而不是攻击行为。研究发现，儿童在批评中长大，就学会了责难；在敌意中长大，就学会了争斗；在虐待中长大，就学会了伤害；在支配中长大，就学会了依赖；在干涉中长大，就学会了被动与胆怯；在娇宠中长大，就学会了任性；在否定中长大，就学会了拒绝。相反，儿童在鼓励中长大，就增长了自信；在公平中长大，就学会了正义；在宽容中长大，就学会了耐心；在赞赏中长大，就学会了欣赏。

普朗明在《天性与教养》中对人格的天性与教养进行了研究，提出了共享环境（shared environment）和非共享环境（unshared environment）对儿童人格形成的影响。共享环境即子女们在同一家庭成长中所享有的共同环境，非共享环境是指在同一家庭成长却不被子女们共同享受的环境，如因性别差异、排行顺序或特定社会事件而被父母区别对待等。研究结果表明，重要的不是家庭单位，而是每个孩子在家庭中的独特经验，即孩子在家庭中的非共享环境对其人格发展具有重要影响。

由此可见，家庭对儿童人格的形成具有强大的塑造力。其中，父母教养方式的恰当性会直接影响孩子人格特征的形成。父母在养育孩子的过程中，会表现出自己的人格，并有意无意地影响和塑造着孩子的人格，形成家庭中的"社会遗传性"。

(四) 儿童早期经验

人生早期所发生的事情对人格的影响，历来为人格心理学家所重视。麦肯依（Mackinnon）有关早期童年经验对人格影响的研究发现："早期的亲子关系定出了行为模式，塑成一切日后的行为。"斯皮茨（Spitz）在对孤儿院里的儿童所进行的研究中发现，早期被剥夺母亲照顾的孩子，长大以后在各方面的发展均受到影响。许多孩子患上了"失怙性忧郁症"，其症状表现为哭泣、僵直、退缩、表情木然，并且有人提出弃子行为会使儿童产生心理疾病，孩子会形成攻击、反叛的人格。

艾斯沃斯（Ainsworth）通过陌生情境进行婴儿依恋的研究，她将婴儿依恋模式分为安全依恋、回避依恋和矛盾依恋三类，并对婴儿时期的依恋对其人格的发展影响进行了长达数十年的追踪研究。结果表明，早期安全依恋的婴儿在长大后有更强的自信与自尊，确定的目标更高，表现出对目标更大的坚持性、更小的依赖性，并更容易建立亲密的友谊。

需要强调的是，人格发展尽管受到童年经验的影响，幸福的童年有利于儿童发展健康的人格，不幸的童年也会使儿童形成不良的人格，但两者不存在一一对应的关系，如溺爱也可能使孩子形成不良的人格特点，逆境也可能磨炼出孩子坚强的性格。另外，早期经验不能单独对人格起作用，它与其他因素共同决定着人格的形成与发展。早期儿童经验是否对人格造成永久性影响因人而异，对于正常人来说，这种影响会随着年龄的增长，心理的成熟化而逐渐缩小、减弱。

(五) 学校教育因素

学校是学生社会化的主要场所，对学生人格的形成与发展具有重要影响。学校是一种有目的、有计划、有组织地对学生施加影响的教育场所。教师、班集体、同学与同伴等都是学校教育的基本构成因素，各个因素及各因素之间的相互关系对学生人格的形成和发展发挥着各自的作用，产生着不同的影响。

首先，教师对学生人格的发展起着指导定向的作用。教师的人格特征、行为方式与思维模式会对学生产生巨大的影响。每个教师都有自己独特的教学风格和人格魅力，会形成独特的教学氛围，在不同教师的课堂上学生有不同的行为表现。洛奇（Lodge）在一项教育研究中发现，管理班集体的教师性情冷酷、刻板、专横，学生的欺骗行为随之增多；管理班集体的教师友好、民主，学生欺骗行为随之减少。心理学家勒温（Leaven）等人也研究了不同管理风格的教师对学生人格的影响作用。他们发现在专制型、放任型和民主型的管理风格下，学生表现出不同的人格特点。

其次，教师的公平公正性对学生有着至关重要的影响。一项有关教师公正性对中学生学业与品德发展的研究结果表明：学生极为看重教师对他们是否公正、公平，教师的不公正表现会导致中学生的学业成绩和道德品质降低。著名的"皮格马利翁效应"就说明了受到老师关注和期望的学生，会朝着老师期望的方向发展。

最后，学校是同龄群体聚集的场所，同伴群体对学生人格具有巨大的影响。班集体是学校的基本组织结构，班集体的班风、学风、班级的舆论和评价对于学生人格的发展具有"弃恶扬善"的作用。在儿童阶段，师生关系、亲子关系占有绝对的主导地位，对儿童人格的发展产生巨大的影响。青少年阶段，同伴群体形成的亚文化影响力甚至超过了师生关系和亲子关系。老师与家长的某些教育效果，会在同伴群体的亚社会环境中弱化或失去作用。对青少年而言，师生关系和亲子关系是一种权威性的关系，具有不可选择的强制性；同伴关系是一种平等关系，完全是一种可选择的自由性的关系，更能满足精力旺盛的青年自由尝试新角色、新想法、新行为的强烈欲望。随着社会的开放、观念和价值取向的多元化，同伴群体存在着许多不适当，甚至是不健康的因素，这必然对学生人格的形成和发展产生不利影响，对此学校和家长应多加注意和防范。

第三节　大学生健康人格的塑造

一、大学生常见的人格缺陷及其表现

人格发展缺陷是指介于健康人格与病态人格（即人格障碍）之间的一种异常人格状态。大学生的人格发展缺陷常常是人格发展不良或人格偏离，人格障碍或异常人格比例较少。

大学生中人格发展缺陷常见的表现有自卑、懒惰、害羞、狭隘、虚荣、拖延、自我中心以及环境适应不良等。

（一）自卑

自卑是自我评价过低的心理体验，在心理学上又称为自我否定意识。其主要表现为对自己的能力、学识、品质等自身因素评价过低而产生轻视自己的心理现象。自卑常常表现为心理承受能力脆弱、经不起较强的刺激、谨小慎微、多愁善感、常产生猜疑心理、行为畏缩、瞻前顾后等现象。瑞士心理学家阿德勒认为，每个人都有自卑情结，严重的自卑心理会给生活带来很多危害。我国有相当一部分大学生存在自卑心理。进入大学后，有些大学生发现"强中自有强中手"，尤其是当学习、社交、文体等方面显露出某些不足时就会陷入怀疑自己、否定自己的情绪之中，产生自卑心理。造成大学生自卑心理的原因很复杂，既有个人生理与心理方面的原因，也有家庭、学校和社会因素的影响。有些大学生因为五官、容貌、身材、体质等方面有某种缺陷或觉得不满意，而产生"自惭形秽"的心理；有些大学生会因为家庭经济贫困、囊中羞涩而行为畏缩，不愿参加任何集体活动；有些大学生因为得不到同学和老师的肯定而产生猜疑心理；有些大学生因为求职屡屡失败而心理承受能力下降；有些大学生因为学业上的失败而怀疑自己的能力甚至轻视自己，这都是导致自卑感形成的根本原因。失败和自卑往往互为因果，失败引起自卑，自卑又会导致失败，所以造成恶性循环。

（二）懒惰

懒惰是一种闲散、慵懒、拖拖拉拉、松松垮垮的精神状态，是很多大学生为之感到苦恼而又难以克服的一种人格发展缺陷，是意志活动无力的表现。懒惰常常表现为：缺乏大学生应有的积极进取精神和青春活力；什么都不想做，什么也做不了，眼高手低；对什么事都不感兴趣、打不起精神，整天心情不好、犹豫不决、顾此失彼、得过且过。处于懒惰状态的大学生常为此感到不安、内疚、自责、后悔，但又觉得无力自拔，心有余而力不足。造成懒惰现象的主要原因是他们有依赖性、想得多而做得少，或无所事事，缺少上进心、缺乏毅力。他们永远是理想的巨人、行动的矮子。懒惰是心理上的一种空洞，一种没有危机感的心理状态，青年大学生处于这种状态是非常可怕的。长此以往，习惯成自然，会消磨其意志，侵蚀其健康。

（三）害羞

害羞这一心理缺陷在大学生中并不少见，尤其是在女大学生身上更是常见。很多大学生害怕与陌生人打交道，在大庭广众之下发表自己意见时会手足无措，见到老师会难为情，不敢向老师请教，见到异性更是紧张得语无伦次。害羞是一个人自我防御心理过强的结果，表现为过于胆小被动，过于谨小慎微，过于关注自身，自信心不足。大学生特别注意自己在别人心目中的形象，总觉得自己时时处在众目睽睽之下，于是敏感拘束，说话做事总是三思而后行，权衡利弊，因此搞得神经紧张、坐立不安。一般来说，害羞现象人人都有，即使是经验丰富的人也会有这种心理。但如果过分地羞怯，尤其让害羞成了一种习惯则是有害的，不但会导致压抑等消极心态的出现，也会影响正常的工作、生活和人际关系，可通过有意识地调节来改变。

（四）狭隘

受功利主义影响，大学生中的狭隘现象有增无减。表现为凡事斤斤计较、耿耿于怀、好嫉妒、好挑剔、容不得人、心胸狭隘等。如云南大学生物系学生马加爵事件，就是这种人格缺陷的典型表现。心胸狭隘往往影响人际关系，伤害他人感情，也常给自己带来烦闷、苦恼，影响自己的情绪和在他人心目中的形象，于人于己有百害而无一利。狭隘人格多见于性格内向者，尤其是女性。狭隘不是与生俱来的，而是后天习得的，可以通过自我调节而改变。

（五）虚荣

虚荣是指过分地看重荣誉、他人的赞美，自以为是。可以说虚荣心普遍存在于每一位大学生身上，尤其是女生身上。这是正常的，但一旦过分则会有害无益。虚荣心往往与自尊心、自卑感联系在一起，没有自尊心就没有虚荣心，而没有自卑感也就不必用虚荣心来表现自尊心，虚荣心是自尊心和自卑感的混合物。虚荣心强的大学生一般性格内向、情感脆弱、多愁善感，虽然自惭形秽却又害怕别人伤害自己的尊严，过分介意别人的评论与批评。与人交往时总有一种防御心理，不允许些许侵犯，常常会千方百计地抬高自己在别人心目中的形象。但他们捍卫的往往是虚假的、脆弱的、不健康的自我，以致无暇丰富、壮大真实的自我。

（六）拖延

拖延是指可以或应该完成的事而不及时完成，今天推明天，明天推后天。正所谓：春天不是读书天，夏日炎炎正好眠，秋多蚊虫冬又冷，一心收拾待明年。拖延是不少大学生的通病。导致拖延的原因，一是试图逃避困难，二是目标不明确，三是惰性作怪。拖延一方面耽误学习、工作，另一方面并没有使人因此而轻松些，相反往往会产生心理压力，引起焦虑，总觉得有事情没完成，做别的事也难以安心，还会贻误时机。当拖延形成习惯就会形成拖延症。

（七）自我中心

自我中心是指考虑问题、处理事情都以自我为中心，将自我作为思考问题的出发点与归宿。表现为一切以自己为出发点，目中无人，甚至自私自利，遇到冲突时，认为对的是自己而错的是他人。随着自我意识的发展，大学生越来越感受到自己内心世界的千变万化、独一无二，他们越来越多地把关注的中心投向自我，尤其是那些有较强自信心、自尊心、优越感、独立感的学生比较容易出现自我中心倾向。当这种倾向与一些不健康的思想意识（如个人主义、自私自利思想）和心理特征（如过强的自尊心、唯我独尊等）结合时，就会表现出过分的、扭曲的自我中心。过多自我中心的人往往以自我为核心，想问题做事情从我出发，不能设身处地进行客观思考，颐指气使，盛气凌人，不允许别人批评。这种人往往见好就上，见困难就让，有错误就推，总认为自己是对的，别人是错的，因而他们常不能赢得他人的好感和信任，人际关系多不和谐。在日常生活中，自我中心者面对的最大压力主要是人际关系不良，表现为自我保护能力较强，不擅与人沟通，但却偏偏非常在意他人对自己的看法。

（八）环境适应不良

环境适应不良主要是指大学生对自己面对的新的大学学习、人际关系、异性交往等方面表现出的不适应。表现为强烈的失落感、孤独感、无助感，不能适应环境的改变而出现焦虑、不安、失眠、抑郁、烦躁等现象。

 案例

致命的悲观

路易斯是某运输公司的调车员，他工作认真，做事勤快。致命的缺点就是悲观，常以消极的眼光看待遭遇的一切。有一天，路易斯不小心把自己关在了一辆冰柜车里。他在冰柜里拼命地敲打着、叫喊着，可全公司的职员早已下班给同事过生日去了，根本没有人在。

路易斯的手掌敲得红肿，喉咙叫得沙哑，也无人理睬，最后只得绝望地坐在地上喘息。他越想越害怕，心想冰柜里的温度在零下20℃以下，多待几刻钟就会被冻死，现在公司没人，这下肯定必死无疑了，于是他只好用发抖的手，找来纸笔，写下遗书。

第二天早上，公司里的职员陆续来上班，当他们打开冰柜时，发现路易斯倒在里面。他们将路易斯送去急救，但他已没有生还的可能。大家都很惊讶，因为冰柜里的冷冻开关并没有启动，这巨大的冰柜里也有足够的氧气，而路易斯竟然给"冻"死了。

二、大学生常见人格缺陷的调适

（一）正确认识自我，悦纳自我

对于大学生来说，正确地认识和评价自己，悦纳自己是人格成熟的表现。在学习、生活中要认识到每个人的成长都是从不完美到完美，由不成熟到成熟，任何人都不可能是完美无缺的。我们在接受自己优点的同时，也要同样接纳自己的缺点，用正确的态度看待自我，客观地分析自己，肯定自己的长处，建立自尊、自信，促进自我的完善和发展；而一个不能悦纳自己、对自己各方面不满意的人，会拒绝接纳自己，进而产生自责，这种消极的心态对心理健康是极为不利的。

（二）增强应对挫折的能力

每个人在成长的过程中，都会经历各种各样的挫折。挫折是普遍存在的，关键在于我们如何去认识和对待它。挫折会给人打击，带来伤痛和失落，但也能磨炼人的意志，激发人的斗志，使人奋发向上。大学生在学习、生活中遇到各种压力、困难和挫折是在所难免的，要能够正确对待得失，不患得患失，勇于面对现实，敢于接受挫折的挑战，调整心态，增强心理调适能力，学会用坚强的意志来支配和调节行为，不断提升应对挫折的能力。提升应对挫折的方法包括自我鼓励、情绪转移、宣泄、替代补偿等。

（三）增强自信心

自信是对自己正确评价后所产生的一种坚定的自我信任感，是相信自己有能力实现目标的心理倾向，是推动人行动的强大动力。自信是大学生重要的心理品质之一，它可以帮助大学生发现自己的长处，激发潜能，产生积极进取的成就动机，特别是在挫折面前，自信可以激励人产生战胜困难、勇往直前的勇气和决心。自信心是一个人走向成功，实现人生价值必不可少的个性品质。提升自信心的方法为：关注自己的优点和成就，多与自信的人在一起，多进行积极的自我心理暗示，树立自信的外部形象，体验成功。

（四）增强人际交往和沟通能力

人际交往是人与人之间相互联系、相互沟通、相互作用的一种特有的行为方式。人们在生活、工作、学习中时刻在与他人进行沟通、交流，形成彼此心理与情感上的联结。美国著名的心理学家戴尔·卡耐基（Dale Carnegie）曾经说过：一个人的成功，只有15％是由于他的专业技术，而85％则要靠人际关系和他做人处事的能力。对于大学生来讲，建立融洽、和谐的人际关系也是面临的人生课题。良好的人际关系是建立在良好的人际交往和沟通能力基础上的，因此大学生应掌握一定的交往技巧，不断提高人际交往和沟通能力，真诚、友善、宽容地与人交往，才能有效地克服孤僻、羞怯、妒忌、猜疑、自卑等社交心理障碍，促进大学生人格的健康发展。

（五）增强情绪调控能力

大学生正处于青年初期，具有青年人共有的情绪情感特征，他们情感丰富，情绪体验强烈，情绪具有明显的两极性和不稳定性。这些情绪上的特点决定了大学生在生活、学习过程中容易产生各种情绪困扰。据全国大学生心理健康状况调查显示，焦虑、抑郁已成为大学生群体常见的情绪障碍。因此，增强大学生对情绪的调控能力对增进大学生心理健康具有重要意义。大学生情绪调节的有效方法有：增加积极情绪体验，保持乐观向上的生活态度，保持愉快、乐观、开朗的情绪状态，合理宣泄不良情绪等。

三、大学生健康人格的塑造

（一）健全人格的特征

综合心理学家的研究，健全的人格特征是一个有机统一的、稳定的整体，其基本特征包括以下五个方面。

1. 和谐的人际关系

人际关系是在社会交往中建立的。社会交往可以促进人与人之间相互理解，调节身心状态，增强人的责任感。人际关系最能体现一个人的人格健全程度。人格健全的人乐于与他人交往，能与别人建立良好的关系，与人相处时，尊敬、信任等正面态度多于嫉妒、怀疑等消极态度；常常以诚恳、公平、谦虚、宽容的态度尊重他人，同时也受到他人的尊重和接纳。和谐的人际关系既反映人格健全水平，同时又影响和制约着健全人格的形成发展。

 案例

落选的班长

　　大学新生小田，因为高中当过班长，刚入校期间表现不错，由老师指定他暂任班长。因为他习惯用中学时严苛的管理方式去对待别的同学，引起部分同学的反感，后来在班干部改选中落选。于是，小田就疑心是某些"小人"嫉妒他的才干，在老师那里搞鬼，认为自己受到了排挤和压制，认为同学与老师对他不公平，故意迫害他。因此，他就指责他们，埋怨他们，后常与同学、老师发生冲突，有时还把状告到校长和家长那里，要求恢复他的班长之职，否则扬言要上告、伺机报复。大家都耐心地劝他，他总是不等别人把话说完，就急于申辩，始终把大家对他的好言相劝理解为恶意。他这样无理取闹，与同学、老师的关系日益恶化。

　　落选并不是落难。在人际交往中的多疑往往是在思考问题时的思维偏差引起的，一个人一旦心生猜疑，就会将所有的分析判断建立在只证明自己幻想的基础上，他看到的都是他自己投射的信息。

2. 正确的自我认知

　　自我意识是个体对自己和自己与他人、与周围世界关系的认识。具有健全人格的人，对自己的认识应是全面的、丰富的、客观的，能够做出恰如其分的自我评价，能认识到自己的长处和短处，认可自己、接纳自己、充满自信、扬长避短，在日常生活中能有效地调节自己的行为，与环境保持平衡。

3. 良好的社会适应能力

　　社会适应能力反映了人与社会的协调程度。人的社会适应能力是在社会化过程中不断发展的。人格健全的人能和社会保持良好的、密切的接触，以一种开放的态度，主动关心社会、了解社会，观察所接触到的各种事物和现象，看到社会发展的积极面和主流，在认识社会的同时，使自己的思想、行为跟上时代的发展，与社会的要求相符合，快速适应新的环境。

4. 乐观向上的生活态度

　　积极的人生态度是人类在社会生活中获得的本质力量的表现。乐观的人常常能看到生活的光明面，对前途充满希望和信心，即使生活中遇到干扰、困难和挫折，也能科学辩证地去认识、去对待，耐心地去应付，不畏艰险，勇于拼搏，从逆境中重新振作起来，重新确定目标，从头来过。

5. 良好的情绪调控能力

情绪标志着人格的成熟程度。一个人如果不善于自控则意味着他不能有效地发动、支配自己或者抑制自己的激情、控制自己的冲动，对未来的成长过程有害无益。人格健全的人情绪反应适度，具有调节和控制情绪的能力，经常保持愉快、满意、开朗的心境，并富有幽默感；当消极情绪出现时能合情合理地宣泄、排解、转移、升华；凡事从长远考虑，不为一人一事而放弃未来。

（二）培养大学生健康人格的方法和途径

健全的人格是大学生心理健康的基础，大学阶段正是个体人格形成的关键期，在此阶段塑造出适应时代、适应社会的人格素质是非常重要的。健康人格的塑造需要社会、学校、家庭和大学生自身的共同努力。

1. 社会方面

大学生是国家的未来和希望，肩负着中华民族伟大复兴的历史重任。大学生的心理健康问题受到全社会的广泛关注和重视。一方面，社会正确的舆论导向对大学生形成正确的世界观、人生观、价值观起着极其重要的作用，是保证大学生形成良好人格的前提条件。另一方面，创建良好、和谐的社会环境和心理环境，有利于促进大学生健全人格的形成和发展。环境是大学生人格成长的外部因素，优化社会环境，打造有利于社会进步、发展，有利于大学生成长、成才的主旋律，培养大学生的社会责任感和历史使命感，借助社会的强大力量帮助大学生树立心理健康意识，增强心理调适能力和社会生活的适应能力。

2. 学校方面

（1）营造和谐向上、积极健康的校园文化环境，促进大学生健康人格的发展。和谐的校园人文环境有利于陶冶学生的情操、培养学生良好的心理状态，有利于内化、美化学生的心灵，培养学生完善的人格。因此，校园的全面布局、各种文体娱乐设施都应从美学角度去规划、实施，要具有美的风格特点，师生员工的形象和言行举止都应具有美的品位，使人生活在其中，有美的感受、美的体验，产生对美的向往和追求。校园文化通过一定的物质环境和精神氛围，使大学生在思想观念、心理素质、行为方式、价值趋向等诸方面，对积极健康的文化产生认同，从而实现对大学生人格的塑造。

（2）加强大学生心理素质教育，预防人格障碍的形成。针对目前高等院校学生人格障碍的低龄化和高发率倾向，学校可通过开设心理健康教育课程，加强大学生的心理健康教育，预防人格障碍的发生。通过大学生心理健康教育课程的开设，使学生系统地学习和了解心理健康教育的理论，使学生学会自我认识、自我调节、自我控制，进而达到自我完善的目的。

（3）充分发挥学校心理咨询机构的作用，提高学生对健全人格重要性的认识。针对大学生存在的心理问题，各高校设立了心理咨询机构，配备相应的专、兼职心理咨询人员进行咨询。针对不同的个案、有的放矢地采取措施，做到及早发现及早诊断，进行有效的控制和矫治。

3. 家庭方面

研究表明，在造成大学生人格缺陷的各因素中，最直接、最基本的就是家庭因素。这就要求父母在家庭教育中，注意以下几个方面。

（1）采取民主型的家庭教养方式。父母对孩子不同的教养方式，形成孩子不同的性格。其中民主型的教养方式最有利于孩子健康人格的形成。当父母对子女采用积极、开放、民主的教养方式，营造民主、和谐的家庭氛围，尊重、信任孩子，鼓励和支持孩子，主动与孩子沟通，做孩子的朋友，就会使孩子形成独立、合作、乐观、开朗的性格。

（2）父母要尊重、关爱子女。孩子是独立的个体，有独立的人格和自尊心，在家庭中父母要用言行让孩子感受到父母的关爱和尊重。

（3）减少消极因素的影响。在一些特殊家庭中，如单亲家庭、重组家庭、父母不和睦家庭，父母应考虑到家庭不利因素和变故会对孩子人格形成和发展构成负面影响，尽量采取措施减少对孩子的不良影响。

4. 大学生自身方面

（1）树立积极向上的人生观。人生观是对人生的看法和态度。不断进取的人生观，会令生活充满意义感和价值感。一个人有了正确的人生观、价值观和世界观，就能对人生和社会抱有正确的看法，拥有积极的人生态度；当遇到困难或挫折时，能够高瞻远瞩，正确地分析事物，采取适当的态度和行为，稳妥地处理事情。一个人若能树立积极进取的人生观，就会以一种乐观的姿态来面对生活，这就为人格健全打下了良好的基础。否则，如果不思进取，就会陷入空虚无聊的生命浑噩之中，甚至产生人格障碍。

（2）发掘自身人格优势，优化人格结构。积极心理学家塞利格曼（Seligman）等人提出，每个人都有自己与众不同的人格优势，如果我们善于在日常生活中运用这些优势，将会最大限度地增进我们的幸福体验。所有优势中，宽容、感恩、爱与被爱、希望、乐观这些人格特质占据着重要地位。例如：希望、乐观被证明对于应对方式的选择具有重要影响；在面对压力事件时会倾向赋予事件积极意义，主动寻求社会支持，表现出更好的心理调节能力。因此，大学生应该发掘自身的人格优势，对自己的人格品质进行优化组合，形成积极的人格。

（3）建立和发展良好的人际关系。人类的交往是人的一种本能行为，任何人都需要与他人进行交往以获得心理上的满足。建立和发展良好的人际关系是大学生肯定自我价值的需要，是心理健康发展的必要前提。在交往过程中，大学生才能更好地认识自己和他人，通过他人的反应、态度和评价发现自己的长处与不足，找出自己与他人的差距，才能扬长避短，从而发展自我、完善自我。如果长期缺乏人际交往，过度自我封闭，就会产生心理问题，严重的会导致人格障碍，不利于大学生自身的成长和发展。

（4）乐观向上的生活态度。乐观在词典里的解释是精神愉快，对事物的发展充满信心，与悲观相对。大量研究表明，乐观能帮助个体在压力下保持健康。与悲观者相比，乐观者对生活的满意度较高，形成抑郁的可能性较低。

塞利格曼认为乐观是一种认知风格，乐观者认为消极事件是可以控制的，采取乐观的归因方式，将失败事件的发生归因为暂时的、局部的原因，这样乐观者不容易产生消极情感，对未来充满希望。而悲观者则在主观感知上降低了消极事件的可控性水平，即当消极事件实际上可控时，悲观者倾向于认为是不可控的。因此面对主观上认为不可控制的事件，悲观者易于采取悲观的归因方式，将事件的原因归为持久的、整体的原因。这样便容易产生消极情感，导致自我评价降低、对外界环境缺乏控制力，产生无价值感、无助感，甚至产生抑郁。如考试失利时，乐观的人会说考试没考好是因为题难度过大，或者考试时有噪声，所以不能集中注意力，或者自己的一时粗心大意；而悲观的人会说自己的专业课没学好，自己比别人笨等。

（5）增进积极情绪体验。研究表明，增加积极的情绪体验有利于个体积极人格品质的形成和发展。具有积极情绪的个体，在遇到负性的生活事件时能够在主观上正确地认识、客观地评价，行为上积极地应对。这些良好的心态和积极的行为特征久而久之会逐渐稳定下来，构成个体积极而健康的人格特征。激发积极情绪的途径有：①记录愉快的生活事件。愉快的生活事件会引发满意、快乐和自豪等积极情绪体验；②多角度思考探寻事件的积极意义。积极的思维方式引发积极的认知结果，带来积极的情绪体验；③积极的内部自我对话有利于提升自我效能感。积极的内部自我对话和积极暗示能唤醒潜意识，增强意识的动力作用，从而提升个人自尊、自信和自爱的能力，继而经常体验到积极的情绪；④建立合理认知。合理的认知观念是保持良好情绪的有效方法；⑤动作改变。研究发现动作改变将会改变情绪状态，有利于更好地控制情绪。

（6）增强心理弹性。Richardson 在研究个体的心理弹性品质时提出了心理弹性理论。美国心理学会将心理弹性定义为：个人面对生活逆境、创伤、悲剧或其他生活重大压力时的良好适应，它意味着面对生活压力和挫折的"反弹能力"，也称为复原力、抗逆力。该理论认为，在面对压力、困境、负性生活事件等外在影响时，原本处于心理平衡状态的个体为了继续维持平衡，就会调动自身的各种保护性因素来应对。当这些保护性因素无以应对时，原本的平衡就会发生瓦解，随后个体会有意识或无意识地开始重新进行整合，个体在困境中获得了应对能力的发展，增强了心理弹性。大学生增强心理弹性，有利于应对生活中的挫折和压力，有利于健康人格的形成。

（7）增强意志力。意志在人格特征中占有非常重要的地位。坚强或软弱的人格特征主要是以意志的发展水平为标志的。因此，培养坚强的意志是人格塑造的重要内容和途径。除此之外，意志的锻炼还将直接促进其他人格特征的培养，无论是人格的择优还是汰劣，都是一个艰苦、长期的过程，其间意志力的强弱对人格塑造起着促进或阻碍作用。

（8）协调人格结构。人格健全的大学生应该有统一的人生观和价值观。在心理结构的各个部分，如需要、动机、理想、兴趣、信念和世界观之间，在知、情、意之间，在个性倾向性、个性心理特征与心理过程之间，都应保持一种动态的平衡和协调。具体应该是：自信而不自负，自谦而不自卑，勇敢而不鲁莽，果断而不冒失，稳重而不犹豫，谨慎而不怯懦，豪放而不粗俗，好强而不逞强，活泼而不轻浮，机敏而不多疑，忠厚而不愚昧，干练而不世故等。

以上几条要完全做到并不容易，但是大学生可以以此为努力的方向和目标，坚持不懈。随着年龄的增长、知识的积累、经验的丰富、实践的参与，大学生的个性将逐步趋向完善。

 拓展阅读

额叶与人格——基于盖奇个案的脑损伤研究

1848 年，一位名叫菲尼亚斯·盖奇的铁道工人在施工现场不幸遭遇意外，爆炸的巨大冲击力将一根长约 3.5 英尺（107cm 左右）的钢筋从左侧插入他的面颊，穿过大脑额叶，从头顶穿出。令人难以置信的是，盖奇居然奇迹般地存活了下来，并且看上去并没有什么明显的后遗症，他能说能动，记忆也完好无损。可是，盖奇的外科医生却发现，虽然他大多数心理功能是正常的，但他的人格却出现了异常的变化。据这位医生的记录，盖奇的行为变得"不连贯，有时候一直不停地说脏话（他之前不是这样），对自己的行为很少掩饰，而且不顾及周围人的感受，对别人的建议缺乏耐心，有时候显得很固执，情绪也阴晴不定"。总之，大难不死的盖奇"智力和表现都像个孩子，然而情绪上却像一个强势的男人"。他的情感世界从此变得波澜不惊，似乎再没有什么可以让他快乐或难过。由于他总是犯错误，无法正确履行自己的职责，他的职业生涯至此也一塌糊涂。

在盖奇之后，还有不少类似的个案被报道。在这些记录中，只要事故涉及的部位是额叶，伤者很多功能往往依旧正常，但与伤前相比会显得不够兴奋和情绪表达不足。总体上说，人们遭受额叶损伤后（包括脑叶白质切除术这样的外科手术）都会表现出缺少理解他人情绪、控制自己冲动以及调节自己感受的能力。

功能性磁共振成像（functional magnetic resonance imaging，FMRI）研究证实，前额叶在情绪调节和社会交往中起到重要的作用。前额叶在与人的交往过程中会表现出高激活性，这种过程需要对他人的负性和正性情绪做出敏感反应，这或许可以解释这部分脑区的损坏会导致社会交往方面的严重问题，就像盖奇在事故之后的表现一样。

心理测试

（一）内向与外向性格测试

请用"是"（画"√"）、"否"（画"×"）或者"不确定"（画"?"）来回答下列 60 道题。

(1) 在大庭广众面前不好意思。 （　　）

(2) 对人一见如故。 （　　）

(3) 愿意一个人独处。 （　　）

(4) 好表现自己。 （　　）

(5) 与陌生人打交道有困难。 （　　）

(6) 开会时喜欢坐在被人注意的地方。 （　　）

(7) 遇到不快的事情，能抑制感情，不露声色。 （　　）

(8) 在众人面前能爽快回答问题。 （　　）

(9) 不喜欢社交活动。 （　　）

(10) 愿意经常和朋友在一起。 （　　）

(11) 不轻易告诉别人自己的想法。 （　　）

(12) 只要认为是好东西立即就买。 （　　）

(13) 爱刨根问底。 （　　）

(14) 容易接受别人的意见。 （　　）

(15) 凡事很有主见。 （　　）

(16) 喜欢高谈阔论。 （　　）

(17) 会议休息时宁肯一个人独坐，也不愿同别人聊天。 （　　）

(18) 决定问题爽快。 （　　）

(19) 遇到难题非弄懂不可。 （　　）

(20) 常常不等别人把话讲完，就觉得自己已经懂了。 （　　）

(21) 不善和人辩论。 （　　）

(22) 遇到挫折不易垂头丧气。 （　　）

(23) 时常因为自己的无能而沮丧。 （　　）

(24) 碰到高兴事极易喜形于色。 （　　）

(25) 常常对自己面临的选择犹豫不决。 （　　）

(26) 不太注意别人的事情。 （　　）

(27) 好把自己同别人比较。 （　　）

(28) 好憧憬未来。 （　　）

(29) 容易羡慕别人的成绩。 （　　）

（30）相信自己不比别人差。　　　　　　　　　　　　　　（　　）

（31）注意别人对自己的看法。　　　　　　　　　　　　　（　　）

（32）不太注意外表。　　　　　　　　　　　　　　　　　（　　）

（33）发现异常现象容易想入非非。　　　　　　　　　　　（　　）

（34）即使有亏心事也很快被遗忘。　　　　　　　　　　　（　　）

（35）总是把家里收拾得干干净净。　　　　　　　　　　　（　　）

（36）自己放的东西常常不知在哪里。　　　　　　　　　　（　　）

（37）做事很细心。　　　　　　　　　　　　　　　　　　（　　）

（38）对于别人的请求乐于帮助。　　　　　　　　　　　　（　　）

（39）十分注意自己的信用。　　　　　　　　　　　　　　（　　）

（40）热情来得快，消退得也快。　　　　　　　　　　　　（　　）

（41）信奉"不干则已，干则必成"。　　　　　　　　　　（　　）

（42）做事情更注意速度而不注意质量。　　　　　　　　　（　　）

（43）一本书可以反反复复看几遍。　　　　　　　　　　　（　　）

（44）不习惯长时间看书。　　　　　　　　　　　　　　　（　　）

（45）办事没有计划。　　　　　　　　　　　　　　　　　（　　）

（46）兴趣广泛而多变。　　　　　　　　　　　　　　　　（　　）

（47）学习时不易受外界干扰。　　　　　　　　　　　　　（　　）

（48）开会时喜欢同人交头接耳。　　　　　　　　　　　　（　　）

（49）作业大多整洁、干净。　　　　　　　　　　　　　　（　　）

（50）答应别人的事情经常会忘记。　　　　　　　　　　　（　　）

（51）一旦对人有看法便不易改变。　　　　　　　　　　　（　　）

（52）容易和人交朋友。　　　　　　　　　　　　　　　　（　　）

（53）不喜欢体育活动。　　　　　　　　　　　　　　　　（　　）

（54）对电视中的球赛节目尤为有兴趣。　　　　　　　　　（　　）

（55）买东西前总要比较估量一番。　　　　　　　　　　　（　　）

（56）不惧怕从来没做过的事情。　　　　　　　　　　　　（　　）

（57）遇到不愉快的事情可以生气很长时间。　　　　　　　（　　）

（58）自己做错了事，容易承认和改正。　　　　　　　　　（　　）

（59）常常担心自己会遭遇失败。　　　　　　　　　　　　（　　）

（60）容易原谅别人。　　　　　　　　　　　　　　　　　（　　）

计分方式：

单数题号选"√"记 0 分，选"?"记 1 分，选"×"记 2 分；双数题号选"√"记 2 分，选"?"记 1 分，选"×"记 0 分。

把所有分数相加，即可计算出总得分。总得分含义如下：

91 分以上为典型外向；81～90 分为较外向；71～80 分为稍外向；61～70 分为混合型（略偏外向）；51～60 分为混合型（略偏内向）；41～50 分为稍内向；31～40 较内向；30 分以下为典型内向。

（二）气质类型测试量表

在回答下面"量表"问题时，认为很符合自己情况的计 2 分，比较符合的计 1 分，介于符合与不符合之间的计 0 分，比较不符合的计－1 分，完全不符合的计－2 分。

（1）做事力求稳妥，不做无把握的事。

（2）遇到可气的事就怒不可遏，想把心里话全说出来才痛快。

（3）宁肯一个人干事，也不愿和很多人在一起做。

（4）到一个新的环境很快就能适应。

（5）厌恶那些强烈的刺激，如尖叫、噪声、危险镜头等。

（6）和人争吵时，总是先发制人，喜欢挑衅。

（7）喜欢安静的环境。

（8）善于和人交往。

（9）羡慕那种能克制自己感情的人。

（10）生活很有规律，很少违反作息制度。

（11）在多数情况下情绪是乐观的。

（12）碰到大批陌生人觉得很拘束。

（13）遇到令人气愤的事时能很好地自我控制。

（14）做事总有很旺盛的精力。

（15）遇到问题常常举棋不定，优柔寡断。

（16）在人群中从不觉得过分拘束。

（17）情绪高昂时，觉得干什么事都有趣；情绪低落时，又觉得干什么都没意思。

（18）当注意力集中于一件事时，别的事很难使你分心。

（19）理解问题总比别人快。

（20）碰到危险情况时常有一种极度恐惧感。

（21）对学习、工作、事业怀有一种很高的热情。

（22）能够长时间做枯燥、单调的工作。

（23）符合兴趣的事情干起来尽头十足，否则就不想干。

（24）一点小事就能引起情绪波动。

（25）讨厌做那种需要耐心、细致的工作。

（26）与人交往不卑不亢。

（27）喜欢参加热烈的活动。

（28）爱看感情细腻、描写人物内心活动的文艺作品。

（29）工作学习时间长了，常会感到厌倦。

（30）不喜欢长时间谈论一个问题，愿意实际动手干。

（31）宁愿侃侃而谈，不愿窃窃私语。

（32）别人说你总是闷闷不乐。

（33）理解问题常比别人慢些。

（34）疲倦时只要短暂的休息就能精神抖擞，重新投入工作。

（35）心里有话宁愿自己想，也不愿说出来。

（36）认准一个目标就希望尽快实现，不达目的，誓不罢休。

（37）同样的学习、工作时间，常会比别人感到疲倦。

（38）做事有些莽撞，常常不考虑后果。

（39）老师在讲授新知识、技术时，总希望他能讲慢些，多重复几遍。

（40）能够很快忘记那些不愉快的事情。

（41）做作业或完成一件工作总比别人花时间多。

（42）喜欢剧烈、运动量大的体育活动，或喜欢参加各种文娱活动。

（43）不能很快把注意力从一件事转到另一件事上去。

（44）接受一个任务后，希望把它迅速完成。

（45）认为墨守成规比冒风险强些。

（46）能够同时注意几件事物。

（47）你烦闷的时候，别人很难使你高兴起来。

（48）爱看情节跌宕起伏、激动人心的小说。

（49）对工作抱着认真严谨、始终一贯的态度。

（50）和周围人的关系总是相处不好。

（51）喜欢复习学过的知识，重复做已经掌握的工作。

（52）喜欢从事变化大、花样多的工作。

（53）小时候背诗歌，你似乎比别人记得清楚。

（54）别人说你"出语伤人"，可你并不觉得。

（55）在体育活动中，常因反应慢而落后。

（56）反应敏捷，头脑机智。

（57）喜欢有条理而不甚麻烦的工作。

（58）兴奋的事情常使你失眠。

（59）老师讲新概念，常常听不懂，但是弄懂以后就很难忘记。

（60）假如工作枯燥无味，马上就会情绪低落。

答案说明：

第（2）、（6）、（9）、（14）、（17）、（21）、（27）、（31）、（36）、（38）、（42）、（48）、（50）、（54）、（58）题为胆汁质气质类型；第（4）、（8）、（11）、（16）、（19）、（23）、

（25）、（29）、（34）、（40）、（44）、（46）、（52）、（56）、（60）题为多血质气质类型；第（1）、（7）、（10）、（13）、（18）、（22）、（26）、（30）、（33）、（39）、（43）、（45）、（49）、（55）、（57）题为黏液质气质类型；第（3）、（5）、（12）、（15）、（20）、（24）、（28）、（32）、（35）、（37）、（41）、（47）、（51）、（53）、（59）题为抑郁质气质类型。

评分方法：

（1）如果某一项或两项的得分超过20，则为典型的该气质。如胆汁质超过20分，则为典型胆汁质；黏液质和抑郁质得分都超过20，则为典型黏液—抑郁混合型。

（2）如果某一项或两项以上得分都在20分以下、10分以上，其他各项得分较低，则为一般该气质。如，一般多血质，一般胆汁—多血混合型。

（3）如果各项得分都在10分以下，但某项或几项得分较其余项高（相差5分以上），则为略倾向于该气质（或几项的混合）。如，略偏黏液质型、略偏胆汁—多血混合型，其余类推。一般来说，正分值越高，表明该气质特征越明显。反之，分值越低越负，表明越不具有该气质特征。多数人的气质是一般型气质或两种气质的混合型，典型气质和三种气质混合型的人较少。

单元小结

人格是大学生心理健康教育中的重要内容。它是构成一个人思想、情感及行为的特有模式，一个区别于他人的稳定而统一的心理品质。本单元首先主要介绍了人格的结构、特征和类型，人格的测量以及人格与心身健康的关系；其次介绍了大学生人格发展的特点及影响因素；最后介绍了大学生常见的人格缺陷及其调适以及塑造大学生健康人格的方法和途径。

思考与练习 ▶▶▶

（1）什么是人格？人格有哪些特征？

（2）大学生人格发展的特点是什么？存在哪些缺陷人格？

（3）大学生人格形成的影响因素有哪些？

（4）结合课程内容，你认为应该如何促进大学生人格健康发展？

心理训练营：自我肯定活动

做下列一个或多个活动，看看你对自我的感觉会有什么变化。

（1）列出你的五个优点。

（2）列出你钦佩自己的五件事情。

_____

（3）到目前为止，你生命中最大的五个成就是什么？

_____

（4）描述五种你可以使自己笑的方式。

_____

（5）你能够为别人做，并且让他们感觉良好的五件事情是什么？

_____

（6）列出你善待自己的五件事情。

_____

（7）你最近参加过的带给你快乐的五个活动是什么？

_____

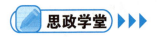 **思政学堂** ▶▶▶

影视推荐：电视剧《觉醒年代》

推荐理由：电视剧《觉醒年代》以 1915 年《青年杂志》问世到 1921 年《新青年》成为中国共产党机关刊物为贯穿，展现了从新文化运动、"五四运动"到中国共产党建立这段波澜壮阔的历史画卷，讲述了觉醒年代的社会风情和百态人生。该剧以李大钊、陈独秀、胡适从相遇、相识、相知到分开，走上不同人生道路的传奇故事为基本叙事线，以毛泽东、周恩来、陈延年、陈乔年、邓中夏、赵世炎等革命青年追求真理的坎坷经历为辅助线，艺术地再现了一百多年前中国的先进分子和一群热血青年追求真理、燃烧理想的澎湃岁月，深刻地揭示了马克思主义与中国工人运动相结合和中国共产党建立的历史必然性。

第四章
大学生情绪管理与调适

学习目标 ▶▶▶

（1）了解情绪的概念、功能及作用。

（2）了解健康情绪的标准。

（3）了解自身的情绪特点，熟练掌握情绪调适的方法。

（4）可以自主调控自己的情绪，保持良好的情绪状态。

思政目标 ▶▶▶

（1）全面分析：深入分析情绪的内涵，获得对情绪的全面认知。

（2）积极向上：发挥主观能动性，主动创造幸福感。

（3）辩证分析：从正反两方面辩证分析积极情绪和消极情绪的作用。

引导案例

冲动的惩罚

两位热恋的大学生在校园里散步，女生忽然感到头上被人吐了一口痰。原来是教学楼窗户旁边一位男生B在作怪。男生A去询问，见男生B醉醺醺的，男生A与男生B争吵并厮打在一起，这位女生抄起屋里的板凳击打男生B头部，致使男生B身受重伤，后休克死亡。

情绪在激情状态下可以使人意识狭隘，判断能力降低，容易陷入一种情绪困境。情绪不但是一种精神动能，同时也是一种生理反应，情绪可以控制人体某些激素的分泌量，激素的变化反过来又影响了情绪的延续、高涨。这些激素可以影响人的智力、耐力、力量（肌肉的爆发力），所以在悲喜之时，人都可以具有超常的身体表现。因此，管理自己的情绪是一件很复杂的事情，我们要学习利用情绪引起的身体机能变化，将其用于恰当之处。

第一节　情绪概述

在日常生活中，情绪一直伴随着我们，有时欣喜若狂，有时焦虑不安，有时孤独恐惧，有时满腔怒火，有时悲痛欲绝，有时舒适愉快等。这一切使我们的生活时而阳光灿烂，时而阴霾密布，时而晦涩呆板，形成了一个五彩缤纷的心理世界。情绪的多样性说明它是一个极其复杂的心理现象。因此，情绪最能表达人的内心状态，可以说它是人的心理状态的晴雨表。个体情绪的变化是伴随着个体心理活动过程产生的，也就是说，个体情绪的起伏和变化是有原因的。良好的情绪状态给人以自信和希望，为提高学习工作效率和生活质量创造条件；消极的情绪会放大生活中的挫折、失败，使人消沉，丧失对美好未来的期望和追求。从心理学的角度看，情绪既是人心理活动动力机制的重要组成部分，也是个性形成的重要方面。

一、情绪的定义

情绪是指人们对环境中的某种客观事物和对象所持态度的身心体验，是最基本的感情现象，也是一种对人生成功具有显著影响的非智力因素。它有正面情绪和负面情绪之分。

情绪的定义

正面情绪，即积极肯定的情绪，如爱与温情、感恩、好奇心、振奋、热情、毅力、信心、快乐、活力等。正面情绪可以提高一个人的自信和自律，促进他们创造性地学习，养成良好的习惯，从而不断地健全人格。

负面情绪，即消极否定的情绪，如恨、冷酷、嫉妒、愤怒、抑郁、紧张、狂躁、怀疑、自卑、内疚等。负面情绪使人意志消沉、兴致低落，阻碍人们的健康成长和生活学习，对人生的成功起消极作用。

二、情绪的成分

（一）构成情绪的三要素

情绪的多样性说明它是一个极其复杂的心理现象，有独特的心理过程。情绪的构成包括以下三个层面。

1. 认知层面上的主观体验

情绪的主观体验是人的一种自我觉察，即大脑的一种感受状态。人有许多主观感受，如喜、怒、哀、惧、爱、恶、欲；同时，人们对不同事物的态度也会产生不同的感受，如对朋友遭遇的同情、对敌人凶暴的仇恨、对事业成功的欢乐、对考试失败的悲伤。这些主观体验只有个人内心才能真正感受到或意识到。

2. 生理层面上的生理唤醒

人在情绪反应时，常常会伴随着一定的生理唤醒，如激动时血压升高、愤怒时浑身发抖、紧张时心跳加快、害羞时满脸通红。脉搏加快、肌肉紧张、血压升高、血流加快等生理现象，是一种内部的生理反应过程，常常伴随不同的情绪而产生。

3. 表达层面上的外部行为

在情绪产生时，人们还会出现一些外部反应，如悲伤时会痛哭流涕、激动时会手舞足蹈。伴随情绪出现的这些相应的身体姿态和面部表情，就是情绪的外部行为。情绪的外部行为经常成为人们判断和推测情绪的外部指标，但由于人类心理的复杂性，人们的外部行为有时会出现与主观体验不一致的现象。

主观体验、生理唤醒和外部行为作为情绪的三个构成要素，在评定情绪时缺一不可，只有三者同时活动、同时存在，才能构成一个完整的情绪体验过程。比如，当一个人佯装愤怒时，他只有愤怒的外在行为，却没有真正的主观体验和生理唤醒，因而也就称不上有真正的情绪过程。

（二）情绪的四种形式——快乐、悲哀、愤怒、恐惧

人的情绪和情感多种多样，应如何分类？我国古代有"七情说"。七情说即喜、怒、哀、惧、爱、恶、欲。近代关于情绪分类的研究，通常把它分为快乐、悲哀、愤怒、恐惧四种基本形式。

1. 快乐

快乐是指人盼望的目标达到或需要得到满足之后，解除紧张时的情绪体验。如亲人相聚时的高兴，学习获得好成绩时的愉快，工作取得成就时的满意等，都是快乐的情绪。快乐的程度取决于愿望的满足程度。一般说来，快乐可以分为满意、愉快、欢乐、狂喜等。如果愿望或理想的实现具有意外性或突然性，则更会加强快乐的程度。

2. 悲哀

悲哀是与人所热爱的对象的失去和所盼望的东西的幻灭相联系的情绪体验。如亲人去世，升学考试失意，自己所珍爱的物品丢失等，都会引起悲哀的情绪体验。悲哀的程度取决于失去对象的价值。根据悲哀的程度不同，可分为遗憾、失望、难过、悲伤、极度悲痛等不同的等级。悲哀有时伴随哭泣，可以释放紧张，缓解心理压力。在比较强的悲哀中，常常伴有焦虑、冷漠等心理反应。

3. 愤怒

愤怒是人由于外界干扰使愿望实现受到压抑，目的实现受到阻碍，从而逐渐积累紧张而产生的情绪体验。引起愤怒的原因很多，恶意的伤害、不公平的对待等都能引起人愤怒的情绪。愤怒的程度取决于干扰的程度、次数及挫折的大小。根据愤怒的程度，可把愤怒分为不满意、生气、愠怒、激愤、狂怒等。

4. 恐惧

恐惧是有机体企图摆脱、逃避某种情景而又苦于无能为力的情绪体验。引起恐惧的原因很多，如黑暗、巨响、意外事故等。恐惧的程度取决于有机体处理紧急情况的能力。

在快乐、悲哀、愤怒、恐惧四种基本情绪中，快乐属于肯定的积极的情绪体验，它对有机体具有增力作用。而悲哀、愤怒、恐惧通常情况下属于消极的情绪体验，对人的学习、工作、健康具有消极的作用，因而应当把它们控制在适当的水平上。但在一定条件下，悲哀、愤怒、恐惧也可以起到积极的作用，如战士的愤怒有利于他们在战场上勇敢战斗，对可怕后果的恐惧有利于个体提高责任感与警惕性，悲哀可以使人化悲痛为力量从而摆脱困境。

 案例

不敢说"不"的男孩子

阿明坐到咨询室的沙发上，开始讲述他的经历。回想童年时代，阿明是一个胆小的男孩。每当受到委屈、遇到恐惧或尴尬的事情，都会哭。记得五六岁时，有一次到亲戚家串门，阿明自己在院子里正玩得开心，恰好叔叔和婶婶闹矛盾，叔叔看到他骂了他几句，搞得他以为自己犯了错，于是大哭起来。谁知自己哭得越凶，叔叔骂得越厉害。好在姑姑把他拉到一边，揽在怀里，安慰了半天。

作为家中的男孩，父母经常说，"男孩子要坚强""男孩子怎么可以这么容易哭"……在这样的环境中，阿明慢慢长大。一方面，是生来的情感丰富；另一方面，受大人的教导要成为一个坚强的、有所成就的男子汉。因此，阿明只能隐藏自己的情绪，于是形成了内向、胆怯的性格。中学时，妈妈要他参加学校的演讲比赛，他不敢说不，心里紧张得要命，只能硬着头皮上，结果可想而知。如今，他考上了家人期望的大学，父母让他继续好好学习，毕业后出国留学，以后当大学教授。阿明觉得自己是个普通人，这十几年一直竭尽努力达到父母的目标，然而自己过得并不开心，经常觉得烦躁、焦虑、疲惫，父母设定的目标好像一座大山压在心头，但是他始终不敢和父母说出自己的想法。

阿明的内心充满了复杂的情绪，如悲伤、内疚、愤怒、厌恶、恐惧等，但是他压抑的性格让他意识不到这些情绪的存在，更不知道这些情绪要告诉他什么。阿明只觉自己的天空是灰色的，自己是个不开心的人。

（三）情绪的三种状态——心境、激情、应激

情绪状态是指在一定的生活事件影响下，一段时间内各种情绪体验的一般特征表现。依据情绪发生的强度、速度、紧张度、持续性等指标，可将情绪分为心境、激情和应激三种状态。

1. 心境

心境是一种使人的心理活动都染上某种相应色彩的微弱而持久的情绪状态。其特点表现为：第一，和缓而微弱，似微波荡漾，有时人们甚至觉察不出它的发生。第二，持续时间较长，短则几天，长则数月。第三，它是一种非定向性的弥散性的情绪体验，在人的心理上形成一种淡泊性的背景，使人的心理活动、行为举止都蒙上一层相应的色彩。例如，人在得意时感到精神爽快、事事顺心，干什么都起劲；失意时，则整天愁眉不展，事事感到枯燥乏味。

2. 激情

激情是一种强烈的、爆发式的、持续时间短暂的情绪体验，如欣喜若狂、暴跳如雷、悲恸、绝望等。激情有以下四个特点：第一，激情具有激动性和冲动性。激情一旦产生，人就完全被情绪所驱使，言行缺乏理智，带有很大的冲动性和盲目性。第二，激情维持的时间比较短，冲动一过，事过境迁，激情也就弱化或消失了。第三，激情具有明确的指向性。激情通常由特定的对象所引起，如意外的成功会引起狂喜，理想破灭会引起绝望，黑暗、巨响会引起恐惧等。第四，激情具有明显的外部表现。在激情状态下，人的内脏器官、腺体和外部表现都会发生明显的变化，如暴怒时面红耳赤，绝望时目瞪口呆，狂喜时手舞足蹈等。

激情具有双重作用。激情如果伴随着冷静的头脑和坚强的意志，它就可以成为动员人的所有潜能而使之积极投入行动的巨大动力。例如，许多诗人、艺术家常是在激情状态下出现灵感，妙思横溢，完成不朽的杰作的；许多爱国志士也往往是在激情状态下做出轰轰烈烈、可歌可泣的英雄壮举的。激情如果是不符合社会要求的、对机体有害的就会起消极作用。青少年犯罪中常见的就是激情犯罪。

3. 应激

应激是在出乎意料的紧急和危险的情况下所引起的高度紧张的情绪状态。当人遇到紧张危险的情境而又需迅速作出重大决策时，就可能导致应激状态的产生。在应激状态下，人可能有两种表现：一种是目瞪口呆，手足无措，陷入一片混乱之中；另一种是急中生智，冷静沉着，动作准确有力，及时摆脱险境。面临出乎意料的危险情景或重大压力的事件，如火灾、地震、突遭袭击、参加重大的比赛、考试等，都是应激状态出现的原因。

应激有积极的作用，也有消极的作用。一般的应激状态能使有机体具有特殊防御排险机能，能使人精力旺盛，使人思想清楚、精确，使人动作敏捷，危急状态下能化险为夷、转危为安，使人及时摆脱困境。但紧张而又长期的应激状态会使人全身兴奋，注意和知觉范围狭小，言语不规则、不连贯，行为动作紊乱。这两种截然不同的应激状态，既同个人的能力和素质有关，也同平时的训练和经验积累有关。比如，接受过防火演习和救生训练的人，在遇到类似的突发事故时就可以正确及时地逃生和救人。

三、情绪的功能

在人类生活中，情绪具有重要的功能，主要分为适应、调控、激励和健康功能。

（一）情绪的适应功能

情绪是有机体适应生存和发展的一种重要方式，如动物遇到危险时产生害怕情绪，从而发出呼救信号，就是动物求生的一种手段。婴儿出生时，还不具备独立的维持生存的能力，这时主要依赖情绪来传递信息，与成年人进行交流，得到成年人的抚养。成年人也正是通过婴儿的情绪反应，及时为婴儿提供各种生活条件。

在成年人的生活中，情绪直接反映着人们生存的状况，是人们心理活动的晴雨表，如愉快表示处境良好，痛苦表示处境困难，恐惧有逃避威胁、自我保护、物种延续的进化意义，愤怒有保护领地和资源不被侵犯的进化意义。积极情绪提示环境中无危险威胁，尽可以放松，利于他人建立亲密、合作关系，创造、获取生存资源。除了生存意义，人们还通过情绪进行社会适应。如用微笑表示友好，用人情维护人际关系，通过察言观色了解对方的情绪状况，以便采取相应的措施等。也就是说，人们通过各种情绪了解自身或他人的处境与状况，适应社会的需要，求得更好的生存和发展。

（二）情绪的调控功能

情绪对于人们的认知过程具有影响作用，有积极作用，也有消极作用。良好的情绪会提高大脑活动的效率，提高认知操作的速度与质量。耶克斯-多德森定律说明了情绪与认知操作效率的关系，不同情绪水平与不同难度的操作任务相关。

1980年，心理学家耶克斯和多德森通过动物实验发现，随着课题难度的增加，动物的动机最佳水平有逐渐下降的趋势，表现为一种倒"U"形曲线，这种现象称为耶克斯—多德森定律。后续对人类进行的研究则证明：个人智力活动的效率与其相应的焦虑水平之间存在一定的函数关系，即随着焦虑水平的增加，个人积极性、主动性以及克服困难的意志力也会随之增强。焦虑水平对个人智力活动的效率可以起到促进作用，当焦虑水平为中等时，智力活动的效率最高；而当焦虑水平超过了一定限度时，过强的焦虑对智力活动又会产生阻碍作用。

考试焦虑就是一个典型例子。心理学家把"测试焦虑"分为低、中、高三级水平：当人的情绪过于放松，丝毫也不紧张时，认知操作的成绩很差；当人的情绪比较紧张但又不过分紧张时，认知操作成绩最好；当情绪进一步紧张，达到过度兴奋时，认知操作的成绩又降下来。由此可见，情绪的调控功能是非常重要的。

（三）情绪的激励功能

情绪能够以一种与生理性动机或社会性动机相同的方式激发和引导行为。有时我们会努力去做某件事，只因为这件事能够给我们带来愉快与喜悦。从情绪的动力性特征看，分为积极增力的情绪和消极减力的情绪。快乐、热爱、自信等积极增力的情绪会提高人们的活动能力，而恐惧、痛苦、自卑等消极减力的情绪则会降低人们活动的积极性。有些情绪同时兼具增力与减力两种动力性质，如悲痛既可以使人消沉，也可以使人化悲痛为力量。

情绪对于大学生的学业和人际关系有举足轻重的影响。当自己的情绪积极乐观时，学习的效率倍增，而当自己的情绪处于低迷、忧郁或是烦躁不安时，学习往往是一团糟。一个人能力再强，如果没有一个好的心态，他的能力也无法发挥，而心态，正是一个人最大限度地发挥自己能力的基础和前提。不同的情绪状态会直接影响到人们的人际关系状况。积极健康的情绪有助于人际交往；相反，情绪焦虑、抑郁、冷漠或者处在应激状态都会影响我们的社会行为，从而影响人际关系。

（四）情绪的健康功能

情绪对健康的影响作用是众所周知的。积极的情绪有助于身心健康，消极的情绪会引起各种疾病。我国古代医书《内经》中就有"怒伤肝，喜伤心，思伤脾，忧伤肺，恐伤肾"的记载。有许多疾病与人的情绪失调有关，如溃疡、偏头痛、高血压、哮喘、月经失调等。有些人患癌症也与长期心情压抑有关。

愉快的情绪能使整个机体的免疫系统和体内化学物质处于平衡状态，从而增强对疾病的抵抗力。据说英国著名化学家法拉第，在年轻时由于工作紧张，出现了神经失调、身体虚弱等情况，久治无效。后来，一位名医给他做了详细检查，没有开药方，只留下一句话："一个小丑进城，胜过一打医生。"法拉第仔细琢磨，觉得有道理。从此以后，他经常抽空去看滑稽戏、马戏和喜剧等，并在紧张的研究工作之后，到野外和海边度假，调剂生活情趣，以保持心情愉快，最后效果明显，他的精神状况和身体状况明显好转，活到76岁，为科学事业做出了很大贡献。有人调查发现，几乎所有长寿老人平时都非常愉快，并且长期生活在一个家庭关系亲密、感情融洽、精神上没有压力的环境中。

四、情绪发展的影响因素

因为每个人都是独特的，他们在成长过程中接受的社会文化、家庭教养和对自身性别角色的认知，以及某些人格特质都是不同的。这样即便情境或外在刺激相同，个人所经历的内在心理历程也大不相同，因而情绪也会有所不同。

（一）社会文化

由于受到各种压力的影响，学生在求学过程中常出现精神紧张或心理恐惧现象，从而导致竞技综合征。又如，为追求身材的苗条、追赶时髦，许多人盲目地节食、拒食，造成消化吸收功能严重紊乱，身体健康严重受损。这些都是受所处时代社会环境和文化的影响。

在个人对情绪的认知、表达中，社会文化扮演着重要的角色。也正是因不同文化对攻击、满足、失落、冒险等行为的不同定义和不同认知，连带影响到个人在情绪方面的反应、感受，甚至是表达。

(二) 家庭教养

家庭是个人成长的源头，父母的教养方式、与子女的关系，或家庭中不成文的习惯、规则，都与我们每个人的情绪发展、情绪表达方式密切相关。因此，父母若能教导孩子了解情绪的意义，让其知道如何表达情绪，必定有助于他们日后情绪的发展和事业的成功。

在某种社会文化传统下，一般家庭教养子女的方式，包括行为规范准则、卫生习惯、情感表达方式、奖惩方式、对孩子的性别认同等。在家庭中最常见的三种教养方式为：独裁型、放任型和民主型。由于教养方式各具特色，子女在其中所感受到的情绪以及发展出的应对情绪的方式也就有所差异。

(三) 性别角色

研究表明，女性对情绪的沟通与表达比男性更自在、更有耐心，也更清晰，对非语言信息的传达与接收也更为熟练，同时更善于了解他人的感受，并善于处理情绪的相关问题。

男性则易于谴责沮丧的人，容易忽略对方的感受。但男性也有情绪处理方面的长处，如男性对保持和谐、解决冲突较积极冷静，在保证、原谅、尝试妥协方面做得比较出色。

另外，男女大脑的不同构造也造成了女性的感情洞察力优于男性，情绪的感受及表达方式也有很大差异。有些时候，生理状况的变化也会影响情绪反应，如女性月经期及更年期常出现忧郁、烦躁等不良情绪。

此外，社会化过程中，一般人对性别角色的期待亦会干扰个人对情绪的处理。比如，社会普遍认为，典型的男性象征着勇敢、侵略、积极、权力与尊严，而典型的女性则被塑造为温柔、乖巧、顺从的形象，拥有滋养的能力却缺乏活动力与积极性。

(四) 人格特质

普朗契克认为，多数情况下，人格特质和情绪同为一物，他认为一种人格特质就是一种倾向或一种气质，即以特定一致的情绪反应对人际间的关系做出反应。他进一步指出，当人们展现出某一种人格特质时，相对应表现出来的行为几乎是固定的。

比如，一个具有敌意的人，很难像其他人那样只是偶尔生气，他会经常生气，以至于别人认为这是他人格特质的一部分；一个生性退缩的孩子可能很少出家门，在学校也很少与人交谈，进入青春期后极有可能出现严重的忧郁倾向。

应该指出的是，人在压力中所表现出来的行为举止是经过日积月累后所形成的习惯性的反应方式，是个人特色的一部分，也影响了个人的人格特质和情绪的适应状况。而且每个人都有自己习惯的沟通方式，甚至对不同的人也会有特定倾向的沟通方式。

第二节　当代大学生的情绪特征及困扰

一、健康情绪的标准

情绪是心理健康的窗口，它在很大程度上反映了心理健康的状况。健康情绪有如下三个标准：

（1）情绪的目的性明确、表达方式恰当；

（2）情绪反应适时、适度；

（3）积极情绪多于消极情绪。

一个情绪健康的大学生具有以下特点：

（1）开朗、豁达，遇事不斤斤计较；

（2）及时、准确、适当地表达自己的主观感受；

（3）情绪正常、稳定，能承受欢乐与痛苦的考验；

（4）充满爱心和同情心，乐于助人；

（5）正确地认识自己和他人，人际关系良好；

（6）对前途充满信心，富有朝气，勇于进取，坚韧不拔；

（7）善于寻找快乐，创造快乐；

（8）能面对现实、承认现实和接受现实，善于把个人需要与社会的需求结合起来。

二、当代大学生的情绪特征

大学阶段是人生的第二个"心理断乳期"，是一个非常关注自我、注重个性表达、情绪体验丰富、情绪波动起伏的时期。大学生常见的情绪有：快乐、兴奋、羞愧、内疚、羞涩、悲伤、惊奇、敌意、愤怒、蔑视、厌恶、恐惧等。大学生的情绪具有如下几个特点。

（一）情绪的丰富性

从自我意识的发展看，大学生出现较多的表现是自我体验、自我尊重的需要强烈，易产生自卑、自负等情绪；从社交看，大学生的交往范围日益扩大，和同学、朋友及师长之间交往频繁，有的大学生开始了恋爱，情绪表现得更细腻、更复杂；从个人定位看，大学生通过各种活动了解社会，学习社会的道德规范，对自己的身份、角色、志向、价值等问题有了更深入的思考，理智感、美感、集体荣誉感等高级情感也有所发展。

（二）情绪的不稳定性

由于大学生的人生观、价值观还未完全定型，认知能力还有待提高，大学生的情绪活动往往强烈而不能持久，情绪活动随着认知标准的改变而改变。喜怒哀乐无常、阴晴雾雨变化是大学生情绪常见的现象，风平浪静之后可能就是疾风暴雨。大学生的情绪容易从一个极端走向另一个极端，高兴时忘乎所以，看什么都顺眼，消沉时心灰意冷，看什么都别扭，情绪呈现不稳定状态。

（三）情绪的掩饰性

大学生随着知识水平的提高、思想内涵的丰富，在情绪反应上较隐晦。他们已具备在一定的情景下控制自己的愤怒、悲伤等情绪的能力，形成外在表现和内心体验不一致的特点。他们会根据一定的条件来表达情绪，如对一件事情或对某人明明是厌烦的，但由于种种原因，可能表现出较好的或不在意的态度。

（四）情绪的冲动性

有的心理学家把青年期形容为"疾风怒涛"时期。大学生的情绪往往表现得快而强烈，常因一点小事振奋不已。大学生情绪的冲动性一般表现为对外部环境或他人的不满，情绪失控，语言、行动极富攻击性，如果不对其予以引导，会给大学生本人以及社会带来危害。

三、大学生中常见的情绪困扰及其归因

（一）常见的情绪困扰

1. 焦虑

焦虑是个体主观上预料会有某种不良后果产生或模糊的威胁出现时的一种不安情绪，并伴有忧虑、烦恼、害怕、紧张等情绪体验。

焦虑会明显地影响一个人的精神状态、认知、行为和身体状况，被焦虑困扰的大学生常出现烦躁不安、思维受阻、行为不灵活、动作不敏捷、身体不舒服、失眠、食欲不振等情况。严重的焦虑能使人失去一切情趣和希望，甚至产生心理疾病，在心理上摧垮一个人。

 案例

小莲的焦虑情绪

小莲今天真是诸事不顺：上学路上认错了人，尴尬得要命；在自习室里把一大杯水洒在了马上要用的复习资料上；更不可思议的是，在这个城市已生活了12年，搭乘公共汽车居然坐反了方向，车过了3站才猛然发现！

她实在是压力太大了，脑子里的那根弦一直紧绷着，一会儿是学习，一会儿是生活，一会儿是朋友关系，这样那样的事混在一起，难怪她心神不宁。

其实，让小莲忐忑不安的"肇事者"就是当代大学生常遇到的"焦虑情绪"。它像空气一样包围着你，使你无从觉察，甚至让你习以为常，从而在不知不觉中过滤掉你生活中所有的温馨时刻，把一切快乐从你身边带走。

2. 抑郁

抑郁是大学生中常见的情绪困扰，是一种感到无力应付外界压力而产生的消极情绪，常常伴有厌恶、痛苦、羞愧、自卑等情绪体验。

情绪抑郁的大学生的主要表现是：情绪低落、思维迟缓、郁郁寡欢、闷闷不乐、兴趣丧失、缺乏活力、反应迟钝、干什么都打不起精神、不愿参加社交、故意回避熟人、对生活缺乏信心、体验不到生活的快乐、食欲减退、失眠等。长期的抑郁会使人的身心受到严重损害，无法有效地学习、工作和生活。

3. 冷漠

冷漠是一种对人对事冷淡、漠不关心的消极的情绪体验。冷漠是一种个体对挫折环境的自我逃避式的退缩性心理反应，它带有一定的自我保护或自我防御的性质。

4. 易怒

发怒是当客观事物与人的主观愿望相悖时产生的强烈的情绪反应。大学生正处在热情高涨、激情澎湃的青年时期，有时候似乎难以控制激情。容易发怒，便是在大学生中常见的一种消极激情。有的大学生因为一句刺耳的话、一件不顺心的事，就激动得暴跳如雷，或出口伤人，或挥拳相向，铸成大错。盛怒过后，却后悔不已。

 案例

都是情绪惹的祸

美国有一位青年人心脏病发作，邻居紧急通知该青年人的父亲，同时打电话请附近诊所的医生前来急救。当时，焦急不已的父亲刚好将车子送厂检修，情急之下，就拿了一把手枪，走到十字路口，对着红灯前面一辆汽车，大声威胁："你马上给我下车！你闭嘴！再啰唆就打死你！"这父亲顺利地抢了那辆车开回家里。见到抱着前胸、表情极度痛苦的儿子，心急如焚的父亲不断地安慰儿子："你再忍一下，医生马上就来了！"可是，时间5分钟、10分钟、20分钟过去了……最后，父亲眼睁睁地看着儿子在痛苦、挣扎、无助中死去。当父亲抱着儿子的身体痛哭失声时，医生才带着急救箱匆匆赶到。父亲对着医生破口大骂："你是什么医生，竟然拖到现在才赶来！你看，因为你的延误，我儿子已经死了！"医生也大声吼叫："你刚才在十字路口为什么拿着枪抢我的车？还威胁我、不准我开口讲话，就强行把我的车开走！"

5. 嫉妒

嫉妒是在大学生中有一定普遍性的不良情绪。容易引起大学生嫉妒的因素主要有以下几类：外表、成绩、能力、物质条件、恋人、运气等。而那些自尊心过强、虚荣心过盛、自信心不足、以自我为中心、认知有偏差、自控能力弱的大学生更易产生嫉妒，而且程度也较一般人更重。嫉妒会影响大学生的人际关系，造成同学间的隔阂甚至对立，同时使自己处于烦躁、痛苦的情绪中。

6. 压抑

压抑也是在大学生中常见的情绪问题。相当多的大学生常常感到自己的情感不能得到尽情倾诉。大学中的郁闷情绪就是压抑的表现。

（二）情绪困扰的原因

导致大学生不良情绪产生的原因错综复杂，其中既有个体因素的影响，也有环境因素的影响。

1. 个体因素

个体因素包括个体的生理因素和心理因素。

（1）生理因素。有研究认为，人的体力、情绪和智力呈现一种周期性的盛衰节律，它们的周期分别为 23 天、28 天和 33 天。当三者均处在高峰期时，人就处于身心的最佳状态，精力充沛、生机勃勃、愉快豁达、头脑清醒、思维敏捷；而当三者均处于低谷期时，人的各种机能效率都会降低，情绪不佳，而体力和智力的不佳也会加强已有的低情绪状态；当三者处于临界状态时，个体则处于一个极不稳定的过渡期，机体协调性差，易出差错，情绪易波动。同时，躯体疾病会引起不良情绪，而心理疾病常伴有不良情绪。

（2）心理因素。影响情绪的心理因素很复杂，知识经验、认知方式、情感成熟水平、意志品质和个性特点等都可能导致不良情绪。①情绪特征：不稳定、好冲动、易暴易怒或者消沉、冷漠、郁郁寡欢。②意志特征：固执、刻板、任性、胆怯、优柔寡断，缺乏自制力，遇到困难过分紧张不安，经受不住挫折，不易摆脱内心矛盾。③自我意识特征：过分自尊或缺乏自信，内心自卑。④社交特征：孤僻、退缩、自我封闭、敏感、多疑、心胸狭窄、好嫉妒等。

有以上心理特征的人较易陷入情绪困扰。

2. 环境因素

环境因素包括家庭、学校和社会三方面。家庭环境包括家庭结构、家庭气氛、父母关系、父母的情绪特征以及教养方式等。学校环境包括教育方法、学习压力、人际关系、教师身心健康状况等因素。社会环境包括社会文化背景、社会风气、社会的经济条件等。大学生的情绪常会受到社会环境的影响。

四、情绪对大学生的影响

（一）情绪对大学生健康的影响

现代生理学、心理学和医学研究表明，情绪对人的身心健康具有直接影响。良好的情绪不仅使大学生对生活充满希望，对自己满怀信心，还能使他们身体健康、求知欲增强，并因此建立良好的人际关系，促进大学生全方面发展。消极的情绪对人的身心健康危害极大。调查发现，大学生中常见的消化性溃疡、紧张性头痛和偏头痛、心律失常、月经失调、神经性皮炎等都与消极情绪有关。

（二）情绪对大学生学习的影响

在生活中常有这种现象：有的大学生在考试时过分紧张，结果出现"晕场"现象；反之，有的学生对考试采取满不在乎的态度，考试成绩也不理想。研究发现，精神愉快、心情舒畅、积极主动是思考和创造的最佳状态，也只有这样，才能有效地进行智力活动。

（三）情绪对大学生人际关系的影响

情绪具有感染性。乐观、热情、自尊、自信的人，在人群中更受欢迎，更容易获得别人的赞赏，也更容易形成良好的人际关系。而自卑、情绪压抑、爱发怒的人，往往不能与他人正常相处，使人与人之间关系疏远。

大学生在人际交往中，要注重提高自身修养，学会适度控制与调适自己的情绪，做情绪的主人，才能拥有良好的人际关系。

（四）情绪对大学生行为目标的影响

1979 年，心理学家埃普斯顿在《人类情绪的生态学研究》这篇文章中，介绍了他对大学生的自我观念、情绪与行为变化关系的研究成果。结果表明：当体验到的是积极的情绪时，如感到高兴、亲切、安全、平静，大学生的行为目标也往往是积极主动的，对新经验的接受和开放、对周围人的尊重和理解、对价值和长远目标的献身精神等都有明显增强；当体验到的是痛苦、愤怒、紧张或受威胁等消极情绪时，一部分大学生的社会兴趣下降，反社会行为增加，对新经验持审慎甚至是闭锁的态度，另一些大学生的行为并没有向消极方面转化，而是吸取教训，重新开始。埃普斯顿的实验结果表明：积极的情绪体验与积极的行为变化总是一致的。因此，在大学生活中要尽可能多地缔造这种关系，并积极引导消极情绪，为自己塑造乐观积极的性格。

人不可能永远处在良好情绪之中，生活中既然有挫折、有烦恼，就会有消极的情绪。一个心理成熟的人，不是没有消极情绪的人，而是善于调节和控制自己情绪的人。大学生在成长的过程中，也要慢慢学会调节和控制自己的情绪。

五、良好情绪的保持

（一）养成快乐的习惯

快乐是一种心理习惯、一种心理态度，如果现在不加以了解和实践，将来也永远体会不到。快乐不是在解决某种问题后产生的，因为一个问题解决了，另一个问题又会出现，生活本身就是由一系列的问题组成的；快乐也不只是在到达某种目的、获得某种满足后才会到来的，因为快乐更存在于生活实践本身。

（二）学会宽容、悦纳

宽容不仅是一种美德，也是交往成功的重要保证和情绪健康的前提条件。宽容既表现为对他人的宽厚容忍、不斤斤计较，也表现为对自己的悦纳、不过分苛求。一个不肯宽容别人的人，既容易被别人怨恨，在人际关系中不受欢迎，也往往会使自己的身心受到伤害；一个不肯宽容自己的人，常常会处于自责、悔恨之中。

（三）适当的自我定位

从中学到大学是一个巨大的转折，环境的变化和竞争的加剧，会使不少同学感到心理不适，失落感明显，因此，在大学生活中给自己一个适当的定位十分重要。

大学生血气方刚、积极进取、竞争意识强，这是积极的一面。然而，由于自身的不成熟以及某些错误的认知方式，容易造成一些同学争强好胜、相互攀比、盲目竞争的现象，这很不利于心理健康。在大学校园中，人才济济，每个人都具有各自的优势，假如盲目地做事、处处都要与他人竞争、攀比，就有可能因为自己在某些方面处于劣势，而产生自我挫败感，有的甚至会自我否定，陷入深深的自卑之中。同时，事事与人竞争、攀比还会造成自己过度紧张，心理上承受过大的压力，从而对身心健康产生不良影响。

（四）善于与人交往

人是社会的人，交往是人生发展的内在需要。当一个人的交往需要没有得到满足时他就会情绪低落，甚至会产生孤独、空虚、抑郁、自卑和恐惧等不良心理，严重的会在行为上表现为自我封闭、逃避现实、自暴自弃，或与外界冲突、对抗，甚至丧失生活的信心和勇气。善于交往的人，常常更容易成为健康、快乐和成功的人。

（五）学会自我解脱

遇事要想得开，要心胸开阔。必须承认，生活不只有快乐，还会有痛苦；不只有成功，也会有失败；不尽是圆满，也会有缺陷。理解了事物的两面性，才会在顺境时，格外觉得幸运；在逆境时，也承认这是理所当然，从而使自己拥有良好的心态，而这种良好的心态使大学生在遇到困难挫折时，不钻牛角尖，善于从多个角度分析问题，从而更好地解决问题。

第三节　大学生的情绪管理与自我调适

每个人的心理承受能力都有一定的限度。当一个人出现心理适应不良、矛盾冲突以及由其他事件引起的消极情绪体验时，应及时化解，最大限度地减轻不良情绪的消极影响。要化解这种矛盾冲突，一方面要不断提高自己应对和承受挫折的能力；另一方面要靠合理的调节或宣泄，使自己的情绪得到缓解。否则，长期积累，轻则会影响正常的学习与生活，重则会产生严重的后果。这就是所谓的"最后一根稻草会压垮整只骆驼"。有的学生认为，当自己产生不良情绪时，最好的方法是克制自己的感情不让它流露出来，做到"喜怒不形于色"。其实，这种说法是不全面的，喜怒不形于色未必好。强行压抑情绪的外露，会给人们的生理健康带来很大的危害。但并不是说，不良情绪一经产生，就可以不分场合、不顾影响、不计后果、无所顾忌地加以发泄。那种一有怒气就大动肝火，一有痛苦就大声哭嚎，一有冲动就蛮干一通、胡乱发泄的方法，不但不能真正地把不良情绪发泄出去，反而还会给自己带来新的、更大的烦恼，产生更严重的不良情绪。

一、情绪管理的概念

情绪管理是对情绪进行控制和调节的过程，即通过一定的策略，使情绪在生理活动、主观体验和表情行为等方面发生一定的变化，以建立和维护良好的情绪状态。

二、情绪管理的意义

有效的情绪管理可以使我们较少体验消极情绪，保持心境良好，促进身心健康，有利于我们提高认知水平、提高学习和工作效率，有助于培养乐观向上、积极进取的良好品质，建立良好的人际关系。

情绪没有好坏之分，但有正负之分。正性情绪是一种精力充沛、积极向上的状态，起着协调、组织作用；而负性情绪是一种不健康的主观体验，起着破坏、瓦解作用。所以，我们要学会管理情绪，做情绪的主人。

三、大学生情绪管理的自我调适

面对消极的情绪，我们需要通过合理的方式进行调节，具体能做到以下几点。

（一）培养积极、宽容的人生态度

宽容是宽大有气量，不计较、不追究。不管外界对你多么苛刻，对你有多么不公，只要你用一种博大的胸怀去包容一切，接纳一切，世界就会慢慢地变好。一个人只要具备善良、正直和宽容的性格，那么，便没有什么困难能够压得倒他。宽容别人、宽容生活，就是宽容自己。

（二）培养笑对人生的超然胸襟

笑对人生，是一份超然。用超然的心态看待一切，不去苛求。特别是当你的好心得不到别人的理解时，更要拿出超然的气度。托尔斯泰年轻的时候，回到故乡，把父亲留给他的庄园尽数分给农奴，想让他们过一份自由幸福的生活。结果，农奴们不但不感激他，反而大骂他：我们当奴隶当惯了，只会当奴隶，你分了土地，我吃什么呀？类似的事我们都可能会遇到，不必去生气，要理解。

笑对人生，是一份豁达。当你坚持正义、明辨是非、抗击邪恶，有人却偏要把黑的说成白的，把白的说成黑的，这时你千万不要生气，要能以豁达待之。要理解：他并非故意，实在是因为角度不同，他本身就站在黑里，在他的眼里，即使白的也会变成黑的；哪怕对方真的是故意，也不必在意。面对指鹿为马的人，你只要知道那是鹿不是马就行，不必去争个是非曲直。

笑对人生，要学会认输。我们常会遇到一些纠缠不清的麻烦，怎么办？认输就是了。比如，你被狗咬了一口，不必想着也要咬狗一口出那恶气，你必须认输。狗的特长就是咬人，就算你真的去咬它，你就能咬过它吗？恐怕只会遭受更大的伤害。在生活中，人们经常会碰到一些人，他们的负面情绪总是让我们不快。应对"负面人"，我们同样需要掌握有效的防身术。

笑对人生，有时还要适时退步抽身。人有时不免走错路，走错了退回来就是了。这个道理人人都懂，但做起来并不容易。

（三）积极参加社会实践活动

积极参加社会实践活动，时刻保持自己与社会环境的接触，是消除消极情绪、维护心理健康的重要保证。专心致志的实践活动可以使生活丰富而充实，不致过分地关注自己而发展为"自我中心"，给自己徒增烦恼。通过社会实践活动与周围的人建立良好和谐的关系，对一个人的身心健康是非常重要的。

有些学生往往善于逃避现实。他们花很多时间来回味过去、计划未来，沉浸在过去的失败或对未来的空想当中，消极情绪时刻徘徊左右，挥之不去。社会实践可以帮助大学生正确认识此时、此地，进而认识到自己是怎样的、别人是怎样的、环境是怎样的。之所以如此，是因为他们把身心全集中到了现在，而不再是一只眼睛留恋着过去，另一只眼睛又憧憬着未来。要做到这一点，必须对此时、此地的体验敞开胸怀，用双眼看，用双耳听，用脑子想，用心去感受。事实上，大学生进步的主要方式就是同"当前"打交道，因为过去的不会再来，而未来的还没有来到。当大学生逃避现在或用不坦率的态度对待现在时，就容易陷入迷茫苦恼之中，不自觉间又浪费了宝贵时间。

（四）学会运用情绪放松技术

当出现消极情绪体验时，还可以运用放松训练，通过躯体内部自我调整达到身心平衡的目的。放松技术非常多，主要有调意放松、调身放松和调息放松。调意放松即意念放松，通过有意识地意念运转和指导，在想象和暗示下实现放松。调身放松即放松身体、放松肌肉，主要通过一些身体运动来实现。调息放松，又称深呼吸放松法，即调节自己的呼吸，有意识地进行一呼一吸的训练，延长吸气或呼气的时间。呼吸可使自主神经系统兴奋，并通过它们的影响调节内脏的功能。

四、情绪自我调适的方法

（一）自我暗示

暗示效应也称"罗森塔尔效应""皮格马利翁效应""期待效应"，由美国著名心理学家罗森塔尔提出。此效应来源于罗森塔尔等人于 1968 年做过的一个著名实验。他们到一所小学，在一至六年级各选三个班的儿童进行"预测未来发展的测验"，然后实验者将认为有"优异发展可能"的学生名单通知教师。其实，这个名单并不是根据测验结果确定的，而是随机抽取的。它是以"权威性的谎言"暗示教师，从而调动教师对名单上学生的某种期待心理。八个月后，再次智能测验的结果发现，名单上的学生的成绩普遍提高，教师也给了他们良好的品行评语。暗示在本质上是人的情绪和观念会不同程度地受到别人下意识的影响。

自我暗示又称自我肯定，是对某种事物积极的叙述。所以让我们用一些更积极的思想和概念来替代我们过去陈旧的、否定性的思维模式。自我暗示可以默不作声地进行，也可以大声地说出来，还可以在纸上写下来，更可以歌唱或吟诵。每天用十分钟对自己说下列语句或你自己设定的语句，进行自我肯定练习。

"我是最棒的！"

"我具有强大的行动力。"

"我越来越勤奋，越来越能干。"

"我设定的目标一定会实现。"

"积极的思想和行动使我成功。"

（二）改变认知

美国著名心理学家艾利斯创建了"情绪 ABC 理论"。该理论认为激发事件 A 只是引发情绪和行为后果 C 的间接原因，而引起 C 的直接原因则是个体对激发事件 A 的认知和评价而产生的信念 B，即人的消极情绪和行为障碍结果 C，不是由于某一激发事件 A 直接引发的，而是由于经受这一事件的个体对它不正确的认知和评价所产生的错误信念 B 直接引起。错误信念也称为非理性信念。依据情绪 ABC 理论，分析日常生活中的一些具体情况，我们不难发现人的不合理观念常常具有以下三个特征。

 案例

> 燕燕常因为觉得男友不理解自己而生闷气，男友也常常会觉得莫名其妙地被冷落。久而久之，男友觉得很累，对燕燕的反应更消极了。看到这些，燕燕心里有些害怕和焦虑，害怕男友不再喜欢自己了。在一次心理课中，燕燕发现自己面对负面情绪时的处理方法是有问题的，之前总是觉得你喜欢我就应该知道我想要什么，如果我直接表达出来，就没意思了。而现在，燕燕明白，我们要学习表达自己的期待和渴望。燕燕尝试着把自己的想法直接和男友分享，没想到真的非常有效，两人也因此避免了许多误解和争吵。直接而真诚地表达，避免被动攻击或者冷战。比如，"我想让你陪我，你打游戏让我感受到不被爱""你说你对我随意是因为像对待家人那样对我了，我理解你的意思，但是你这样做让我感受不到特殊性，感受不到被爱"。诸如此类的交流让他们一次又一次避免了不愉快，从以前的发泄情绪到现在的合理表达情绪，成为了大家都羡慕的甜蜜情侣。

1. 绝对化的要求

绝对化的要求是指人们常常以自己的意愿为出发点，认为某事物必定发生或不发生的想法。它常常表现为将"希望""想要"等绝对化为"必须""应该"或"一定要"等。例如，"我必须成功""别人必须对我好"等。这种绝对化的要求之所以不合理，是因为每一客观事物都有其自身的发展规律，不可能以个人的意志为转移。对于某个人来说，他不可能在每一件事上都获得成功，他周围的人或事物的表现及发展也不会以他的意愿来改变。因此，当某些事物的发展与其对事物的绝对化要求相悖时，他就会感到难以接受和适应，从而极易陷入情绪困扰之中。

2. 过分概括化

这是一种以偏概全的、不合理的思维方式的表现，它常常把"有时""某些"过分概括化为"总是""所有"等。用艾利斯的话来说，这就好像凭一本书的封面来判定它的好坏一样。它具体体现在人们对自己或他人的不合理评价上，典型特征是以某一件或某几件事来评价自身或他人的整体价值。例如，有些人在遭受一些失败后，就会认为自己"一无是处、毫无价值"，这种片面的自我否定往往导致自暴自弃、自罪自责等不良情绪。而这种评价一旦指向他人，就会一味地指责别人，产生怨恨、敌意等消极情绪。我们应该认识到，"金无足赤，人无完人"，每个人都会犯错误。

3. 糟糕至极

这种观念认为如果一件不好的事情发生，那将是非常可怕和糟糕的。例如，"我没考上大学，一切都完了""我没竞选上，不会有前途了"，这种想法是非理性的，因为对任何一件事情来说，都会有比这更坏的情况发生，所以没有一件事情可被定义为糟糕至极。但如果一个人坚持这种"糟糕"观时，那么当他遇到他所谓的百分之百糟糕的事情时，他就会陷入不良的情绪体验之中而一蹶不振。所以，在日常生活和工作中，当遭遇各种失败和挫折时，要想避免情绪失调，就应多检查一下自己的大脑，看是否存在一些"绝对化要求""过分概括化"和"糟糕至极"等不合理的想法，如果有，就要有意识地用合理观念取而代之。

美国心理学家艾利斯认为，人天生就有歪曲现实的倾向。但是，人也能够接受理性，改变自己的不合理思考和自我挫败行为。由于情绪来自认知，所以改变情绪要从改变认知入手。大学生的知识面较广，认识水平也高，所涉及的心理困扰多与不合理的认知有关。改变认知的方法对大学生的情绪调节非常适用。情绪困扰并不一定是由诱发性事件直接引起的，常常是由经历者对事件的非理性的解释和评价引起的。如果改变非理性观念，调整对诱发事件的认识和评价，建立合理的观念，就能解决情绪困扰。

 拓展阅读

改变认知，结果不同

有一个年轻人失恋了，一直情绪低落，已经影响到了他的正常生活。他没办法专心工作，因为无法集中精力，常常想到的就是前女友的薄情寡义。他认为自己在感情上付出了，却没有收到回报，自己很傻、很不幸。于是，他找到了心理咨询师。

心理咨询师告诉他，其实他的处境并没有那么糟，只是他自己想象得太糟糕了。在给他做了放松训练，减少他的紧张情绪之后，心理咨询师给他举例子。"假如有一天，你坐在公园的长凳上休息，把你最心爱的一本书放在长凳上，这时候一个人径直走过来，恰巧坐在凳子上你放书的位置，把你的书压坏了。这时，你会怎么想？"

"我一定很气愤，他怎么可以这样随便损坏别人的东西呢！太没有礼貌了！"年轻人说。"那我现在告诉你，如果他是个盲人，你又会怎么想呢？"心理咨询师接着耐心地问。"哦，原来是个盲人。他肯定不知道长凳上放有东西！"年轻人摸摸头，想了一下，接着说，"谢天谢地，好在只是放了一本书，要是油漆，或什么尖锐的东西，他就惨了！""那你还会对他愤怒吗？"心理咨询师问。"当然不会，他是不小心才压坏的，盲人也很不容易的。我甚至有些同情他了。"

心理咨询师会心一笑："同样的一件事情——他压坏了你的书，但是前后你的情绪反应却截然不同。你知道是为什么吗？""可能是因为我对事情的看法不同吧！"对事情不同的看法，能引起自身不同的情绪。很显然，让我们难过和痛苦的，不是事件本身，而是对事情不正确的解释和评价。这就是心理学上情绪 ABC 理论的观点。情绪 ABC 理论的创始者艾利斯认为，正是由于我们常有的一些不合理的信念，才使我们产生情绪困扰，如果这些不合理的信念日积月累，还会引起情绪障碍。

在情绪 ABC 理论中：A 表示诱发事件；B 表示个体针对此诱发事件产生的一些信念，即对这件事的看法和解释；C 表示个体产生的情绪和行为结果。通常人们会认为诱发事件 A 直接导致了人的情绪和行为结果 C，发生了什么事就引起了什么情绪体验。然而，同一件事，人们的看法不同，情绪体验也不同。比如，同样是失恋了，有的人放得下，认为未必不是一件好事，而有的人却伤心欲绝，认为自己今生可能都不会遇到真爱了。再比如，在找工作面试失败后，有的人可能会认为，这次面试只是试一试，不过也没关系，下次可以再来；有的人则可能会想，我精心准备了那么长时间，竟然没过，是不是我太笨了，我还有什么用啊，人家会怎么评价我。这两类人因为对事情的评价不同，他们的情绪体验当然不同。

对于上面这个失恋的年轻人来说，失恋只是一个诱发事件 A，结果 C 是他情绪低落，生活受到影响，无法专心工作，而导致这个结果的，正是他的认知 B——他认为自己付出了一定要收到对方的回报，自己太傻了，太不幸了。假如他换个想法—现在她的离开可能避免了以后她对自己造成更大的伤害，那么他的情绪体验显然就不会像现在这么糟糕。

（三）转换目标

一旦陷入忧郁、焦虑等不良情绪而无法自拔时，就要改变一下自己的注意目标，使引起消极情绪的兴奋点暂时被压抑，从而及时激发积极愉快的情绪。具体的做法是，把使你不顺心的事放下，去做喜欢的事，如打球、游泳、看电影、听音乐等，或者到风景秀丽的公园、绿树成荫的大道上散散心，大自然的美景、绿色的世界、蓬勃的生机能使人心旷神怡，身心愉悦，忘却烦恼，消除精神上的紧张和压抑感，以度过情绪低落期。

（四）合理宣泄

1. 倾诉性宣泄

俗话说："快乐有人分享，是更大的快乐；痛苦有人分担，就可以减轻痛苦。"不愉快的事情隐藏在内心深处，会增加心理负担。当出现不良情绪时，你可以找一个你认为最能理解或最值得你信任的人，尽情地将心中的郁闷无所顾忌地倾诉出来。这样，一方面使不良情绪得到宣泄，另一方面你在倾诉烦恼的过程中，还可以获得更多的情感支持和理解，获得认识和解决问题的新思路、新途径，并增强克服困难的信心。

2. 书写性宣泄

通过写信、写文章、写日记等方式，将内心的消极情绪宣泄出来。它的好处在于可以把那些因各种原因而不能对人表露的消极情绪宣泄出去。

3. 运动性宣泄

医学研究表明，运动可以使人的情绪得到振奋。通过打球、跑步、游泳等有氧运动，将消极情绪宣泄出来。这种方式既可以直接宣泄消极的情绪，又能达到锻炼身体、促进心理健康的目的。建议每周运动 3～4 次，每次持续 30 分钟。

4. 哭泣性宣泄

通过号啕大哭或偷偷流泪的方式将消极情绪宣泄出来。科学研究表明，流泪能将人体内导致情绪压抑的化学物质排出，从而使不愉快的情绪得到缓解，消除心理上的压力。当然，哭泣时应注意时间和场合。

（五）放松训练

在生活中每个人都会紧张。当处于紧张状态时，我们全身的肌肉都会变得紧张起来，而肌肉的紧张会引起身体上的各种反应：脸红、心跳加速、额头和手心出汗、手发抖、身体僵硬或颤抖等。这些反应也会进一步导致紧张，形成一种恶性循环。缓解身体紧张最有效的方法就是进行放松训练，放松身体能消除或者缓解焦虑以及身体不适感，而且，你的心理也能得以放松。

（六）借助心理咨询

心理咨询是一门科学、一门艺术、一种经验，通过受过专门培训的咨询人员运用心理学的原理和方法营造良好的咨询气氛，帮助来访者学会以更有效的方式对待自己、他人和生活中的困惑以适应社会生活。

 心理测试

（一）情商测验（EQ）

下面有一个小测验，可以帮助你了解自己的 EQ 有多高。

（1）与你的恋人或爱人发生争吵后，你能在他人面前掩饰住你的沮丧。　（是　否）

（2）当工作进行的不顺利时，你认为这是对未来的一个警告。　（是　否）

（3）在你最好的朋友开口说话之前，你能分辨出他（她）处于何种情绪状态。

（是　否）

（4）当你担忧某件事时，你在夜里几个小时难以入睡。　（是　否）

（5）你认为大多数人必须更加努力而不要轻易放弃。　（是　否）

（6）与你最好的朋友告诉你一些好消息相比，你更易受一部浪漫影片的感染。

（是　否）

（7）当你的情况不妙时，你认为到了你应该改变的时候了。　　　　（是　否）

（8）你经常想知道别人是怎样看待你的。　　　　　　　　　　　　（是　否）

（9）你对自己几乎能使每个人高兴起来而感到自豪。　　　　　　　（是　否）

（10）你讨厌讨价还价，尽管你知道它能使你少花20元钱。　　　　（是　否）

（11）你十分喜欢直率地说话，而且认为这样能使一切事情变得更容易。（是　否）

（12）尽管你知道自己是正确的，你也会转换这一话题，而不愿来一场争论。（是　否）

（13）你在工作中做出一个决定后，会担心它是否正确。　　　　　　（是　否）

（14）你不会担心环境的改变。　　　　　　　　　　　　　　　　　（是　否）

（15）你似乎是这样一个人：对周末干什么，你总能够提出很多有趣的设想。（是　否）

（16）假如你有一根魔棒的话，你将挥动它来改变你的外貌和个性。　（是　否）

（17）不管你工作多么尽心尽力，你的老板似乎总是在催促着你。　（是　否）

（18）你认为你的恋人或爱人对你寄予希望。　　　　　　　　　　　（是　否）

（19）你认为一点小小压力不会伤害任何人。　　　　　　　　　　　（是　否）

（20）你会把任何事情都告诉你最好的朋友，即使是个人隐私。　　（是　否）

选"是"得1分，选"否"不得分。将得分累加起来，其结论如下：

得分≥16者：你对自己的能力很自信。因此，当处于强烈的情感边缘时，你不会被击垮，即使你在愤怒时，你也能进行有效的自我控制。在控制你的情感方面，你是出类拔萃的，与他人相处得也很融洽，但是你太依赖社交技巧而忽视成功所需的其他重要因素，如艰苦奋斗的作风和好主意。

得分7～15者：你意识到自己和他人的情感，但有时忽视它们，不明白这对你的幸福是多么重要，你让买一幢更漂亮的房子等诸如此类的关心的话支配着你的生活。然而，无论实现多少物质目标，你仍然感到不满足，试着去分析和理解你的情感，并且按照它去行动，你会更幸福。人们可能压制你，使你暂时消沉，但你总能从挫折中吸取教训，重新创造你的优势。

得分≤7者：你必须多一点对别人的关心，少注重自己。你喜欢打破常规，并且不会担心通过疏远别人来取得自己想得到的东西。你可能在短期内就能取得一定的成果，但人们不久就开始抱怨你。控制易冲动的天性，不是以粗鲁的方式，而试着去通过迎合他人来得到所要的一切。如果得分不高，不要沮丧。你要学会控制你的消极情绪，充分利用你的积极情绪。

（二）情绪稳定性测验

对下列每个题目做出最适合你的选择。

（1）看到自己最近一次拍摄的照片，你有何想法？　　　　　　　（　　）

A. 觉得不称心　　　　　　B. 觉得很好　　　　　　C. 觉得可以

（2）你是否想到若干年后会有什么使自己极为不安的事？　　　　　　　（　　）

A. 经常想到　　　　　　　　　B. 从来没想过　　　　　　C. 偶尔想到

（3）你是否被朋友、同事、同学起过绰号、挖苦过？　　　　　　　　（　　）

A. 是常有的事　　　　　　　　B. 从来没有　　　　　　　C. 偶尔有过

（4）你上床以后，是否经常再起来一次，看看门窗是否关好、炉子是否封好等？　（　　）

A. 经常如此　　　　　　　　　B. 从不如此　　　　　　　C. 偶尔如此

（5）你对与你关系最密切的人是否满意？　　　　　　　　　　　　　（　　）

A. 不满意　　　　　　　　　　B. 非常满意　　　　　　　C. 基本满意

（6）你在半夜的时候，是否经常觉得有什么值得害怕的事？　　　　　（　　）

A. 经常　　　　　　　　　　　B. 从来没有　　　　　　　C. 极少有这种情况

（7）你是否曾经因梦见什么可怕的事而惊醒？　　　　　　　　　　　（　　）

A. 经常　　　　　　　　　　　B. 没有　　　　　　　　　C. 极少

（8）你是否曾经有多次做同一个梦的情况？　　　　　　　　　　　　（　　）

A. 有　　　　　　　　　　　　B. 没有　　　　　　　　　C. 记不清

（9）有没有一种食物使你吃后呕吐？　　　　　　　　　　　　　　　（　　）

A. 有　　　　　　　　　　　　B. 没有　　　　　　　　　C. 记不清

（10）除去看见的世界外，你心里有没有另外一种世界？　　　　　　（　　）

A. 有　　　　　　　　　　　　B. 没有　　　　　　　　　C. 记不清

（11）你心里是否时常觉得你不是现在的父母所生？　　　　　　　　（　　）

A. 时常　　　　　　　　　　　B. 没有　　　　　　　　　C. 偶尔有

（12）你是否曾经觉得有一个人爱你或尊重你？　　　　　　　　　　（　　）

A. 是　　　　　　　　　　　　B. 否　　　　　　　　　　C. 说不清

（13）你是否常常觉得你的家庭对你不好，但是你又确知他们的确对你好？（　　）

A. 是　　　　　　　　　　　　B. 否　　　　　　　　　　C. 偶尔

（14）你是否觉得没有人十分了解你？　　　　　　　　　　　　　　（　　）

A. 是　　　　　　　　　　　　B. 否　　　　　　　　　　C. 说不清楚

（15）你在早晨起来的时候最经常的感觉是什么？　　　　　　　　　（　　）

A. 秋雨霏霏或枯叶遍地　　　　B. 秋高气爽或艳阳天　　　C. 不清楚

（16）你在高处的时候，是否觉得站不稳？　　　　　　　　　　　　（　　）

A. 是　　　　　　　　　　　　B. 否　　　　　　　　　　C. 有时是这样

（17）你平时是否觉得自己很强健？　　　　　　　　　　　　　　　（　　）

A. 否　　　　　　　　　　　　B. 是　　　　　　　　　　C. 不清楚

（18）你是否一回家就立刻把房门关上？　　　　　　　　　　　　　（　　）

A. 是　　　　　　　　　　　　B. 否　　　　　　　　　　C. 不清楚

（19）你坐在小房间里把门关上后，是否觉得心里不安？ （　　）

A. 是　　　　　　　　　B. 否　　　　　　　　　C. 偶尔是

（20）当一件事需要你做决定时，你是否觉得很难？ （　　）

A. 是　　　　　　　　　B. 否　　　　　　　　　C. 偶尔是

（21）你是否常常用抛硬币、玩纸牌、抽签之类的游戏测凶吉？ （　　）

A. 是　　　　　　　　　B. 否　　　　　　　　　C. 偶尔

（22）你是否常常因为碰到东西而跌倒？ （　　）

A. 是　　　　　　　　　B. 否　　　　　　　　　C. 偶尔

（23）你是否需用一个多小时才能入睡，或醒得比你希望的早一个小时？ （　　）

A. 经常这样　　　　　　B. 从不这样　　　　　　C. 偶尔这样

（24）你是否曾看到、听到或感觉到别人觉察不到的东西？ （　　）

A. 经常这样　　　　　　B. 从不这样　　　　　　C. 偶尔这样

（25）你是否觉得自己有超越常人的能力？ （　　）

A. 是　　　　　　　　　B. 否　　　　　　　　　C. 不清楚

（26）你是否曾经觉得因有人跟你走而心里不安？ （　　）

A. 是　　　　　　　　　B. 否　　　　　　　　　C，不清楚

（27）你是否觉得有人在注意你的言行？ （　　）

A. 是　　　　　　　　　B. 否　　　　　　　　　C. 不清楚

（28）当你一个人走夜路时，是否觉得前面潜藏着危险？ （　　）

A. 是　　　　　　　　　B. 否　　　　　　　　　C. 偶尔

（29）你对别人自杀有什么想法？ （　　）

A. 可以理解　　　　　　B. 不可思议　　　　　　C. 不清楚

以上各题的答案，选 A 得 2 分，选 B 得 0 分，选 C 得 1 分。请将你的得分统计一下，算出总分。得分越少，说明你的情绪越佳，反之越差。

总分 0～20 分，表明你情绪稳定，自信心强，具有较强的美感、道德感和理智感。你有一定的社会活动能力，能理解周围人的心情，顾全大局。你一定是个性情爽朗、受人欢迎的人。

总分 21～40 分，说明你情绪基本稳定，但较为深沉，对事情的考虑过于冷静，处事淡漠消极，不善于发挥自己的个性。你的自信心受到压抑，办事热情忽高忽低，瞻前顾后，踌躇不前。

总分在 41 分以上，说明你的情绪极不稳定，日常烦恼太多，使自己的心情处于紧张和矛盾中。

如果你得分在 50 分以上，则是一种危险信号，你务必请心理医生进行进一步诊断。

单元小结

本单元首先对情绪的一般概念、常见的分类、情绪的功能及作用做了简单的介绍；其次，介绍了大学生人群的情绪特点以及不同情绪对大学生心身的影响，同时简单描述了影响大学生情绪的主要因素；最后，介绍了大学生常见不良情绪的表现以及当出现不良情绪时采取哪些方法进行调适来减少不良情绪及其对心身健康的影响。

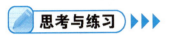 思考与练习 ▶▶▶

（1）大学生常见的不良情绪有哪些？

（2）健康情绪的标准是什么？

（3）如何调适常见的不良情绪？

（4）情绪对大学生有什么影响？

心理训练营

1. 了解你一天的情绪变化

（1）早上醒来，有什么感觉？今天你有可能遇到烦心事或是哪些挑战？

_____

（2）昨晚是否做梦了？如果有，梦给你留下什么感受？

_____

（3）回想今天，你主要的情绪是：快乐？沮丧？满足？怨恨？不耐烦？沉闷？疲惫？

_____

（4）回到宿舍或回到家感受如何：寂寞？释放？安详？

_____

（5）与亲人或朋友有什么情感交流吗？

_____

（6）晚上入睡时，是否还有什么情绪在头脑中漂浮？

_____

2. 体察身体的信号

情绪与身体反应对应表

情绪	身 体 反 应
恐惧	肠部肌肉收紧，血涌至脚部，手指温度下降
愤怒	前臂肌肉收紧，血涌至手部，手指温度上升
悲伤	喉头和胸部肌肉收紧，眼部发热和感受压力
快乐	全身充满动力，血涌至面部和手部

 思政学堂 ▶▶▶

影视推荐：纪录片《大国工匠》

推荐理由：以梦想坚守平凡，以奋斗创造不凡。有的人，能在牛皮纸一样薄的钢板上焊接而不出现一丝漏点；有的人，能把密封精度控制在头发丝的五十分之一；还有的人，检测手感堪比 X 光般精准，令人叹服。《大国工匠》讲述了在不同岗位上的劳动者用自己的灵巧双手，匠心筑梦的故事。他们凭借着脚踏实地、勤勤恳恳、兢兢业业、尽职尽责、精益求精等职业态度铸就了人生一番事业，实现了人生价值。

第五章
大学生人际交往

✏ **学习目标** ▶▶▶

（1）理解大学生人际交往的重要意义。

（2）掌握人际交往的原则和方法，构建和谐人际关系。

（3）了解大学生人际交往的特点。

（4）了解影响大学生人际交往的因素。

（5）正确认识网络人际交往。

✏ **思政目标** ▶▶▶

（1）和谐友善：树立正确的人际交往观念。

（2）增强自信：树立对国家、政府和组织的信任度。

（3）以人为本：引导大学生掌握人际交往的艺术。

📖 **引导案例**

新生想退学

在某重点高校就读的大一学生小蕾（化名）几次找到班主任要求退学。"小蕾写得一手好文章，还弹得一手好钢琴。入校不久，她就因文笔出众，被校内文学团体破格吸收为会员。"小蕾的班主任说。听说她要退学，大家都很吃惊。小蕾要退学的理由主要是觉得同学们瞧不起她，总在背后议论她，以至于她感觉"大家都挺虚伪的，一回到寝室，就胸口发闷"，甚至觉得"活着没意思"。老师们也描述说，当讲到这一点时，小蕾就变得烦躁不安，最后泪流满面。

人对环境的适应，主要是对人际关系的适应。有了良好的人际关系，人才有了支持力量，有了归属感和安全感，心情才能愉快。小蕾主要由于在适应大学的人际关系中遇到了挫折，在人际交往中出现人际关系的敏感问题，对同学比较敏感和多疑，心里感到紧张和不安，进而觉得自己与周围的人格格不入，产生心理压力。于是产生退学的想法。

第一节　大学生人际交往与人际关系

　　每个人都生活在人际关系的网中，每个人的成长和发展都依存于人际交往。对于大学生而言，无论是在学校学习，还是毕业后的职业生涯都需要人际交往。一般来说，具有良好人际交往关系的学生大都能保持开朗的性格、热情乐观的品质。相反，如果缺乏积极的人际交往，则容易产生精神上、心理上的巨大压力，难以化解的心理矛盾，严重的还可能导致病态心理，影响身心健康。

一、大学生人际关系和人际交往的内涵

　　人际交往是指人们在社会生活中交流信息、沟通感情、相互作用和相互知觉的过程。它表现为人与人之间的心理距离，反映着人们寻求满足需要的心理状态。人际交往具有两个最基本的特征，即沟通和相互作用。人际交往的直接结果是建立一定的人际关系，即人们在社会活动过程中所形成的建立在个人情感基础上的相互联系，也表现为人与人之间心理的关系。而这种关系一旦建立又反过来影响和制约着人们的交往。因此有的学者主张人际交往就是人际关系，是同一个概念，虽然前者强调动态的相互作用，后者强调静态的情感联系，但它们的本质都是指人与人之间的心理距离关系。

　　大学生人际交往的含义严格地说有广义和狭义之分。广义的人际交往是指大学生和与之有关的一切人相互作用的过程。这里作为人际交往主体的大学生，既可以是个体也可以是群体。同样地，人际关系的对象也可以是个体或者是群体。在这些人际关系中有的对大学生的身心具有举足轻重的影响，如大学生和父母家人、亲朋好友以及老师、同学之间的人际关系，有的作用却无关紧要，如大学生和那些偶然相遇的路人的人际关系。狭义的人际交往是指大学生在校期间和周围与之有关的个体或群体的相处及交往，它是大学生之间以及大学生与他人之间沟通信息、交流思想、表达感情和协调行为的互动过程。其中最主要的是师生交往和同学交往。

　　人际交往是由信息交流、动作交换和相互理解三个过程构成的复杂活动。

（一）信息交流

　　信息交流也叫人际沟通，指的是人与人之间在共同的社会活动中彼此交流思想、感情和知识等信息的过程。人们在交往中总要把自己的所见所闻告诉其他人，把自己的想法和感受告诉别人，同时也了解到交往对象的观点和态度，进而决定是否修正自己的观点或看法，改变其他人的观点，这就需要进行人际沟通。进行信息交流的手段有言语和非言语两种形式，因此可以将人际沟通分为言语沟通和非言语沟通两种。言语沟通是通过语言这种媒介而实现的信息交流，是人们对书面语言和口头语言的应用，是人际沟通的主要手段。非言语沟通是通过语言以外的媒介，主要是各种面部表情、

言语表情和身段表情而实现的信息交流。非言语沟通是言语沟通重要的补充形式，能起到增强表达、促进理解的作用。

（二）动作交换

人们在交往中除了运用各种手段进行信息交流外，还伴随着必要的动作。例如，商业活动中的"一手交钱，一手交货"、教学活动中的"手把手"、朋友相聚时的"抱成一团"、亲密接触时的"勾肩搭背""手挽手"等都是交往中的动作交换，有时人的交往不用说话，仅通过动作上的"你来我往"便完成了交往过程，甚至还有"此时无声胜有声"的效果。

（三）相互理解

交往中的相互理解是交往成败的关键。如果经过一番信息交流和动作交换以后双方都在思索"他这是什么意思"，那样的交往就未达到预期效果。正如俄国戏剧理论大师斯坦尼斯拉夫斯基所说，在和一个人交往时，首先要探寻他的心灵，他的内心世界。相互理解包括三个方面，即意义理解、情感理解和动机理解。理解对方所提供信息的内容，明白对方在表达什么，这是意义理解。根据对方提供信息的方式，领悟其表达方式中所包含的情感和态度，这是情感理解。而洞察其提供信息的意图，也就是明白对方为什么要表达这个信息就是动机理解。所以在交往中要善于"察言观色"，以实现真正的相互理解，避免因对信息的误解而导致误会，造成交往的障碍。

二、大学生常见的人际关系类型

根据不同的标准，可以将大学生的人际关系划分为多种类型：从人际关系的对象看，可以将大学生的人际关系分为同学关系与师生关系两类；从人际关系的密切程度看，可以分为融洽关系、冷淡关系、冲突关系三类；从人际关系的效应看，可以分为有益的人际关系、有害的人际关系、中性的人际关系三类；从人际关系的利益看，可以分为利益相关的人际关系、利益无关的人际关系两类；从人际关系的情感看，可以分为公事性人际关系、私人性人际关系两类。无论什么样的划分方式，对于大学生来讲，最主要的人际关系是师生关系和同学关系，还有因为参与校园管理和社会实践形成的工作关系。

（一）师生关系

教师与学生是大学校园里两大基本群体，教师与学生之间形成了教与学的特定关系。师生关系如何会直接影响到学生能否健康地学习和成长，并在很大程度上决定了学校能否对学生的身心施加符合社会要求的影响。教师是知识的传授者，是大学生人格模仿的对象，教师与学生的平等交往是师生共同成长的前提。同时师生关系也是一种业缘关系，是一种纯洁而无私的人际关系。有的学生承认，自己某门课程学得好是因为喜欢任课教师，如果自己讨厌一位教师，也就不想学他（她）教的课。但是大学的教学和学习方式同中学差别较大，一般情况下大学教师在上完课后会匆匆离开。这也就意味着大学生要主动抓住任何一个与任课教师交流的机会，如课间和答疑时间，弄清楚自己的疑问，否则只能自己想办法解决问题。大学生与辅导员、导师的关系也会影响学生的心理发展。辅导员、导师是专职做学生的教育管理工作的，具有较为丰富的生活和工作经验，对于解决大学生学习生活中遇到的问题具有较强的专业能力。能够主动与辅导员、导师联系的学生获得的指导更多、更直接，因而大学学习生活的效率和质量更高。而师生关系较为紧张的学生往往不能顺利得到成长所需要的有效信息，错失面对面获得指导和帮助的机会，将会在某些特殊情况下陷入孤立无援的境地。因此，保持良好的师生关系对大学生来讲至关重要。

（二）同学关系

同学是大学生交往的基本对象，也是大学生人际交往的主要对象。大学生之间的交往是最普遍，也是最微妙和复杂的。一方面，大学生年龄相仿，经历相似，兴趣爱好相近，沟通与交往容易；另一方面，大学生来自不同的地域，有不同的家庭背景，生活习惯、个性气质也存在较大差异，再加上大学生空间距离小，交往密度高而且自我空间狭小，而大学生普遍对人际交往的期望较高，一旦发生人际冲突，容易采取消极退避或极端冲动的态度。因此，同是大学四年的同学，会表现出截然不同的结果。比如，有些同学虽朝夕相处，同窗数载，但彼此之间处于一种冷漠状态，突出表现为习惯于一个人独来独往，缺少知心朋友，很少与其他同学交流，内心之处却深感孤独，渴望朋友的关心与支持。少数大学生个体之间处于相互排斥状态，彼此心存怨恨、敌视对立、关系紧张，火药味儿十足。在这种状态下，学生之间为了小事、为自尊心受损或为恋爱纠葛而互相攻击、争吵，个别严重的甚至大动干戈，发生暴力冲突。大学生人际关系中的冷漠关系和冲突关系不但有害自身的身心健康，而且影响自身的学习、生活和健康成长。

（三）工作关系

在大学生活中，大学生在学习相关文化知识的同时，一项很重要的任务就是加强与社会的接触，提高自己多方面的能力，为将来走向社会积累经验。在这个过程中，很多学生会选择加入学生会或者学生社团，与其他学院、专业的学生因为工作关系建立起交往的关系，与学生干部之间在某种意义上形成了"上下级关系"。另外，还有一部分学生利用闲暇时间参与一些社会实践活动，如从事家教、促销等勤工俭学活动，这个过程中会和一些同样从事这些工作的陌生人建立临时的工作关系，也会同服务对象建立工作关系。

除此之外，大学生人际交往现状中还有一个现象是不容忽视的，即大学生的网络人际交往。网络人际交往给大学生的生活方式、价值观念带来的挑战和改变是前所未有的，他们可以通过互联网进行聊天、交友、游戏、娱乐。现在，随着移动手机业务的发展，智能手机在大学生中已经普及，大学生热衷于通过智能手机中的即时通信软件随时随地进行交流互动，大大增加了学生之间交往的频次和扩大了交往的空间范围。在这个过程中表现出不同于普通人际交往的特点，即交往角色的虚拟性、交往主体的平等性、交往心理的隐秘性、交往过程的弱社会性和弱规范性、交往动机的多样性等。这种交往方式可以大大拓宽大学生的人际交往范围，让大学生结识更多的朋友，但也使大学生在交往中摆脱现实交往中的道德约束和行为规范，放纵自己的行为，产生诸多网络道德问题，甚至因言行不当触犯法律。在现实生活中，也经常发生大学生因为网络交友不慎，遭到诈骗、绑架、侮辱，甚至失去生命的案例，应该引起广大大学生的警惕。

三、大学生人际交往的重要意义

（一）人际交往是维护大学生身心健康的重要途径

1. 人际交往影响大学生的生理和心理状况

处于青春期的大学生，思想活跃、感情丰富，人际交往的需要极为强烈，人人都渴望真诚友爱，大家都力图通过人际交往获得友谊，满足自己物质和精神上的需要。但新的环境、新的对象和新的学习生活，使一部分学生的心理矛盾加剧。此时，积极的人际交往、良好的人际关系可以使人精神愉快、情绪饱满、充满信心、保持乐观的人生态度。一般来说，具有良好人际关系的学生，大都能保持开朗的性格、热情乐观的品质，从而正确认识、对待各种现实问题，化解学习、生活中的各种矛盾，形成积极向上的优秀品质，迅速适应大学生活。相反，如果缺乏积极的人际交往，不能正确地对待自己和别人，心胸狭隘，目光短浅，则容易形成精神上、心理上的巨大压力，难以化解心理矛盾。严重的还可能导致病态心理，个体如果得不到及时的疏导，可能形成恶性循环而严重影响身心健康。

2. 人际交往影响大学生的情感和情绪变化

大学生正处在人生的黄金阶段，在心理、生理和社会化方面逐步走向成熟。但在这个过程中，一旦受到不良因素的影响，就容易产生焦虑、紧张、恐惧、愤怒等不良情绪，影响学习和生活。实践证明，友好、和谐、协调的人际交往，有利于大学生对不良情绪和情感的控制和发泄。

3. 人际交往影响大学生的精神生活

大学生情感丰富，在紧张的学习之余，需要进行彼此之间的情感交流，讨论理想、人生，诉说喜怒哀乐。人际交往正是实现这一愿望的最好方式。人际交往可以满足大学生对友谊、归属、安全的需要，可以更深刻、更生动地体会到自己在集体中的价值，并产生对集体和他人的亲密感和依恋之情，从而获得充实的、愉快的精神生活，促进身心健康。

（二）人际交往是大学生成长成才的重要保证

1. 人际交往是交流信息、获取知识的重要途径

现代社会是信息社会，信息量之大，信息价值之高，是前所未有的。随着信息量的扩大，人们对拥有各种信息和利用信息的要求，也变得越来越严格。通过人际交往，我们可以相互传递、交流信息和成果，使自己积累经验，增长见识，开阔视野，活跃思维，启迪思想。

2. 人际交往是个体认识自我、完善自我的重要手段

孔子曾说过："独学而无友，则孤陋而寡闻。"人际交往，可以帮助我们提高对自己的认识，以及自己对别人的认识。在人际交往的过程中，彼此从对方的言谈举止中认识对方。同时，又从对方对自己的反应和评价中认识自己。交往面越宽，交往越深，对对方的认识就越完整，对自己的认识也就越深刻。只有对他人的认识全面、对自己的认识深刻，才能得到别人的理解、同情、关怀和帮助，自我完善才可能实现。

3. 人际交往是集体成长和社会发展的需要

人际交往是协调集体关系、形成集体合力的纽带。而良好的集体能促进学生优良个性品质的形成。如正义感、同情心、乐观向上等，都是在民主、和睦、友爱的人际关系中成长起来的。良好的人际交往还能够增强学生集体的凝聚力，成为集体中最重要的教育力量。人际交往是人与人之间的一种互动。良好的人际交往是积极向上的，有利于个体健康发展。

4. 人际交往是加快大学生社会化进程的必要前提

大学是大学生走向社会前的一个驿站，大学生的交往性质和水平，直接影响着他们社会化的水平。在这个阶段里，所有大学生都在认真把握每个即将走向社会的关键时刻，使自己尽量多地开展人际交往活动，锻炼自己的人际交往能力，为自己的未来人生道路铺平最重要的基石。

5. 人际交往是大学生不断取得成功的重要因素

人际交往的和谐不仅有利于大学生提高学习和工作效率，而且有利于合作意识和全局观念的形成。大学生只有在学习工作中互相取长补短，互相支持，团结协作，集大家的聪明智慧共同奋斗，才能更好地得到锻炼，才能获得社会的认可，受到他人的尊重，为取得未来事业的成功做好准备。

第二节　大学生人际交往的原则

一、大学生人际交往的特点

（一）交往需求迫切

许多大学生都是第一次远离自己家乡和父母亲人，刚刚步入大学校园难免会感到孤独和彷徨，面对陌生的城市、全新的环境，大学生往往更加迫切地去寻找志同道合的朋友，更加愿意与他人交往来减轻自己的紧张感。大学生刚刚走出高中校园，对大学生活非常

大学生人际交往的特点

憧憬，加上大学生普遍思维活跃、精力充沛、兴趣爱好广泛，他们对人际交往的需求也普遍偏高。他们非常愿意表现自己，希望得到别人的认可与尊重，大学校园也为他们提供了交往的平台，解决了大学生迫切的人际交往需求。

（二）交往注重平等原则

大学生随着自身社会化的不断发展，自我意识逐渐加强，别人对自己的认可与尊重变得非常重要。大学生逐渐成熟，能够承担自己的社会责任，对交往的公平性也要求非常高。大学生拥有自己独立的思想，自身素质也普遍较高。对于交往的公平性，他们有自己的准则。在与同辈相处时，这种注重公平性的交往原则表现得更加突出。虽然大家来自五湖四海，性格和生活习惯等多个方面也各不相同，但是他们在进行交往的过程中都下意识地注重平等原则。他们不仅仅是公平地对待每一个人，同时也希望自己能够得到同等的尊重与理解。那些目无尊长、不尊重他人、常常以自我为中心的人往往没有人愿意与他接触并成为朋友。

（三）交往注重情感需求

大学生还没有完全地进入社会，相比与在社会上饱经风霜的人单纯很多，他们的人际交往更注重情感的需求。年轻人往往是感性、情感丰富的，他们对精神上的需求比物质上的需求大。大学生的主要经济来源是父母亲人，他们不知赚钱的艰辛，对金钱的追求并不迫切。大学生群体主要交往的对象是师长与同学，交往过程中目的往往很单纯、功利性不强。大学生愿意与自己志同道合的人当朋友，消除自己的孤独，也有对爱情的向往，想追求纯洁的爱情。

（四）交往独立性强

大学生在没离开父母之前，父母或多或少地对自己与别人的交往进行过干涉。例如，有些家长把自己的看法强加于孩子，认为孩子应该和学习成绩优异的孩子交往。等到了大学，大学生更加独立，父母对自己的管束也相应变小。大学生有自己选择交往对象的权利，在与别人的交往过程中有着自己的交往准则。大学生可以按照自己的兴趣爱好与行为准则来与别人交往，形成自己的社交圈。加上大学生交往

家庭与健康心理

的对象主要以同龄人为主，交流起来更加容易，大家都更愿意注重交往的独立性。

（五）交往的开放性

大学生思想更为开放，更容易接受新鲜事物，加上现在互联网的快速发展，交往不仅仅局限于自己的生活圈子，在网上也可以认识不同的人。网上交往不受地域的限制，更加扩大了大学生的交友圈子。大学生在没上大学之前，老师和父母都不同意自己与异性过于亲密。等到了大学，大学生可以追求爱情，与异性的接触也比以前更加

开放。大学生在交往的过程中会接触到五湖四海的人，虽然大家来自不同的地方、性格和习惯也不相同，但这些并不能阻碍大家之间的交往，反而会使大学生的眼界更为开阔。随着不断地深入社会，大学生的人际交往网络也随之扩大。

（六）交往的多元化

大学生与他人交往过程中的多元化主要体现在三个方面：第一，交往途径的多元化。随着社会的进步与科技的发展，互联网进入千家万户。大学生接受新鲜事物的能力强，因此交往途径不仅仅只是社团、寝室、班级等现实群体，如 QQ、微信、人人网、微博等虚拟社会也成为大学生交往的途径。第二，交往对象的多元化。大学生都是来自不同的城市甚至国家，自己接触的不再是自己家乡的人。逐步迈入社会，接触的也不是只有老师和同学，也会接触到社会上形形色色的人。第三，交往内容的多元化。大学生在还未步入大学校园之前，交往的内容往往与学习、升学、生活琐事有关。等到了大学，交往内容不仅仅是与学习有关，大学生可以花更多的时间在自己的兴趣爱好上面，为了自己的前途也会接触与自己所学专业有关的人。接触社会的时间越长、人生阅历越多，交往的内容也会越丰富。

二、影响大学生人际交往的因素

（一）社会背景

社会背景包括社会地位、社会角色、个人身份、年龄及性别等方面。不在一个生活圈子里，双方都不能理解各自的生活习惯和价值观。因此，社会背景必然会对大学生的人际交往产生影响。

（二）文化背景

文化背景包括文明差异、地域文化、交往的语言、风俗习惯、个人的受教育程度及文化素质等方面。不同的地域文化导致不同的生活环境、语言习惯、生活习惯和行为也不同。比如，出国留学的大学生会经过很长时间的适应才能融入新的社会，会花更长的时间去融入新的群体与别人建立人际关系。个人的受教育程度及文化素质不同会导致人与人在相互交往的过程中找不到共同话题，影响双方之间的交流。

（三）思想观念

思想观念包括个人的兴趣爱好、理想、信念及价值观等方面。"道不同不相为谋，志不同不相为友。"在人际交往的过程中，大学生往往愿意同那些与自己思想观念相似的人来往，建立良好的人际关系。思想观念是影响大学生人际交往的基本因素。

（四）认知因素

在人际交往的过程中，大学生的自我认知、对他人的认知及对交往本身的认知都会对其产生影响。在人际交往的过程中，大学生应该对自己进行恰当的自我评价，如果对自己的评价过高则会出现骄傲自满、轻视交往对象的现象；如果对自己的评价过低可能出现自卑、与别人交往总觉得低人一等的现象。大学生在对交往对象进行认知时也要保持客观公正，避免错误地对他人进行认知。在对交往本身的认知上，如果大学生在人际交往过程中只是为了满足自身的物质需求，那么在交往中就会充满功利性；如果在交往的过程中常以自我为中心，只为了满足自身的需求，而不去关心别人的需求，则不能建立良好的人际关系。

（五）情绪因素

在大学生与别人交往的过程中，情绪因素会影响双方之间的交往。在交往过程中情绪过于激动或过于冷静都会影响双方之间建立情感。如果在交往的过程中过于激动，可能给人一种不成熟、意气用事的感觉；如果在交往的过程中过于冷静，可能给人一种轻视别人、不把别人放在眼里的感觉。大学生社会经验少、阅历不够丰富，在与别人的交往过程中容易掌握不好情绪，不利于人际关系的建立。

（六）时间因素和空间因素

时间因素是指大学生与交往对象交往的机会与频率。双方交往的机会和频率越多，双方会更加了解彼此，更容易建立良好的人际关系；如果双方交往的机会少、频率低，那么双方对彼此就不会有很深的了解，不利于建立良好的人际关系。空间因素是指大学生与交往对象距离的远近。在大学生活中，大学生往往与寝室的室友关系比较近。因为彼此距离比较近，在生活中接触的机会比较多，所以容易建立良好的人际关系。

三、大学生人际交往的原则及技巧

（一）大学生人际交往的原则

1. 平等原则

在大学生人际交往的过程中，平等地对待他人是大学生人际交往的基本准则。人没有高低贵贱之分，每个人生来都是平等的。大学生希望在与他人的交往过程中得到平等待遇，双方能够平等相处。尽管每个人的社会背景、文化背景、生活水平都不同，但在交往过程中不能差别对待，应该平等对待每一个人。

2. 尊重原则

尊重是指认可并理解他人本身及他人对待事物的态度和观念。尊重他人是一种高尚的美德，是个人内在修养的外在表现。尊重他人是一个人的政治思想修养好的表现，是一种文明的社交方式，是顺利开展工作、建立良好社交关系的基石。大学生刚刚步入成年阶段，想要得到别人尊重的意识非常强烈。我们在与别人交往的过程中要有礼貌，注意自己的形象并使用礼貌用语，要时刻谨记尊重他人。"爱人者，人恒爱之；敬人者，人恒敬之。"尊重是相互的，你尊重别人，别人也会尊重你。

3. 真诚原则

古人云："以诚感人者，人亦诚而应。"在人际交往过程中，双方只有坦诚相待才会变成真正的朋友。真诚是一种美好的品质，大学生在人际交往过程中要真诚地对待他人。

4. 宽容原则

宽容是指宽以待人，容人大量。宽容是善待别人，更是善待自己。宽容给了别人一个反省改过的机会，给了自己一个无怨的心情。怨恨只能让我们的心灵生活在黑暗之中；而宽容，却能让我们的心灵获得自由，获得解放。孔子的学生子贡曾问孔子："有没有一个字，可以作为终身奉行的原则呢？"孔子说："那大概就是'恕'吧。""恕"，用今天的话来讲，就是宽容。大学生年轻气盛、容易冲动，在与他人交往过程中难免出现矛盾。退一步海阔天空，人无完人，每个人都有缺点。大学生在人际交往过程中要学会宽以待人，接纳他人。对于他人出现的错误要包容并且帮助他改正，这样才能与他人建立诚挚的友谊。

5. 诚信原则

诚信从古至今都是人们所推崇的道德规范。诚信是对自己所做承诺的坚守，是一种人际间的契约关系。无论是国与国之间的外交、商人之间的交易还是朋友之间的交往都离不开诚信。对于大学生来说，诚信更是尤为重要。如果一个人在大学时代就缺乏诚信，以后便很难立足于社会。北宋词人晏殊，素以诚信著称。他十四岁时，有人把他作为神童举荐给皇帝。皇帝召见了他，并要他与一千多名进士同时参加考试。晏殊发现考试题目是自己十天前刚练习过的，便如实向真宗禀告，并请求他为自己改换其他题目。宋真宗非常赞赏晏殊的诚实品质，便赐他"同进士出身"的美誉。晏殊以诚信待人，终得皇帝赏识。

6. 适度原则

大学生在人际交往的过程中，要遵循适度原则。适度原则指我们在交往的过程中要与他人保持适当距离与空间。每个人都需要自己的个人空间，如果触碰到了他人的隐私空间，便会使他人觉得不舒服、不安全，甚至开始恼怒，不利于人际交往。尽管我们有着良好的愿望，希望自己所拥有的人际关系亲密度越高越好，但还必须记住"亲密并非无间，美好需要距离"。为了遵守适度原则，大学生在人际交往时要注意以下两个方面：与人交往要尊重别人的隐私；与人交往要注意人际距离。只有掌握恰当的人际距离，才能避免给他人造成困扰。

拓展阅读

四种人际空间距离

美国人类学家爱德华·霍尔博士认为，彼此间的自我空间范围是由交往双方的人际关系与他们所处的情境来决定的。据此，他划分了四种距离，每种距离分别对应不同的双方关系。第一种是亲密距离。这是人际交往中的最小距离，甚至被叫作零距离，就是人们常说的"亲密无间"，它的近范围是在 6 英寸（约 0.15 米）内。现实生活中，这种距离主要出现在最亲密的人之间。第二种是个人距离。这是在人际交往过程中稍有分寸感的距离，在此距离内，人们相互之间直接的身体接触已不多，其近范围在 1.5～2.5 英尺，是熟人之间的距离。第三种是社交距离。它和个人距离相比，又远了一步，体现的是一种社交性或者礼节上的比较正式的关系。其近范围是 4～7 英尺，这是人们在工作场所和社交与他人的距离。第四种是公众距离。这种距离是在公开演说时演说者和听众之间保持的距离，它的范围一般在 12～25 英尺（3.7～7.6 米），其最远范围在上百英尺以外。这是一个基本上能够容纳所有人的"门户开放"空间。在此空间内，人们可以相互之间不发生任何联系，甚至人们完全可以对处于此空间内的其他人"视而不见"，不与他们交往。在人际交往时，双方之间相距的空间距离是彼此之间是否亲近、友好的重要标志。所以，在人际交往中，选择正确的空间距离非常关键。

7. 互利互惠原则

大学生在人际交往过程中要学会运用互利互惠原则。每个人在生活中都会遇到困难，互相帮助才能渡过难关。"患难见真情"，在相互帮助的过程中双方的关系会越来越亲密。人不能一味地索取，也不能一味地付出。一味地索取会让你失去朋友，一味地付出会使自己心理失衡。因此，互利互惠原则在大学生人际交往过程中起着不可替代的作用。

（二）大学生人际交往的技巧

1. 善用奖赏：赞美的技巧

赞美，在人际交往中可以拉近人际的距离。真诚的赞美不但会使被赞美的人产生心理上的愉悦，而且可以使赞美的人经常发现别人的优点，从而使自己对人生持有乐观、欣赏的态度。美国学者布吉林教授等人，曾经提出一条在人际交往中成为受欢迎的人的"三 A"法则。第一个 A（Accept）：接受对方；第二个 A（Appreciate）：重视对方；第三个 A（Admire）：赞美对方。虽然人都喜欢听赞美的话，但并非任何赞美都能使对方高兴。能引起对方好感的赞美，只能是那些基于事实、发自内心的赞美。相反，你若无凭无据、虚情假意地赞美别人，对方不仅会感到莫名其妙，更会觉得你油嘴滑舌、诡诈虚伪。因此，大学生在人际交往中，对他人的赞美应从具体的事入手，善于发现别人哪怕是最微小的长处，并不失时机地予以赞美。赞美用语越翔实、具体，越说明你对对方越了解，对他的长处和成绩越看重。让对方感到你的真挚、亲切和可信，你们之间的距离就会越来越近。

2. 学会拒绝：情商大考验

大学生在日常人际交往中难免遇到不符合自己意愿的要求，为了不委屈自己，要学会拒绝。恰当、得体、不伤害的拒绝无疑是对个人情商的一种考验。拒绝的能力往往与自信紧密联系，缺乏自信和自尊的人常常为拒绝别人而感到不安，而且有一种别人的需求比自己的更重要的倾向。下面分享五个建议。

（1）简单回应。如果你要拒绝，就应坚决而直接。使用短语拒绝，如"感谢你看得起我，但现在不方便"或"对不起，我不能帮忙"。尝试用你的身体语言强调"不"，无须过分道歉。

（2）给自己一些时间，你会更有信心去拒绝别人。

（3）区分拒绝与排斥。记得你是拒绝请求，而不是排斥一个人。

（4）不要感到愧疚。你有拒绝的权利，就像他们有权利要求你帮助一样。有时拒绝别人是让他们学会为自己负责。

（5）做回自己。要明确和坦白你真正想要的是什么，要更好地认识自己。

3. 提高共情能力：我心同你心

共情能力是能够理解别人的想法、感受，并将这种理解和体会反馈给对方的能力。共情能力不仅仅是个人心理活动的表现，也是一个生理过程的表现。很多时候一个人会说别人无法感受自己的行为，其实不是的，当他打哈欠的时候，身边的人可能会被感染也会打哈欠，当他看见笑脸的时候，也会不由自主地展现笑脸。人体神经系统中有一群被称为"镜像神经元"的神经元细胞，它可以让人们体验到别人的情感。

研究发现，共情能力高的人，他们的人际关系质量更高，对人际关系更满意、更能体验到亲密感和信任感，他们的幸福感也更高，能够从分享他人的积极情感中获益，会有更多的积极情绪，对生活的满意度也更高。此外，积极共情能力能够提升他们的个人资源（如韧性），让人们更好地迎接生活的挑战和机遇。

共情能力也是可以通过训练而提高的能力，方法如下：

（1）个人愿意。你是否真的愿意去理解他/她？去关注他/她所说的？去体会他/她的感受？

如果是，那么恭喜你，你已经迈出了提高共情能力的第一步。

（2）倾听。倾听是共情能力的基础。个人只有了解了对方在说什么，才能更好地理解对方，因为自己的想法往往会阻碍自己理解对方。当你的朋友在向你诉说一件最近遇到的烦心事的时候，你只需要静静地倾听，不要发表自己的意见，只用"嗯""哦""这样"等简单的方式回应你的朋友，表明你在听。等朋友诉说结束后，你可以向朋友反馈你所听到的内容，看看他的反应如何，如果他愿意继续跟你谈论，那么恭喜你，你的倾听能力有进步了。

（3）关注情绪。非言语信息往往比言语更能准确地告诉人们对方的真实感受，因此，你需要学会准确地识别情绪，以便更好、更真实地理解对方，快速地抓住对方想表达的重点。

（4）换位思考。你要尽可能地站在他人角度来考虑问题。设想如果自己处于对方的情境，会怎么想，怎么做，有什么样的感受，用对方的思维来考虑问题。要做到这一点，你需要真正地去了解对方的处境、遭遇、背景等。

（5）将你的理解和体会反馈给对方。你在理解别人的想法和感受后，还应该学会反馈。你要将积极正面的情绪带给别人，这样不仅会使自己的人际关系质量更高，而且自己的主观幸福感也会更高。

第三节　大学生网络人际交往与心理健康

网络人际交往是一把双刃剑，一方面为大学生心理健康提供了前所未有的机遇，另一方面也对大学生心理健康提出了严峻的挑战，它易引起大学生的各种心理障碍和心理疾病。那么，网络人际交往对大学生的心理健康有何影响呢？

网络是现代文明的产物，它突破了传统的文化束缚，为人类的生活开辟了一个新的领域，改变了许多人的生活方式、人与人及人与社会的交往模式，从而改变了许多传统的道德观念和行为方式。了解网络人际交往，这对建立新型的人际关系，更好地为人类的生活服务是十分有益的。

一、网络人际交往的特点

首先，便利性网络改变了人际沟通的途径，它使人们由面对面的互动交流转换为大众化的交流，这决定了网络通信的普遍性。在以往，时间和空间的限制一直是人们交流的主要障碍，然而在网络时代，这个问题已不复存在。人们在互联网上可以随意与人对话，而现实生活中的人际交往是直接实在的、一对一的、人与人之间的，而不是网络与网络之间的。

其次，广泛性沟通使得人们的交往空间扩大，人际沟通的时效性、便利性和准确性提高，有利于其建立和发展良好的人际关系，对人们的心理健康发展是有益的。传统的人际沟通往往局限于现实生活的个别小圈子，而网络交往打破了地理空间的限制，让整个地球变成一个"地球村"，它可以使人们在家里很快、很方便地寻找到沟通对象，不受礼貌、情感、道德和责任等约束。网络不仅使社会的便利性提高，社交范围扩大，还解决了一些有特殊困难和交往障碍的人的社会问题，为他们提供了一个新的人际沟通的平台。

再次，在现实生活中，人与人之间的交往是真实的，一对一的。网络关系是模糊的，沟通主体是不确定的，仿佛在虚拟与真实之间变换。网络交流、沟通不再是一般的社会行为，还带来了许多的政治、法律、伦理和其他方面的社会问题，这直接影响到人与人的沟通，也反映了网络的利弊。网络提供了一个特殊的平台，其特殊性决定了网络人际交往不同于真正的社会生活。

最后，平等性网络赋予人与人之间新型的关系。网络人际关系完全超越了人们在现实生活中社会阶层、地位、职业、性别的差异，人与人之间实现了真正的平等。在现实生活中，因为环境、社会分工、性别等不同，从而产生不同的身份，且人与人之间的文化层次、财富和地位的差异，造成了人际交往的不平等。

二、网络人际交往对大学生心理健康的正面影响

随着网络技术的迅猛发展，网络人际交往在大学生的日常生活中占据了越来越重要的地位。这一新型的交往方式不仅极大地拓宽了大学生的社交圈子，还对他们产生深远影响。

第一，对大学生而言，网络人际交往的全球性和超时空性，扩大了人际交往的圈子，有助于建立良好的人际关系网络，可满足人际交往的需要、归属的需要、获得成就的需要和自我超越的需要。网络交往可推动青少年人格向独立性、平等性、个性化和开放性发展。在国内调查中，认为网络可扩大交往范围，填补心灵空虚的大学生占51.7%。国外的研究发现，互联网作为社交工具，增加了与他人的交往和沟通，给用户以归属感和人性支持。在传统的交往方式下，个体的人际交往常常囿于实际生活狭小的圈子。网络社会的大学生却可以跨越千山万水，突破地域空间的限制，让整个地球变成一个小小的村落，真正实现"我们的朋友遍天下"。它可以让人足不出户在数秒之间找到多年挚友，而免去了彼此的客套、试探、戒备和情感道义。另外，网络人际交往匿名性的特点，使其比较容易突破年龄、性别、地位、身份、外貌美丑等传统的人际交往因素的限制，建立更为和谐、民主、平等的人际关系。

第二，网络人际交往的隐蔽性，能够克服现实交往的尴尬和羞怯等。在网络中每个人以网络代号的身份（网名），通过网上聊天室等方式，可以无拘无束地、毫无顾忌地充分展示你的个性。在网上聊天室中，你随时可以找到陌生的异性网友聊天，随意地聊几句，聊得来就继续，聊不来则随时可以中断，一走了之。这中间甚至无须什么开场白或客套话，就可以直截了当，说出自己心中想说的话或问题。网络人际交往的隐蔽性，使得其人际交往变得无拘无束，人性中的情感交流的本能和个性得以充分张扬。

第三，网络人际交往的平等性，能够克服现实交往中的地位、身份等的不平等和利益的冲突。友情的基础是平等、互惠的，是平等基础上的互惠。这种平等首先是在精神地位上的平等，其次是相互之间没有利益冲突。这两点在传统的人际交往中很少能同时具备，而这在网络世界中只是轻而易举的小事；另外，在现实生活中人们的交往无不事先就局限在双方特定的身份关系中，如亲戚、同事、上下级、同学关系等。

在网络人际交往中，不论你在现实生活中的身份是何等显赫，或者是家财万贯，但到了网上，你同其他任何人一样无任何特权，只不过是一个符号（网名）而已，其他一切都被省略，都集中到语言和思想的交流上。

第四，网络人际交往的虚拟性和神秘性，能够克服现实交往的直接、刻板，增加朦胧感和浪漫色彩。网络的神秘和虚幻，使网络具有难以抵挡的诱惑力和吸引力；网络空间的距离会使人产生一种朦胧的美感，为想象提供足够的空间。网络虚拟群体允许使用匿名，可把原来不能表达出来的情感表达出来，可以找到志同道合的朋友，产生群体的归属感，增强自我接受的体验。匿名的互联网环境还可为内向与神经质的人提供一个感觉较为安全的讨论平台，降低其情感上的孤独。

此外，由于网络的开放性、虚拟性，大学生参与其中，只是一个数字符号，因此在人前的面具被摘除了，真实的内心得以袒露，现实生活的种种压抑与苦闷在这里可以尽情倾诉。这为大学生不良情绪的宣泄提供了有效的途径，增强了大学生的自信心，激发了他们的想象力和创造性，有利于提高他们的心理健康水平。

三、网络人际交往对大学生心理健康的负面影响

首先，网络人际交往的间接性淡化了在现实生活中交往的广度和深度。网络人际交往是以文字为载体的间接性交往，不存在上下级、长晚辈之间现实的直接性交往。许多大学生往往在网络中可以与陌生伙伴侃侃而谈，但却回避直接接触。一些大学生整日与电脑打交道，家庭成员之间、邻居之间、同学朋友之间的感情联系淡薄，对现实社会生活中的他人与社会的幸福漠不关心，他们感到在网络世界获得的快乐要比现实世界多，便把更多的时间和精力投入网络交往中，从而减少参与日常社交活动的时间。在现实生活中遇到挫折时更倾向于在信息网络中寻找安慰。这种网络交往逐渐使他们丧失现实交往的技巧，导致人与人之间疏远，关系变得紧张、孤僻、冷漠等。

其次，网络人际交往角色的虚拟性及其间接性容易引发心理信任危机和人格障碍。网络里的聊天室等虚拟社区以匿名或化名方式进行的网络交往，无法规范人们言论的真实性，甚至公开承认和认可交往者的虚假言论。这使很多大学生抱着游戏的心态进行网络交际交往，不仅自己撒谎面不改色，对他人言论自然也是毫无信任感可言。网络人际信任危机可能会影响到大学生现实的人际交往，导致在现实交往中对他人真诚性的怀疑和自身真诚性的缺乏，进而影响自己与他人良好关系的建立和发展；同时交往角色的虚拟性和心理交流的间接性也可能使大学生免除承担任何责任的心理负担，因而可能在网上表现得异常真实和坦率。从大学生网络交往来看，不少大学生在网上是活跃分子，但现实中的他们却是性格内向者。事实上，网络一方面为性格内向者提供了人际交往的大舞台，但另一方面也使他们在"台下"变得更加内向，特别是一些性格孤僻者，一旦发现在网上寻找知己比现实更容易，就会沉溺其中，离开网络后就变得失落，远离周围的伙伴，更不愿与人交往，长期下去可能会导致双重人格出现。

再次，网络人际交往主体的弱社会性和弱规范性，容易引发大学生的焦虑心理。网络交往主体不再是在现实中受社会传统和规范约束的行为者，他们无所不为的网上行为特征，使网络安全问题显现出来。他们时刻担心自己的个人隐私被偷窃；担心电子邮件后面的病毒；担心从网上走到自己身边的"熟悉的陌生人"。层出不穷而又形形色色的网络病毒、黑客等使人们应接不暇、身心疲惫。大学生因上网而引发的安全焦虑问题已经相当普遍。网络暴力和网络黑客事件也经常发生，有些大学生因害怕网上个人隐私和自己的电子邮件被别人偷看，或是担心自己的电脑遭受网络病毒破坏和黑客攻击，特别是面对网上恐吓、暴力、欺诈或是陷入"网恋"陷阱和遭受网上性骚扰时，经常会让他们感到惊恐不安和无所适从，产生安全焦虑。

最后，网络人际交往的虚拟性和真实性，容易产生情感问题，从而影响其心理健康。网络交往给大学生提供了一个虚拟性和真实性并存的情感环境。大学生一方面可以在网上大胆而直接地与异性交往，但另一方面这种真真假假、半真半假、时真时假的交往，则又对大学生心理情感的健康发展产生较大的负面影响。大量的事实表明，网络爱情起源于网上的偶然相遇和突然迷恋。网上的偶然相遇虽不是面对面的，但通过电脑（文字或语言聊天室）聊天等方式也能彼此密切联系，相互间最大化地进行感知和审视，往往会出现"一见钟情"。这种网上的"一见钟情"是一种理想化的情感状态，常常是不成熟的。从大量的网上调查来看，大学生网络交往的情感问题常见的有：一是在现实中遭遇失恋或其他挫折时，上网寻求心理寄托和解脱。二是对网恋的虚幻性缺乏认识或认识不足，从而过分相信网恋，付出太多，感情受到极大伤害。三是出于对网恋真实性的怀疑，从而玩弄感情。四是网络交往的虚拟性和缺乏责任感，使婚外恋和多角恋正越来越得到青少年的认同。五是现实时空的局限，使网恋的成功率较低，从而造成感情投入后的情感挫伤。可见，网恋对大学生心理的冲击和影响是不言而喻的。

四、正确引导对网络人际交往的认识

（一）大学生要全面认识和理智对待网络人际交往

大学生在肯定网络人际交往的积极作用时，要正视网络人际交往的负面影响，尤其对"网络人际交往成瘾症"的消极影响要有清醒、正确的认识。英国诺丁汉大学心理专家麦克·格里弗斯博士认为，过分迷恋上网有损身心健康，严重的会导致心理变态，危害程度不亚于酗酒或吸毒，患者的行为与吸毒成瘾类似，一接触互联网就兴奋异常，没机会接触就寂寞难耐。可见，网瘾问题的心理危害不容小觑。

（二）大学生要自觉树立正确的网络人际交往观念

网络人际交往虽然在一定程度上有助于大学生宣泄不良情绪，但大学生要学会区分网络社会和现实生活的界限，不要沉溺于脱离现实的虚幻网络世界，而把网络人际交往当作逃避生活问题或者调适消极情绪的主要工具。

（三）大学生要养成良好用脑和理智上网的习惯

首先，应科学安排上网时间，明确网络人际交往目标。上网之前应把具体要完成的工作列在纸上，避免成为"网络人际交往的迷途羔羊"。其次，要控制上网时间，每天操作累积不应超过 5 小时，连续操作 1 小时后，应休息 10 分钟左右。最后，应设定强制关机时间，准时下线。

（四）大学生要培养健康、成熟的心理防御机制

学会用转移和替代的方式摆脱网络人际交往成瘾，要不断完善自己的个性，培养广泛的兴趣、爱好和较强的个人能力，只有这样才会形成成熟的心理防御机制，不会一味地躲在虚拟世界中，逃避失败与挫折。程度较重的网络人际交往成瘾者，可以通过多种心理治疗法达到治愈目的。比如，采用直接隔断法或寻求专业的心理咨询与心理治疗的帮助。同时，要学会劳逸结合，用每个人所特有的爱好和休闲娱乐方式转移注意力，使其暂时忘记网络人际交往的诱惑，减少对网络的依赖。

（五）大学生要自觉增强对网络人际交往的安全防范意识和社会公德意识

网络人际交往同现实人际交往一样，不可能是一片净土。欺骗、色情、人身攻击、反动言论等都可能使大学生受到伤害。大学生一定要自觉遵循网络人际交往的"游戏规则"，自觉抵制形形色色的不良网络行为；自觉接受道义、自律和网络规则的约束，努力倡导网络人际交往的自尊、自爱、自律、自觉的新风尚。此外，学校、社会、家庭应营造良好的网络人际交往环境，建立网络人际交往安全体系，使之为学生成长、成才提供服务，同时，教师和家长也应提高自身的网络素质，给予学生正确的引导和帮助。

 拓展阅读

网络综合征

网络综合征（Net Synthesis）是由于人们沉迷于网络而引发的各种生理、心理障碍的总称。这是新近出现的疾病之一，目前各国正开展对它的研究。现在研究焦点在成瘾性（依赖性），人际关系（包括网友、网恋、现实生活中的人际障碍等），创造毁灭欲和与此有关的抑郁症、躁狂症等上，而对于由于辐射、荧屏闪烁、久坐、注视疲劳等造成的生理和心理疾病则因时间、精力有限不予追踪。国内大学生的确存在网络成瘾或沉迷现象。被判定为成瘾的学生，每周平均上网时数在二十小时以上，比未成瘾者多很多时间上网，而且每周上网时间越长，网络沉迷的倾向性越高。沉迷于网络的学生经常无法有效控制、管理上网时间与金钱，也容易导致与父母、师长等关系破裂，甚至因为上网时间太长而损害健康。因此，网络成瘾者上网时间越来越长，就会情不自禁想再上网，一旦不上网便十分痛苦；而每周上网时间越多，所出现的人际关

系问题也会更加严重。在这项研究中的成瘾高危险人群，平均每周上网时数为19.6小时，与国外研究所得的数值相差不多。专家发现，网络综合征患者由于上网时间过长，大脑神经中枢持续处于高度兴奋状态，会引起肾上腺素水平异常增高，交感神经过度兴奋，血压升高，自主神经功能紊乱等问题。此外，还会诱发心血管疾病、胃肠神经官能症、紧张性头痛等病症。

第四节　培养人际交往的能力

了解与沟通是交往的基础，学会了解与沟通，对于大学生建立良好的人际关系很重要。善于交往的人，往往善于发现他人的价值，懂得尊重他人，愿意信任他人，对人宽容，能接受他人有不同的观点和行为，不斤斤计较他人的过失，在可能的范围内帮助他人而不是指责他人。

一、人际沟通中个人形象的优化

人际沟通中个人形象的优化主要是指个人道德品质的优化。其内容不仅包括遵守人际沟通的基本原则，还包括宽容待己、宽容待人。良好的个人形象不仅可能增强个人信心，还可以获得他人信任，稳固人际关系。

（一）悦纳自己，克服自卑心理

要想协调好人际关系，让别人接纳和喜欢自己，首先要悦纳自己。一个人自卑、缺乏自信往往与对自己没有形成正确的认识和评价有十分紧密的联系。我们与他人进行社会比较时，一是要注意比较的标准，不能以己之短去比别人之长，这样势必导致比较的误差。二是比较时必须注意要客观，千万不能认为自己某一方面不如他人就什么都不如人。要善于发现自己的优点和长处。只有这样，才能对自己有一个客观公正、符合实际的自我认识与评价。当对自己的认识与评价客观合理时，才会增强自己的信心，自信心强才有可能克服不必要的自卑心理。如果对自己的认识与评价不符合实际，夸大了自己的缺点和短处，看不到自己的优点和长处，则只会使自己在别人面前丧失信心，增强自卑感。在沟通中，要有交往成功的信心，不要总是被人际交往会失败的心理所困扰。只有通过多与人沟通，才能增加与他人进行社会比较的机会，也才能有利于发现自己的长处，从而有利于形成正确的自我认识与评价，增强自己的信心，克服自卑感。

（二）真诚待人、尊重他人

真诚待人、尊重他人是人际沟通的基本原则。大学生在人际交往中真诚待人，需要澄清若干错误的认识，需要分清真诚、正直、直率、正言四者之间的关系。真诚是指一个人待人的态度，是一个人发自内心而不是虚情假意的对他人的关心和尊重。正直是指一个人的品格，是对一个人稳定的、一贯的品质的判断和评价。与人交流时，应该讲究方式方法，尤其在表达不满时更是要考虑到交往对象的接受程度，以便于能够优化人际关系，减少人际之间不必要的冲突和摩擦。

一般情况下，在表达不满时，我们认为应该遵循如下两条原则：第一，对事不对人。对事不对人就是在表达不满的时候，只对事件本身发表自己不同的看法，不要攻击对方的人格。第二，对己不对人。对己不对人就是在表达不满的时候，要直接表达自己的内心感受，而不要轻易地对对方的行为下结论。一般而言，大学生的领悟性都是很强的，在一个人委婉地表达了自己的不满之后，对方是有所感悟的。

要做到对他人的尊重，就要做到两方面：一方面，要学会面带微笑。微笑是发自内心的对别人的友好、接纳、赞同、理解、宽容和尊重，不是皮笑肉不笑的虚情假意；严肃对人传达的则是封闭、冷漠、拒绝、敌对、仇恨等信息。所以，要体现对他人的尊重，就要学会微笑。另一方面，要认真倾听。尊重的另一个重要的表现方式是认真倾听。怎样才算是认真地倾听了呢？就是要诚心、耐心、细心地听，而且要四个"耳朵"听——两个耳朵、眼睛、头脑一起听。用眼睛观察对方讲话的表情，用脑子分析对方讲话的意图，以示对交往对象的尊重，即使对方讲的话并不十分令人感兴趣，也应让对方把话讲完。

尊重他人是人际交往中的"绿灯"。每个人都有自己的人格尊严，并期望在各种场合中得到尊重。尊重能够引发他人的信任、坦诚等情感，缩短交往的心理距离。一般来说，大学生的自尊心都比较强，因此，大学生在人际交往中尤其要注意尊重别人的原则，不损害他人的名誉和人格，承认和肯定他人的能力与成绩。否则，容易导致人际关系的紧张和冲突。坚持尊重的原则，必须注意在态度上和人格上尊重同学，平等待人，讲究语言文明、礼貌待人，不开恶作剧式的玩笑，不乱给同学取绰号，尊重同学的生活习惯。

（三）平等待人

平等待人是人际交往的基础。平等本身的含义是很广泛的，包括政治、经济、法律等各个方面。交往中的平等主要是指精神和人格上的平等。实际生活中，交往双方在政治、经济、文化、社会地位等方面是很难达到完全平等的，每个人的相貌、才学等也是有差异的，但每个人的人格尊严应该是平等的。

人际交往中应遵循着一条互敬互尊的原则，或者叫作等价原则。平等待人的原则意味着一种对一个人基本人权的尊重。同时平等待人的原则也意味着一个人基本人格的独立，意味着对人与人之间人身依附关系的否定。

现实生活中，人与人之间真正要做到平等交往是很困难的，例如，地位较高的人往往轻视地位较低的人，常常带有一种居高临下的心理；而地位较低的人往往会有自卑、不敢高攀或不愿高攀的心理，这就容易造成交往中的心理障碍。

要把握平等交往的原则，一方面要一视同仁，平等待人；不以貌取人，以势取人，以才取人，以物取人，以家境取人，以学习成绩取人。另一方面也要平等待己，克服自卑心理，不要自视低人一等。

（四）宽诚待人

宽诚待人体现大学生的良好品格。大学生们的自尊心都是非常强的，不允许别人轻易地冒犯自己，这是可以理解的，但有时也要学会忍耐。有些学生在日常生活中一点亏也不吃，一触即跳，点火就着，本来要维护自己的自尊，但往往会适得其反。

大学生个性的多样化，感觉的"过敏"，不可避免地会产生一些矛盾。这就要求大学生在沟通中不要斤斤计较，而要谦让大度、克制忍让，不计较对方的态度，不计较对方的言辞，并勇于承担自己的行为责任，做到"宰相肚里能撑船"。只要胸怀宽广，发火的人一定也会自觉无趣。宽容克制并不是软弱、怯懦的表现。相反，它是有涵养有"肚量"的表现，是建立良好人际关系的润滑剂，能"化干戈为玉帛"，赢得更多的朋友。

二、掌握人际沟通的技巧和语言艺术

沟通方式得体与否直接影响到良好人际关系的好坏。人际沟通中，语言是土壤，非语言技巧是雨衣阳光，可以有效地将语言和非语言沟通技巧有机地结合并在现实沟通中最大化地加以运用，是当代大学生必备的能力之一。

语言艺术运用得好，就能优化人际交往。相反，如果不注意语言艺术，往往在无意间就会出口伤人，产生或激化矛盾。掌握人际沟通的技巧和语言艺术的方法有以下四点。

第一，称呼得体。称呼反映出人们之间心理关系的程度。恰当得体的称呼，使人能获得一种心理满足，使对方感到亲切，交往便有了良好的心理气氛；称呼不得体，往往会引起对方的不快甚至反感，使交往受阻或中断。所以，在交往过程中，要根据对方的年龄、身份、职业等具体情况及交往的场合、双方关系的亲疏远近来决定对对方的称呼。对长辈的称呼要尊敬，对同辈的称呼要亲切、友好，对关系密切的人可直呼其名，对不熟悉的人要用敬词。

第二，说话注意礼貌。正确运用语言，表达清楚、生动、准确、有感染力、逻辑性强，少用俚语和方言，切忌平平淡淡、滥用辞藻、含含糊糊；语音、语调、语速要恰当，要根据谈话的内容和场合，采取相应的语音、语调和语速；讲笑话要注意对象、场合、分寸，以免笑话讲得不得体，伤害他人的自尊心。

第三，适度地称赞对方。每个人都希望别人赞美自己的优点。如果我们能够发掘对方的优点，进行赞美，对方会很愿意与你多沟通。但是赞美要适度，要有具体的内容，绝不能曲意逢迎。真诚的赞美往往能获得出乎意料的效果。

第四，避免争论。青年大学生喜欢争论，但争论往往是互不服输，双方争得面红耳赤，会导致双方不愉快甚至演化成直接的人身攻击。这对人际关系的有害影响是显而易见的。因此大学生应尽量避免争论，要通过讨论、协商的途径解决分歧。最终要以"求同存异"的方式，既表明了必要的原则性，又不伤害彼此的友谊，不强加于人，相互留有余地。

语言艺术运用得好，就能吸引和抓住对方，调动彼此倾谈的激情、兴趣，从内容到形式适应对方的心理需要、知识经验、双方关系及交往场合，使交往关系密切起来。

三、正确处理人际间的矛盾

由于社会交往少、沟通面不大且置身于一个充满竞争的学校或社会环境，同学间产生矛盾在所难免。一般来说，同学间的矛盾主要表现为妒忌、背后议论、误会这三方面。同学间的矛盾处理不当会对同学间的人际关系造成不良影响。所以，正确处理同学间的矛盾是同学间沟通的重要环节。

（一）调整心态对待同学的妒忌及背后的议论

妒忌是面对他人的某种优势而产生的不愉快的情感。由于自己不愿或无力改变现状，便以背后议论的方式对对方表示不满。在现实生活中，当某位同学成绩优异，或获得荣誉，或被委以重任（如当班干部），甚至当他聪明灵活或楚楚动人时，都可能有嫉妒伴随而来。

与妒忌者分享欢乐与荣誉，有助于消除危害人际关系的紧张气氛。成绩的取得与他人的帮助是分不开的。取得成绩、获得荣誉时，要注意不要冷落他人，更不要居功自傲，应让大家包括妒忌者在内都来分享欢乐及荣誉。

面对不公议论，要以平常心对待。怕人背后议论，实质上是一种恐惧性情绪反应。产生这种情绪反应大多起因于自尊心受到挫折而一时又找不到摆脱这种挫伤的途径，被人议论，实际上是天天都在发生的事，对正确的议论，要虚心听取，对不正确的议论，也可以置之不理。

走自己的路，不为别人的冷嘲热讽所分心、所停步。当一两次考试成绩超过别人，别人可能认为是偶然的，嫉妒的只是你的"运气"；然而，当你的成绩稳定在比别人高的水平上时，别人就会心悦诚服地佩服你是名副其实的优等生。此时，你就不再成为他们妒忌的对象了。

（二）及时消除同学间的误会

同学间各种各样的误会经常会发生。有些误会本是小事一桩，时间一长也就忘记了。可有些误会，若不加以说明，会使人牢记在心，如鲠在喉。对于这类误会，要设法加以消除。否则，不仅会影响同学间的团结，而且对人的身心健康也会发生不利的影响。造成同学间误会的原因颇多，如有时是因为我们把别人一些无特定意义的行为当成寓意深长的行为，以致生出种种误会；有时是因为传统的偏见所造成的误会；有时是因为别人的成见造成的；有时是因为某些同学搬弄是非造成的等，不一而足。

误会总要消除，是非终有定论，只是一个时间问题而已。因此，发生误会后，不妨坦然置之，即进行所谓的"冷处理"。反之，如果感到自己受了莫大冤屈便急忙气急败坏地到处辩白，则可能不但得不到同情，反而会有可能让大家看笑话。要头脑冷静地分析误会产生的根源，找到症结所在。如果责任在自己一方，不妨"有则改之"；如果不在，那也不必着急，有谚道："时间是澄清误会的明矾。"

对于那些错怪自己的人，不要怀有怨恨。因为剑拔弩张、针锋相对不但于事无补，而且会节外生枝，造成更大的误会。应该看到，在多数情况下，误会的发生总是意味着误会者与你之间已有某种隔阂，只是这种隔阂未被你所注意，而在一定的条件下，它趋于表面化了。

沟通是人在社会上生存与发展最大最迫切的需要所在。人们要想有所作为，学会沟通是基本条件。当今世界，新型人才最主要的特点在于具有沟通能力和沟通本领。有效的沟通是关系到人们社会心理、社会交往、经济合作效率、素质教育以及社会文明建设的大问题。

处于沟通时代的大学生，作为国家未来建设的栋梁，所肩负的责任促使他们应该拓展交往的空间，与世界对话。传统的大学生沟通范围仅仅局限于"校园内"，那种脱离于社会的"理想化"的沟通方式，严重限制了大学生的全面发展。"两耳不闻窗外事，一心只读圣贤书"的时代一去不复返了。时代呼唤一种动态、开放的沟通渠道的产生。现代社会呼唤大学生们拥有健康的心理和健全的人格，以安宁平静的心态去迎接高科技、高效率、高竞争的社会浪潮和市场经济的洗礼。

 拓展阅读

社交定律

1. 首因效应

一般指人们初次交往接触时各自对交往对象的直觉观察和归因判断。注意表情、体态、仪表、服装、谈吐和礼节。

2. 近因效应

它是指在交往过程中，我们对他人最近、最新的认识占据了主体地位，掩盖了以往的评价，也称为"新颖效应"。近因效应给了我们改变形象、弥补过错、重新来过的机会。

3. 晕轮效应

从某一个特征出发得出好或坏的全部印象，就像光环一样，从一个中心点逐渐向外扩散成为一个越来越大的圆圈，因此有时候也称"光环效应"。所以我们要善于倾听和接受他人的意见，尽量避免感情用事，全面评价他人，理性和人交往。利用晕轮效应，与人交往时应采用先入为主的策略，全面展示自己的优点、掩饰缺点，以留给他人尽量完美的印象。

4. 刻板效应

评价他人时，往往喜欢把他看成是某一类人中的一员，而很容易认为他具有这一类人所具有的共同特征。

5. 定势效应

人们在认识活动中用"老眼光"——已有的知识经验来看待当前事物的一种心理倾向。也称为心理定势效应。

6. 投射效应

就是"以己论人"，常常以为别人与自己具有同样的爱好、个性等，常常以为别人应该知道自己的所想所思。投射效应是一种严重的认知心理偏差。克服投射效应的消极作用，应该辩证地、一分为二地看待自己和他人，严于律己、客观待人，尽量避免以自己的标准去判断他人。

7. 自我暴露定律

表露自己的真实感情和真实想法，向别人讲心里话，坦率地表白自己，陈述自己，推销自己。理想的自我暴露是对少数亲密的朋友做较多的自我暴露，而对一般朋友和其他人，做中等程度的暴露。

8. 互惠定律

得到对方的恩惠，就一定要报答的心理。

9. 相似定律

因为对方和自己相似而喜欢对方。为什么喜欢与自己相似的人？①和与自己持有相似观点的人交往时，能够得到对方的肯定，便会增加"自我正确"的安心感。②相似的人容易组成一个群体。

10. 互补定律

当别人和我们形成互补，我们就会喜欢对方。互补一般可分为两种情况：一种是交往中的一方能满足另一方的某种需要，或者弥补某种短处，那么前者就会对后者产生吸引力。另一种因为别人的某一种特点满足了自己的理想，而增加了一方对另一方的喜欢程度。

11. 相互吸引定律

仅仅是因为对方喜欢自己，我们也就喜欢他们。

12. 皮格马利翁定律

热切的期望能使被期望的人达到期望者的要求。对别人的心理暗示有时作用是很大的。因为信任是人的精神生活中必不可少的，它代表一种对人格的积极肯定与评价。每个人都有被别人信任的需要，而当这种需要得到满足的时候，人们就会感到鼓舞和振奋，就容易发挥出自己的潜力。

13. 攀比定律

人们喜欢模仿和攀比别人。完全避免攀比也许办不到，但攀比应该适度。别人的生活是别人的，也许并不像我们想象的那样。当你真正过上了别人的生活时，你可能也会发现许多不如意之处。所以不要盲目地去模仿、攀比别人，最重要的是了解自己，知道什么能给自己带来最大的幸福。

14. 以貌取人定律

人们会对容貌美的人更有好感。人们对容貌的重视，会随着彼此的熟悉而减弱。

15. 邻里定律

邻近的人会对我们形成某种影响。所谓"近朱者赤，近墨者黑"，周围的人总会对我们产生无形的影响，从而影响我们的个性成长，以及影响我们获得什么样的机会。

16. 情感与理性宣传定律

在宣传中诉诸情感和理性。人的心理既有理性的一面，也有感性的一面。人是理性的，具有深邃的哲理和严密的逻辑性，因而施加理性的宣传能使人心悦诚服；人又是感性的，有丰富的喜怒哀乐，富于感情色彩的宣传，能使人声泪俱下或欢呼雀跃。

17. 单面和双面宣传定律

单面宣传指的是当别人向我们宣传一件事情的时候，他们只说有利的一面。双面宣传指当别人向我们宣传一件事情的时候，他们不仅说有利的一面，还说不利的一面。当宣传对象和宣传者所提倡的方向一致，而他们在这方面的知识经验不太充足时，单面宣传的效果比较好。但是，如果宣传对象具备这方面比较充足的知识，双面宣传就可以向他们提供更多的信息，让他们能够在权衡利弊之后做出正确的判断。

18. 心理控制定律

先掌握对方的心理特征，使用诱导的方法，让对方自动去做你想让他做的事情，就可能间接达到你的目的。心理控制包括自我控制和他人控制；自控和他控都是通过一定的心理信息传递实现的。

19. 交往适度定律

适度最好，过犹不及。过度投资可能引起三个不良后果：①使人无法回报或没有机会回报对方，而在心里感到愧疚，感到欠对方的情。这种心理负担会使受惠的一方只好选择疏远；②会令对方对这种恩情感到麻木，时间长了，就不觉得你对他有多好；③容易让别人觉得你心太软，不怕你，对你无所忌惮。

20. 欲扬先抑定律

先否定后肯定，先抑后扬，这是给人最好的心理感觉的规律。

21. 感情征服定律

无论一个人外表多么强硬，在内心深处都一定有感情的需要，希望从别人那里得到关怀、体贴和重视。

22. 换位思考定律

把自己设想成为别人，从他们的角度考虑问题。很多时候甚至需要暂时抛开自己的切身利益，去满足别人的利益。

23. 交际氛围定律

交际氛围的营造非常有利于交际的成功。

24. 讨厌完美定律

一般人与完美无缺的人交往时，总难免因为自己不如对方而有点自卑。如果发现精明人也和自己一样有缺点，就会减轻自己的自卑，感到安全，也就更愿意与之交往。

25. 异性定律

人和人之间"同性相斥，异性相吸"的现象，以及这种现象对社会交往产生的微妙影响。异性定律的好处：取长补短，完善个性，增强凝聚力、推动力和约束力。

 **心理测试**

（一）大学生人际关系的自我测量

这是一份人际关系行为困扰的诊断量表，共 28 个问题，每个问题做"是"（打"√"）或"否"（打"×"）两种回答。打"√"的给 1 分，打"×"的给 0 分。请根究自己的实际情况如实回答。

（1）关于自己的烦恼有口难言。　　　　　　　　　　（　　）

（2）和生人见面感觉不自然。　　　　　　　　　　　（　　）

（3）过分地羡慕和妒忌别人。　　　　　　　　　　　（　　）

（4）与异性交往太少。　　　　　　　　　　　　　　（　　）

（5）对连续不断地会谈感到困难。　　　　　　　　　（　　）

（6）在社交场合感到紧张。　　　　　　　　　　　　（　　）

（7）时常伤害别人。　　　　　　　　　　　　　　　（　　）

（8）与异性来往感觉不自然。　　　　　　　　　　　（　　）

（9）与一大群朋友在一起，常感到孤寂或失落。　　　（　　）

（10）极易受窘。　　　　　　　　　　　　　　　　（　　）

（11）与别人不能和睦相处。　　　　　　　　　　　（　　）

（12）不知道与异性相处如何适可而止。　　　　　　（　　）

（13）当不熟悉的人对自己倾诉他的生平遭遇以求同情时，自己常感到不自在。

　　　　　　　　　　　　　　　　　　　　　　　（　　）

（14）担心别人对自己有什么坏印象。　　　　　　　（　　）

（15）总是尽力让别人赏识自己。　　　　　　　　　（　　）

（16）暗自思慕异性。 （　　）

（17）时常避免表达自己的感受。 （　　）

（18）对自己的仪表（容貌）缺乏信心。 （　　）

（19）讨厌某人或被某人所讨厌。 （　　）

（20）瞧不起异性。 （　　）

（21）不能专注地倾听。 （　　）

（22）自己的烦恼无人可倾诉。 （　　）

（23）受别人排斥。 （　　）

（24）被异性瞧不起。 （　　）

（25）不能广泛地听取各种各样的意见、看法。 （　　）

（26）自己常因受伤害而暗自伤心。 （　　）

（27）常被别人谈论、愚弄。 （　　）

（28）与异性交往不知如何更好地相处。 （　　）

测查结果的解释：

如果你的总分是0～8分，那么说明你在与朋友相处上的困扰较少。你善于交谈，性格比较开朗，主动关心别人。你对周围的朋友都比较好，愿意和他们在一起，他们也都喜欢你，你们相处得不错。而且，你能够从与朋友相处中得到乐趣。你的生活是比较充实而且丰富多彩的。你与异性朋友也相处得比较好。一句话，你不存在或较少存在交友方面的困扰，你善于与朋友相处，人缘很好，获得许多的好感与赞同。

如果你的总分是9～14分，那么，你与朋友相处存在一定程度的困扰。你的人缘很一般。换句话说，你和朋友的关系并不牢固，时好时坏，经常处在一种起伏波动之中。

如果你的总分是15～28分，那就表示你在同朋友相处上的困扰严重。如果你得到的总分超过20分，则表明你的人际关系困扰程度很严重，而且在心理上出现较为明显的障碍。你可能不善于交谈，还可能是一个性格孤僻的人，不开朗，或者有明显的自高自大、讨人嫌的行为。

（二）人际交往类型自测

对下列各题做出"是"或"否"的选择。

（1）我碰到熟人时会主动打招呼。 （是　否）

（2）我常主动写信给友人表示思念。 （是　否）

（3）我旅行时常与不相识的人闲谈。 （是　否）

（4）有朋友来访，我从内心里感到高兴。 （是　否）

（5）没有人引见，我很少主动与陌生人谈话。 （是　否）

（6）我喜欢在群体中发表自己的见解。 （是　否）

（7）我同情弱者。 （是 否）

（8）我喜欢给别人出主意。 （是 否）

（9）我做事总喜欢有人陪伴。 （是 否）

（10）我很容易被朋友说服。 （是 否）

（11）我总很注意自己的仪表。 （是 否）

（12）约会迟到，我会长时间感到不安。 （是 否）

（13）我很少与异性交往。 （是 否）

（14）我到朋友家做客从没感到不自在。 （是 否）

（15）与朋友一起乘公共汽车，我不在乎谁买票。 （是 否）

（16）我给朋友写信时常诉说自己最近的烦恼。 （是 否）

（17）我常能交上新的知心朋友。 （是 否）

（18）我喜欢与有独到之处的人交往。 （是 否）

（19）我觉得随便暴露自己的内心世界是很危险的事情。 （是 否）

（20）我对发表意见很慎重。 （是 否）

参考评分：

各题答"是"计1分，答"否"不计分。

测验结果解释：

将1～5题得分相加，其分数说明交往主动性水平。得分高说明交往偏于主动型，得分低则交往偏于被动型。

将6～10题得分相加，其分数说明交往支配性水平。得分高表明交往倾向于领袖型，得分低则偏于依从型。

将11～15题得分相加，其分数说明交往规范性程度。得分高意味着交往较为严谨，得分低则交往较为随便。

将16～20题得分相加，其分数说明交往开放性程度。得分高表明交往偏于开放型，得分低则意味着交往倾向于闭锁型。

如果得分不是偏向最高分和最低分两个极端，而是处于中等水平，则表明交往倾向不明显，属于中间综合型的交往者。

单元小结

人际关系是人与人在相互交往过程中建立的心理上的关系或心理上的距离。它反映了人与人在相互交往过程中物质和精神需求能否得到满足的心理状态。本单元介绍了大学生人际交往的特点及原则。大学生人际交往的特点是：交往需求迫切；交往注重平等原则；交往注重情感需求；交往独立性强；交往的开放性强；交往的多元化。

大学生人际交往的原则遵循：平等原则、尊重原则、真诚原则、宽容原则、诚信原则、适度原则、互利互惠原则，指出沟通在培养人际交往的能力方面的重要性。本单元还阐述了网络人际交往的特点及网络人际交往对大学生心理健康的影响，通过学习，正确引导大学生加强对网络人际交往的认识，引导大学生理智对待网络人际交往。

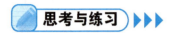 **思考与练习** ▶▶▶

（1）请简述大学生人际交往的特点及影响因素。

（2）大学生在人际交往过程中应该遵循什么原则？

（3）大学生如何在人际交往中建立良好的人际关系？

（4）网络人际交往对大学生有什么影响？

（5）在当代大学生中常会出现什么人际交往的心理问题？请给出解决意见。

心 理 训 练 营

（1）在一段关系中，你用怎样的方式看待自己？

_____

（2）你对你的朋友关系满意吗？如果不满意，什么是你最想改变的？你愿意把这些告诉你的朋友吗？

_____

（3）你有多需要或依赖对方？想象一下，如果他或她不在你的生活中了，写下你的生活会发生怎样的改变。

_____

_____

 **思政学堂** ▶▶▶

影视推荐：电影《毕业生生存指南》

推荐理由：人的第一份工作，因为对自己的未来有着至关重要的影响，所以这也就成了刚刚走出校门，即将进入社会的年轻人最重视的一个环节和选择……手里捧着滚烫且崭新的英语学位证书，莱顿·梅尔比这个学校的风云人物、品学兼优的尖子生，已经迫不及待地想要摆脱学校铁门的束缚，在一个全新的世界里自由飞翔了。作为一名成绩优异的大学毕业生，梅尔比早就为自己的未来做好了详细且完整的规划，她将那些拥有着非常高的期望值的伟大理想，悉数记录到了自己的那本"毕业生生存指南"里。

第六章
大学生恋爱和性心理

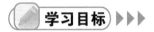 **学习目标** ▶▶▶

（1）了解自己的情感世界，理解大学生的恋爱心态与恋爱特点。

（2）树立和培养正确的、健康的恋爱观。

（3）了解性心理的有关知识，掌握性心理概念及发展的规律。

（4）建立科学的性观念，培养健康的性心理。

思政目标 ▶▶▶

（1）和谐友善：提升处理恋爱中人际困扰的能力。

（2）科学态度：积极塑造健康的性心理。

（3）自尊自爱：在爱情中注重自身发展，把握自我标准。

引导案例

明华的恋爱旅程

明华（化名）是一名在读的硕士生，是家里唯一的男孩，有一个妹妹。他和家人的关系非常亲密，父母对他的要求一向顺从和支持。明华自述与同性的交往为"君子之交淡如水"，没有特别要好的"哥们儿"。他和女性的交往一直有些尴尬，不知道该说什么话。明华和女友芳相识于高考复读班，之后两人考上异地的大学。从大二时起，明华便不断地送芳礼物以表达自己的关心和爱意，但芳对此仅略表谢意，并未答应做其女友，这种情况持续了一年，明华觉得自己的付出没有回报，很伤心，中断了两人的电话往来。后来，明华偶然从他人口中得知，芳很想念明华那段时间的关心。明华立即致电芳，在电话中两人确定了情侣关系。为了与芳朝夕相处，明华辞掉了工作，考研来到上海。明华到上海的大学报到时，芳发短信给他，说两人性格不合，想要分手。明华陷于这段情感中，痛苦万分。对芳的痴迷让他不能离开芳，明华承认与芳的交流也存在一定的问题，两人经常"无话可说"。他认为女友不尊重他、不在乎他，有了这种心理，便难免会带着责备的语气向女友"问话"；明明需要女友的认可却不敢向女友索取，总是希望女友主动关心他，一旦希望落空，便会受伤而自我封闭；时常自卑，做了许多事情想维持这份感情，但害怕交流，害怕被拒绝，这种恐惧感一直令他十分痛苦。芳的冷漠与忽视让他觉得自己好像面对着一个"黑洞"，单方面维持这段感情令明华不堪重负。

第一节 大学生恋爱心理

一、爱情概述

（一）爱情的定义

爱情，这个古老而又新鲜的话题，仿佛是一个人类永远都无法解开的谜。说到爱情几乎每一个人都有自己的看法，它是人类高级情感，也是人类精神世界不竭的动力之一。爱情中的男女，一半是海水，另一半是火焰，水与火的缠绵是爱情神话的起源。

爱情

神话故事中，上帝创造了亚当和夏娃，他们生活在美丽而又浪漫的伊甸园里，然而，野果的诱惑，似乎注定了今天的男人和女人在追寻爱情这朵玫瑰的芬芳的同时要承受着被刺的痛苦。

爱情的定义是时代的产物，当下这个时代，社会将爱情视为婚姻的基础。而在原始社会，所谓的婚姻关系只是一种生存所需要的"家庭"单位，那时"爱情"无足轻重。原始社会哲学家柏拉图论述了爱情是人类最高的美德，包括精神、智慧和性。但他指出婚姻与爱情无关，只为繁殖后代。中世纪后的欧洲，贵族社会里逐渐产生一种热情，即对婚姻之外的爱的追求。当时的婚姻仍然为政治和经济的目的所安排。到了随后的几个世纪，追逐爱的理想由上层社会扩散到中下层社会。此时人们就开始期盼爱情不仅产生在追求和热恋的阶段，还能延续到婚姻里。人们开始相信由爱情发展而来的婚姻更为实际合理。美国精神分析理论家沙利文（H. S. Sullivan）认为，当人们把另一个异性的满足和安全看得和自己的满足和安全一样重要时，爱情就存在了。我们不得不承认，爱情是这个世界上最复杂的情感现象，可以体验却难以言语。

现代社会条件下，爱情至少包含以下几个方面：第一方面是性欲，这是爱情的生理基础和自然前提；第二方面是情感，这是爱情的中心环节；第三方面是理想，这是爱情的社会基础，也是爱情的理性向导；第四方面是义务，这是爱情的社会要求，表现为自觉的道德责任感。上述四要素相互联系、缺一不可，否则就是残缺的或是被扭曲的爱情。

因此可以说，所谓爱情，就是一对男女基于一定的社会关系和共同的生活理想，在各自的内心中形成的对对方最真挚的倾慕，是两颗心灵相互吸引，达到精神升华的产物，追求的是一种高尚的精神生活。而恋爱就是指异性之间在生理、心理和环境影响交互作用下互相倾慕和培植爱情的过程。

（二）爱情产生的基础

生理成熟为大学生恋爱提供了生理基础，但心理与社会性成熟是恋爱的一个必要准备。恋爱作为大学生情感发展历程中的重要体验会对大学生产生积极或消极的影响。

1. 爱情产生的生理基础

爱情产生的生理基础是生理的成熟。青年期是童年与成年之间的一个发展过渡期。一般认为青年期为 17～25 岁，始于青春期，个体在此期间达到性成熟并具备了生殖能力。青年期的早期征兆之一就是青年人身高与体重的急剧增加。女孩一般发生在 9.5～14.5 岁，男孩一般发生在 10.5～16 岁。青年期的第一性征是生殖所必需的器官，这些器官的不断发育导致了性成熟。第二性征是和性器官无直接关系的性成熟征兆，包括生理变化、皮肤变化、声音的变化，以及体毛的变化。

生理的成熟常常会带来心理上的变化，其中身体的早熟与晚熟会影响青年的心理。早熟的男孩平衡、自然、放松、受同伴的欢迎，较多成为群体中的领导，但是早熟的男孩在心理上并不像成人认为的那样成熟，他们的行为和举止往往会和成人的要求有相悖的情况，由此而导致的双方矛盾、冲突也会经常发生，这样常常使早熟男孩的自尊心受到伤害；而晚熟的男孩常常觉得自己能力不足、被拒绝、被支配、有依赖心、缺乏安全感、攻击性强、反抗父母，但经过漫长的青春期调适，晚熟的男孩在认知上及适应技巧上有较强的能力，因此许多晚熟男孩成年后在求知欲、社交以及探索等方面的行为上都有比较好的表现。早熟的女孩子敏感、害羞、心理变化微妙，常常会被以大人的方式对待，在社交方面比较擅长，然而她们进入青少年时期的准备时间较短，会承受较多内在的危机及困扰。晚熟女孩同晚熟男孩一样，会感到较小的社会压力，而且有较多的机会与同龄男孩发展比较平稳的人际关系，但是她们常常会感到焦虑，缺乏自信。

2. 爱情产生的心理基础

人身体的成熟一定会带来爱情吗？答案显然是否定的。中国人经常谈到的某个孩子"懂事早"特指其心理上的成熟程度。尽管人的生理的成熟也受到社会文化与环境的影响，但心理的成熟更多受到社会文化与环境的影响。大学生的心理是社会环境综合影响的结果，从校园到校园如此简单的人生经验，使大学生的社会经历显得单薄，但大众传媒特别是网络，又使大学生与社会紧密地联系在一起，其影响是双向的：一方面，社会文化成为大学生心理成长的催化剂，太多的传媒关注大学生，使他们的心理如同雨后春笋快速成长；另一方面，社会经验的短缺使他们的成长或多或少带有不现实性，或者说，象牙塔中的心理成长还带有相当的书院气息。个体的成长永远不可能脱离社会环境而存在，只有在社会多种因素的碰撞中，积极的因素占优势，大学生才会呈现较高的心理发展水平或达到理想状态，否则就会出现迟滞、消极或扭曲的状况。这一点需要引起高度重视。

　　大学生的爱情心理发展主要表现在以下几方面：第一方面是自我意识进一步加强。恋爱是大学生强烈自我意识的重要表现途径，爱情是成长中重要的自我证实与自我实现。在恋爱这个特殊时期，恋人眼中的评价占有绝对优势。在大学生自我意识逐步形成与完善的时期，个体在恋人眼中的形象成为最重要的"镜中我"，这将影响着自我意识的发展与完善。一般而言，自我意识发展水平较高的学生，有着正确的自我评价，在爱情中能够把握自己、了解自己，也容易把握爱情；而自我意识发展水平较低的学生，自我、自尊与自信的建立相当程度上依赖于恋人的评价，当拥有爱情时认为自己是世界上最幸福的人，而当爱情远去时，则容易自我怀疑、自我否定甚至自我抛弃。因此，自我意识是大学生心理发展的重要方面。第二方面是性意识进一步强化。与中学时代的朦胧相比，大学生对异性的好感变得清晰而直接，他们会使用多种策略与异性相处，特别是对于自己钟情的异性，大学生会大胆而有策略地表达自己的爱意。值得重视的是，与大学生性意识的发展相伴随，若受不良社会文化的影响，大学生在性上采取的宽容态度甚至情感消费主义将会对大学生日后的婚姻爱情生活产生消极影响。第三方面是自我控制能力加强。自我控制能力是心理发展的重要指标。大学生抽象思维能力的空前发展与自我控制能力的提高，使他们在爱情面前能够克制自己的欲望和感情，正确分析个人的行为及其利弊，做出恰当的选择。在恋爱中，特别是当面临爱情、考研、就业等多种选择时，绝大多数学生能够根据自己的现实情况作出判断。

（三）大学生恋爱的特征

　　对于文化水平较高、情感体验较为丰富的大学生们来说，校园爱情是他们大学生活中重要的一课。大学生恋爱有一些共同的特征。

1. 自主性强，浪漫色彩浓厚

　　当今大学生的自我意识特别强，崇尚追求恋爱的平等权利。在恋爱问题上，他们一般都是自己做主，并不信奉什么统一的模式，而是自由选择和谁恋爱、怎样恋爱。他们想爱就爱、想恨就恨，嘴上不明说，行为却很直接。遇到顺眼的意中人，他们会很快表示自己的爱意。想追某个人，当面不好说就在电话、QQ、微信中说。那种痴痴追求一个人数年不成，而又不另寻新欢的事似乎已是童话。若被对方拒绝也不会痛苦，而是潇洒地将爱箭射向另一意中人。

　　同时，大学生的恋爱浪漫主义色彩浓厚，追求丰富多彩的精神生活，很少或者根本不讨论结婚、建立家庭、生儿育女等现实问题。恋爱纯净、美丽，有时甚至显得单纯。他们更重视精神层面的相互认同。大学生恋爱的第一要务就是轰轰烈烈地爱，"不求天长地久，只要曾经拥有"成了他们恋爱的写照。恋爱的浪漫性使他们大多数人不善于处理恋爱中的纠葛，把矛盾、摩擦都与感情联系起来。

2. 目的多元化

传统的爱情理念在今天的大学校园受到空前的挑战。有的大学生远离父母，感到孤独寂寞，一时间不知所措，希望通过爱情寻找精神寄托；有的大学生没有远大理想，对未来一片迷茫，想寻觅"红颜知己"填补空虚的心灵；有的人觉得恋爱是大学的必修课，没有恋爱的大学生活是苍白的，恋爱能使大学生活变得色彩斑斓，有的人完全是为了满足自己的虚荣心，认为恋爱可引起一些同学羡慕的目光。别人有恋人，而自己没有则是一种无能的表现；有的女生认为有男生追求才会显示自己有魅力，追求的人越多，就越觉得了不起；甚至有的男生抱着玩弄女性的心态去谈恋爱；有些大学生迫于现实的压力，希望通过恋爱对象实现一些个人目的，如为了留在某个城市、考上某个学校的研究生，把自己的感情当作敲门砖，通过恋爱牵线搭桥。爱情目的的多元化使大学生恋爱不再如此严肃而神圣。

3. 观念开放

当前大学生的恋爱呈现低年级化，人数呈上升趋势。一年级就开始谈恋爱的已不是个别现象，有的学生甚至一进校就谈恋爱。据调查，大部分大学生已考虑谈恋爱或已在谈恋爱，"从未考虑"或"对学习期间谈恋爱反感"的学生所占比例较少。当今的大学校园里，无论是教室、图书馆，还是马路上、田径场都有大学生谈恋爱的身影。一双双，一对对，随处可见。在大庭广众之下拥抱、接吻已不是什么新鲜事了。如果说，以前的大学生谈恋爱是怕别人知道，那么现在的大学生谈恋爱是生怕别人不知道。目前，屡次出现的"表白门"愈演愈烈，呈现公开化、新奇化的特点。

另外，恋爱更趋向于发生身体上的接触。在一项调查中发现，认为"只要两人同意，就可以发生性关系"的男生占 61.7%，女生占 59.1%。另外，在一项恋爱行为尺度的调查中有五种恋爱行为，分别是拉手、接吻、爱抚、进行性行为、同居。半数以上的男生选择了"同居"这一项，而女生普遍认为接吻或者爱抚都是正常的性行为。

4. 态度宽容，情感危机增多

大学生的恋爱重过程、重体验，强调"恋爱的现在进行时"。"谈不来就分手"成为很多大学生对恋爱的态度，所以恋爱关系脆弱化，"有情人"难以成"眷属"，一大批大学生加入失恋的大军。另外，很多大学生在大学期间谈过几次恋爱，更有甚者，换恋人的次数达到让人瞠目结舌的程度。

虽然失恋对于大学生来说是一个不小的挫折，但是大多数学生对失恋的态度还是理智而宽容的，都能正确地对待和处理。然而，也有一些失恋者不能及时排解这种强烈的情绪，出现消极心态，自暴自弃、封闭自己，甚至自卑迷惘、产生不良的心理；还有些对离开或抛弃自己的人念念不忘，想着与对方的点滴美好，甚至希望复合，陷入自欺欺人的幻想漩涡中无法自拔；也有些失恋者因失恋而绝望暴怒、悲观厌世、怀疑一切，或从此玩世不恭、得过且过、求刺激、发泄心中的不满。

二、大学生恋爱心理概述

（一）大学生恋爱心理的发展过程

大学生恋爱不再属于早恋的范围，也不再受太多的限制，正是因为这种心理状态才使得越来越多的大学生投入其中，但是说毕业季就是分手季，也说明大学恋爱也往往很难善始善终，那么大学生恋爱心理是怎样发展的呢？大学生恋爱心理发展一般经历四个时期。

1. 异性疏远期

一般为 12～14 岁，进入青春期的少男少女，生理发育的急剧变化，引起心理的不安、害羞，使男女之间在心理和行为上出现隔膜，关系疏远甚至反感。不过，随着社会的现代化发展，各种传媒的发达及人们观念上的日趋开放，这一阶段的表现已越来越不明显。

2. 异性向往期

一般为 14～16 岁，随着性生理的发育，尤其是性意识的发展，男、女生逐渐从疏远、抵触开始转向为对彼此产生好感，愿意在一起学习、游戏和活动。

3. 异性接近期

一般为 16～18 岁，随着性生理的进一步成熟，异性间产生向往和倾慕。单相思是指在异性关系中的一方倾心于另一方，却得不到对方回应的单方面的"爱情"。爱情错觉是单相思的另一种形式，是指在异性间的接触往来关系中，一方错误地认为对方对自己有意，或者把双方正常的交往和友谊误认为是爱情的来临。它常会使当事人想入非非、自作多情。单相思是恋爱心理的一种认知和情感的失误。单相思使某些学生陷入痛苦的境地，处于空虚、烦恼，甚至绝望之中。如果他们处理不好，以后的恋爱、婚姻生活都将受到消极的影响。

4. 恋爱期或爱情产生期

18 岁以后，随着性生理和性意识的成熟，男女生交往频率增加，受环境因素的影响，多数青年进入恋爱状态。单从年龄上看，多数大学生处在上述性心理发展的后两个阶段，但由于个人经历及自身社会文化背景等方面存在差异，他们在恋爱心理发展的阶段特征上的表现，也可能有很大的差异。

上述是很多大学生在恋爱时会有的心理，也是很多大学生会忽视的以自我意识为主导的恋爱。其实大学恋爱会有很多美满的结果，也同样因为双方感情低调才会少有人知，反而那种轰轰烈烈、不管不顾的，才往往不得善终，所以平常心对待，不要过分强求。

（二）大学生恋爱心理的特征

1. 纯洁的精神恋爱心理

大学生在恋人的选择上，更重视精神层面的相互认同。世俗生活中的物质交换、门当户对等不会对大学生构成影响，他们甚至追求纯洁的爱情。

2. 依赖心理

依赖心理由独生子女的孤独感和习惯了他人的呵护与关爱所致。他们有"情感寄托型"的恋爱动机，缺乏独立意识和自立能力，易受挫。

3. 大学生恋爱的冲突性

大学生面临自身发展的压力，如专升本、就业、经济、学业、人际关系。恋爱需要大量的心理能量，学业压力、成长压力特别是性压力，对恋爱的双方都是巨大的心理与意志的考验。而对未来生活的规划心理准备不足，当面临职业选择等人生重大课题时，恋人常因不能长相守而劳燕分飞。

（三）大学生常见恋爱心理困惑及调适

彪悍的人生不需要解释。有人说，如果没有一场说走就走的旅行，那就要有一场奋不顾身的爱情。曾记否，那些年，一起追过的美女帅哥？曾记否，面对丘比特之箭的惊喜与慌乱？以下几种是恋爱中的心理困惑，希望对大学生们有所启发。

1. 自卑型

自卑型的人主要表现是"害怕爱"。此类人内心深处缺乏自信，要么是遇到自己喜欢的人不敢追求，要么是遇到喜欢自己的人不敢接受。即使有幸走到一起也常常怀疑自己的魅力，整天惶惶不可终日，导致两种极端表现：忍辱负重，唯唯诺诺，只会仰视恋人的光芒，迷失自己；或蛮横无理，独断专行，借控制恋人来掩饰内心的自卑，不顾恋人感受。

 案例

自卑型的爱情

在一次书法爱好者聚会中，女生 A 和男生 B 相遇，彼此萌生好感，女生 A 秀美温婉，知书达理，家境中上，父亲是政府官员，母亲是企业高管；男生 B 家境一般，长相中等，但刻苦要强，专业扎实，学习成绩一直名列前茅，并写得一手好字。他们经同学撮合后开始交往，女生 A 温柔体贴，事事力求男生 B 满意，男生 B 把女生 A 当作心中的"白富美"。美女在怀，欣喜异常，但一想起自己的家境和长相，就非常自卑，总是担心女生会随时离他而去。在后来的交往中，开始变本加厉地控制女生 A，甚至不让她和别的男生多说话，经常查看女生 A 的手机短信和微信信息，限制她参加各类集体活动，把女生 A 当成了金丝小雀，不但搞得自己神经紧张，寝食难安，女生 A 也因此疲惫不堪，心力交瘁，最终以分手结束。

爱就像手里的沙子，攥得越紧，流得越快。男生 B 能博得美女青睐，肯定有他独特的魅力，但他始终在自卑的怪圈里徘徊，试图用控制对方来维持爱情的长久。殊不知，用自信博得女友的心，爱情才能更长久。

2. 自恋型

自恋型的人主要表现是"都爱我"。此类人对自己缺乏清醒的认识，一般在外表或气质上都有几分过人之处，常常在众星捧月的追随中春风得意，因此自我感觉良好。要么是"君临天下众人皆为臣"，我愿选谁就选谁，要么是"皇帝的女儿不愁嫁"，你不娶我有人娶。对有好感的异性来者不拒，大有普度众生之势，对到手的爱情却视为调味品，不知珍惜，频繁换人。

 案例

自恋型的爱情

男生 C 是系学生会主席，身材高大，长相英俊，口才一流，加之工作的关系，在学校拥有很多美女粉丝，他也非常享受在女生圈里游走的感觉，即便是有了女朋友 D 后，依然对其他美女有求必应，即使是半夜突然被约见聊天也不拒绝，丝毫不顾及女友的感受。女生 D 论相貌、论人品、论学历，也算"校花"之列，对男生 C 一直是全心投入，所以非常不满男生 C 的表现，她尝试和男生 C 沟通，但并没有引发男生 C 多少反思，依然我行我素，最后女生 D 忍无可忍选择分手。于是，男生 C 继续恋爱，继续分手，女友换了一茬又一茬，直到大学毕业却依然是独自一人，看着别人成双成对时，自己黯然神伤。

帅得傲视群雄，不是 C 的错，但陶醉自我，无视女友，就注定了他的孤独。爱需要清醒的自我认知，爱需要真诚的相互付出。只有接地气的真爱，才能走得长久。

3. 享乐型

享乐型的人主要表现是"只有爱"。这类同学把大学生活当成了爱的世界、情的海洋，根本不顾及学业成败，根本不顾及父母和老师的期望。长亭外，小河边，都可以看到他们成双入对，细语呢喃，美人在怀，帅哥在手，心中只有风花雪月，丝毫没有理想抱负，拿着青春赌明天，只想潇洒爱一回。他们没有对未来的规划，没有奋斗目标，只有爱情，只有享受，可叹辜负了好时光。

案例

享乐型的爱情

男生 E 和女生 F 在大二时相识，两人都是系里的学生骨干，聪明好学，成绩优秀，他们是老师眼中的好苗子，是同学心中的好榜样。两人刚交往时相约大四一起出国读研深造，计划考托福、考雅思，谁知交往半年后，便将当初的约定抛到脑后，今天看电影，明天逛街，后天去听演唱会。校园的长椅上，球场的草坪边，都能看到他们手挽着手，肩并着肩，执手相看情人眼，只顾浓情秀恩爱。从此学业每况愈下，直到大四上学期，两人英语双双失利，专业课程大多挂科。毕业时，女生 F 以男生 E 没有前途，无法为她撑起一片天为由，选择分手，男生 E 虽然懊悔光阴虚度，但为时已晚。

一手是爱情，另一手是学业，两手都要抓，两手都要硬。只有牢记目标、科学统筹、齐头并进，才能享受完美的大学生活，才能结出甜蜜的爱情果实。

4. 依赖型

依赖型的人主要表现是"不懂爱"。此类人遇事缺乏主见，优柔寡断，很少直接表达自己的观点，虽然在生理上已经长大成人，但在心理上还没有断乳，事情无关大小都不会做决定，要么随波逐流，要么喜欢向家长、朋友寻求帮助，而且对他人的意见不加甄别全盘接受，没有自己的独立判断。恋爱后，对恋人更是言听计从、百依百顺，在交往中常常迷失自我，失去了自己的独立人格。

 案例

依赖型的爱情

男生 G 是家中独子，家境良好，父母因为在年轻时吃苦受累，所以对男生 G 是百般呵护，使得他衣来伸手，饭来张口。凡事不论大小，父母都会为他包办，男生 G 也懂事，从不惹是生非，学习成绩一直很好，考上了广州一所"985"大学。在一次宿舍联谊会上，男生 G 和女生 H 合唱了一首歌，非常成功。随后，女生 H 经常主动给他发短信、打电话，G 也喜欢女生 H，但就是不知道怎么做，常常词不达意，无法给女生 H 想要的感觉。男生 G 对此非常苦恼，于是向好朋友求助，在朋友的帮助下，终于和女生 H 开始恋爱。但在相处的过程中，男生 G 常常因为不发表自己的意见惹女生 H 生气，如女生 H 说吃什么，男生 G 说随便；女生 H 说我们去哪儿玩，男生 G 说随便；女生 H 说将来我们去哪个城市工作，男生 G 说听你的，你说了算……如此反复，搞得女生 H 非常崩溃，她觉得和 G 在一起没有依靠，大小事都要自己操心，太累，终于在坚持一年后选择放手。男生 G 后来找咨询老师时还委屈地说，她要什么我给什么，我什么都听她的，她还是和我分手。

男生 G 看似对女友百般呵护，实际对女友严重依赖，导致女友无法承受爱情之重。该出手时就出手，该做主时就做主，多一点担当就会让爱更轻松。

5. 厌恶型

厌恶型的人主要表现是"不信爱"。发生这种情况的人分两类，一类是经过多次恋爱被情感摧残的受伤者，他们内心比较脆弱，一朝被情伤，十年怕恋爱，总觉得十个男人九个坏，天下没有好女人，自认为阅人无数，不再相信人间还有真爱；另一类是从没谈过恋爱的人，他们认为男女之间有爱就有性，性是洪水猛兽。这两类人的共同特点是，自己的心就是一座孤岛，他们紧紧地把自己包裹起来，只许远观，不容靠近。

案例

厌恶型的爱情

女生 J 长相漂亮，仪态万方，是公认的"院花"，追求者一直络绎不绝，其中不乏优秀男生，家人也希望她能早日找到归宿，但她一直不为所动，直到毕业，也没有做出选择，让一众追求者铩羽而归。后来在父母的催促下，才说出隐情。女生 J 特别善良和温柔，对人从不设防，男生说两句好话、做两件小事就会感动得热泪盈眶，恋爱后就全心付出，谁知男生却日久变心，对她挑三拣四，导致连续被甩 3 次。此后，女生 J 心灰意冷，只觉世界一片灰暗，即使遇见喜欢的男生表白，也是退避三舍，不愿敞开心灵的大门，甚至还有过尝试同性恋的念头，让人看着怜惜。

因为过去的痛苦，而关上未来的大门，这是人生的遗憾。过去不可追，当下犹可惜，活在当下最重要。卸下包袱，打开心门，就会发现世间自有真爱。

以上五种类型的恋爱心理，你是否亲身经历还是身边也有类似的案例？青春年华，稍纵即逝，有了爱情就要珍惜！爱是阳光，爱是雨露，只有勇敢地说，自信地做，才会开出美丽的花朵。爱是理解，爱是信任，只有两情相悦，彼此欣赏，才是真正的幸福。爱是事业的加油站，爱是人生的避风港，只有共同经营，携手共进，才能在人生的路上越走越远。

第二节 大学生正确恋爱观的培养

爱是深深的喜欢，喜欢是淡淡的爱；爱需要理智；爱需要用心。大学生需要培养正确的恋爱观。

一、正确对待恋爱

正确处理好恋爱、学业、事业三者之间的关系。恋爱是人生的一件大事，但并不是人生的全部。大学生应该以学业为重，因为学习是大学生的主要目的。事业高于爱情，主张以事业为主，不宜过早地恋爱。但也不要认为爱情是事业的绊脚石，处理得好的话，爱情也能对事业起到催化作用。

二、培养爱的能力

爱的能力包括以下几种。

（一）迎接爱的能力

如果一个人心中有了爱，就要敢于用正确的方式表达出来；面对别人的示爱，自己要能够取舍，并及时做出接受或拒绝的选择，能够承受求爱被拒绝或拒绝求爱的心理困扰。

（二）拒绝爱的能力

自己对于不愿意接受或认为不值得接受的爱情应有勇气拒绝。拒绝时应注意两点：一是如果不希望爱情到来，拒绝的语气要果断坚决，容不得半点优柔寡断，否则将对对方造成更大的伤害；二是要掌握恰当的方式，掌握说话的方式和尺度。虽然每个人都有拒绝爱的权力，但是也要做到对别人起码的尊重。

（三）正确处理恋爱挫折的能力

1. 正视现实

失恋之苦在于一个"恋"字，爱情是双向的、相互的，以双方的爱情为基础，若有一方不爱了，爱情就会失去平衡，恋爱即告终止。这时失恋的一方无论对另一方爱得有多深，都是不现实的，作为有理智的大学生应该正视这一现实。

2. 换位思考

要设身处地地为对方着想。这样做有助于你理解对方终止爱情的原因，有助于你接受失恋这一痛苦的现实并尽早走出失恋的阴影。

3. 感情宣泄

不要过分地隐藏或压抑失恋带来的痛苦，要找适当的方式进行宣泄。通常宣泄的方法有以下几种。

第一，眼泪缓解法。在悲痛欲绝时大哭一场，可以使情绪平静。专家认为，眼泪能把有机体在应激反应过程中产生的某种毒素排出去。

第二，运动缓解法。剧烈的体育运动有助于释放激动情绪带来的能量。

第三，转移注意法。心情不好时，可以做些自己感兴趣的事。

第四，文饰法。当得不到自己爱的人、失恋时，可以援引合理的理由和事实来解释挫折，从而获得精神上的安慰。

第五，倾诉法。向可以信任的师长、同学、朋友等诉说自己心中的烦恼，也可以写日记或写信。如果感觉心中的积郁太深，无法排解时，也可以找心理咨询师进行心理咨询。

4. 情景转移

失恋后之所以难以摆脱恋情的困扰，就在于生活的方方面面都与昔日的恋人有着千丝万缕的联系，所以要想摆脱失恋的痛苦，就要换一个崭新的环境，暂时离开曾经熟悉的环境，把自己置身于一个欢乐的环境中去。如多交一些朋友，多参加一些集体性的娱乐活动，或者可以找人去逛逛街，出去旅游散散心等，这样有助于保持心情的舒畅。由于失恋后有一种空虚感，暂时难以适应，所以可以用工作或其他什么方法来充实自己，不让自己再有空余的时间胡思乱想。

5. 升华

要尽快把失恋升华为一种奋发向上的动力，尽快投入学习或者工作中去。切不可因为失恋而一蹶不振，认为生活、人生都失去了意义。要知道，恋爱是生活的重要组成部分，但不是生活的全部。要正确地看待爱情，摆正爱情的位置，处理好爱情与学习、爱情与人生、爱情与婚姻的关系。

6. 端正恋爱动机

恋爱是为了寻找志同道合、白头偕老的终身伴侣，而不是为了寻找刺激，更不是单纯为了性的满足。恋爱对象的选择是一个复杂的过程，不能忽视了经济、政治、文化、个性等因素，但是共同的理想、相似的品德和情操是最根本的。恋爱动机的好坏，直接关系到恋爱的成功与否。大学生作为新时代的桥梁，其恋爱观应该是理想、道德、事业和感情的有机结合。

 拓展阅读

爱情成本分析

哈夫耶克·霍里士说过："婚姻关系绝非寻常的人事关系，其可以深刻穿透两个人的性格，叫他们发生最密切的精神接触以至于混化。"自主择偶的确有其社会进步的一面，但事实上青年人择偶是否注意到个体和人格的穿透，这一点我们并不能保证，一个没有结过婚的人并不能从经验中体会到结婚的意义和责任。婚姻并不只是处理配偶之间的关系，而是要处理配偶之间的整个社会关系网。

现代社会是处于自主择偶的时代，尽管社会个体的选择空间和范围扩大了，但个体的选择成本和风险也随之增加。在传统社会信息不流畅和地域受限制的情况下，假设 A 寻找的对象数量是 100，处在信息和交通非常发达环境中的 B 选择的对象数量则是 1000。相对于 A 来说，B 要选择一个适合自己的对象是相当困难的。因为在寻找的过程中，涉及对信号的识别。在生活节奏非常快的今天，社会个体时间和精力的减少导致寻找对象的成本相当高。同时由于现代社会给予社会个体的自由度越来越大，个人欲望在极度地膨胀，从而导致了社会个体精神成本的增加，也就是说随着个人的选择度增加，个人的幸福指数却在减少。

现在举例进行分析：假设 A 和 B 谈恋爱三年，A 对 B 付出了大量的时间、金钱和精力，从而在一定程度上导致了 A 在工作上的失败，即 A 在经济上并不是很富裕。那么在这样的情况下，B 有两种选择：第一种，继续和 A 在一起，那么我们可以设想，在 A 经济条件不是很好的情况下，B 即使现在不离开 A，但是因为 A 在和 B 谈恋爱的过程中过度地把应该花在工作上的时间耗费在爱情上，因此 A 工作能力和工作经验大打折扣。但这时，B 认识了 C，并且 C 的地位、外貌和人品都比 A 好，那么在 A 和 B 还没有结婚的情况下，B 很可能就选择 C，因为这样做不会受到法律的制裁，B 背叛爱情的成本是低廉的。如果真的是这样，那么我们来考虑在这场爱情游戏当中谁的损失最大，毫无疑问是 A，因为 A 在过去三年中所投资的成本没有得到收益，而且 A 本身精神上还受了很大的创伤。这时候 B 和 C 在一起，而 A 却孤单一人。第二种情况，假设 B 由于忍受不了 A 的无能，直接因为经济条件有限而离开了 A，这时候 A 明白 B 离开自己，是因为自己没有工作能力而无法满足 B 的经济需求。所以这种情况的出现主要是因为爱情缺乏了经济基础而造成了泡沫爱情。A 的悲哀在于自己没有意识到爱情的成功需要经济基础，而是在爱情方面投入了太多的时间、金钱和精力，最终造成了个人生存技能的缺乏。

第三节　大学生性心理

一、大学生性心理及其发展

（一）性的相关概念及发展

1. 性

从生物学角度来看，性是人类的本能之一，是整个人类得以生存和繁衍的基础。从社会学角度来看，人类的性不仅是生命实体的存在状态，同时也被赋予了精神和文化内涵。

2. 性心理发展

性心理发展是西格蒙德·弗洛伊德在 19 世纪末 20 世纪初提出的一个概念，是心理学理论的核心概念。

弗洛伊德认为性本能冲动是人一切心理活动的内在动力，当这种能量（libido，力比多）积聚到一定程度就会造成机体的紧张，机体就要寻求途径释放能量。在人的不同发展时期力比多投放于身体的不同部位，并以此为标准而将人的性心理分为不同的阶段。

每个阶段都有它特定的社会化的任务，如果社会化过程出现障碍（如中断、缩短、变异），以后将可能是成为人格障碍的病根。

3. 性行为

性行为是指为满足性欲和获得性快感而出现的活动，是由人的社会属性决定的。现代科学研究表明，人类性行为除了性交活动外，还包括性身份的塑造、性角色的进入、性意识的发展、性的社会化等。

4. 性心理

性心理是人类在性行为活动中的各种心理反应，主要指与生理特征、性欲、性行为有关的心理状况和心理活动，也包括与异性有关的男女交往、婚恋等心理问题，具体为性感知、性思维、性情感、性意识等。人类的性活动绝不仅仅是生物的本能反应，它包含着丰富的心理活动，并受社会的制约。这是人类性活动区别于动物的根本点。大学阶段是性生理成熟的决定阶段，也是性心理发展的关键时期。

（二）性心理现象

1. 性意识与性感知

性意识是指人类关于性问题的思维活动。性感知是指人体性机能的成熟，使主体对性刺激的反应特别敏感，受体内激素的驱使，表现出情绪冲动，并接收直接的性刺激引起性兴奋，这就是性感知。性感知是性心理的基本过程。

2. 性知识与性思维

性知识是指前人对性问题科学的总结。随着人体机能的逐渐成熟和性知识的不断积累，主体就会自觉或不自觉地经常思考一些有关性的问题，在性感知的基础上对两性的关系和意义有所了解，这种主体对有关性的问题的思考就叫性思维。

3. 性情绪与性情感

性情绪是指人们到了青春发育期以后，就自然地对异性产生兴趣，产生异性间的吸引力，使人产生愉快和兴奋的体验，引起人的情绪的剧烈变化，这就是性情绪。

性情感是指对与性活动有关的爱、憎、兴趣、吸引力等感情发展变化的体验。如对异性的好感、思慕、爱情和性嫉妒等。

4. 性观念与性意志

性观念是指经过社会文化锻造后对性问题的某一个方面较为完整的看法。它存在于一个群体、一大批人中。性意志是指主体通过自我意识调节性行为的能力。

（三）影响性心理发展的因素

性心理的发展首先有其生理的物质基础。柏曼就以内分泌腺功能优势为标准把人的性心理发展分为胸腺期（幼年）、松果腺期（童年）和性腺期（青年）。

遗传基因、脑内分泌的促性腺激素和性腺所分泌的性激素对性心理都具有不可忽视的影响。家庭教育对孩子的性心理具有关键性的影响。首先是父母对性的态度。其次是父母对待孩子性别的态度对孩子的性心理发展的影响。在家庭和社会中，个人在儿童期和成年期内所经历的某些偶然事件，必定也会对性的发展产生一定的影响。每个人都是被社会文化塑造的人，一定社会中的性文化观念、性道德、性行为方式对个体的性心理发展也具有深刻的影响。在社会文化中传媒对人们的性态度和性生活方式具有重要的影响。

（四）大学生性心理特征

随着大学生生理发育的基本完成，他们的性意识也开始明朗化并迅速发展起来。男、女大学生已不再为"第二性征"的出现感到羞涩或反感了，而是通过各种形式展现自己的魅力。如女大学生喜欢穿上得体的衣服表现自己优美的身体曲线；男大学生则注重表现身材的魁梧、健壮和豪放、刚毅等男子汉气概。这时的大学生与异性交往的心理十分强烈。随着性生理的成熟，大学生的性心理也有了很大程度的发展。他们对性知识有浓厚的兴趣，有着强烈的性冲动，渴望与异性交往。大学生的性心理主要表现为以下几个特征。

1. 性器官和性生理迅速发展与性心理尚未成熟的矛盾

大学生对性器官和性生理的发展过程还充满着无知的好奇感、恐惧感，对异性的爱慕还具有生理的本能性和朦胧性的特点，在对性冲动的自制、对性的审美情趣、对性爱的技巧等方面还存在知识的盲区。

2. 对恋爱的期望与对异性心理了解不深的矛盾

已长期习惯以自我为中心的男、女大学生对异性心理的了解并不深，不能理解对方的心理需求，在恋爱期间，双方常争吵、生气、发生矛盾，乃至恶性事件偶有发生。性成熟的刺激会使大学生在心理上产生一种对异性的异常感受：总感到有异性吸引的存在，也总企图用直接或间接的方式吸引、接近异性，对异性存有强烈的依恋。

3. 性的身心需求与社会规范和道德责任的矛盾

性器官成熟、性意识增强后就会出现性冲动。在我国，从性成熟到形成合法婚姻（正常的性生活），一般需要 10 年以上的时间。此段时间即所谓的"性饥渴期""性等待期"。

大学时期的校规、社会舆论和大众习俗并不赞成大学生的婚前性行为。恋爱中的男女青年独处时常会产生强烈的相互吸引，出现相互爱抚、接吻、性交等满足性欲的性行为，但这些行为与他们所接受的传统教育和道德责任相违背，在内心可能会引发道德焦虑。性成熟时期，性心理表现出性与爱的矛盾。

4. 情感依赖较重，心理承受能力较弱

现在的大学生很多都是独生子女，在其恋爱过程中常常表现出依赖心理，缺乏独立意识。同时，对对方的要求较多，而为对方付出和着想较少。

5. 开放的性观念与表现上文饰性的矛盾

大学生也常常处于理智与感情的矛盾漩涡中，理性认识认为自身应该保持贞操或希望对方要遵守传统理论道德，但在爱的激情下，又不愿受传统观念束缚，压抑自己的性欲，从而会出现性压抑的矛盾。

（五）性心理的性别差异

1. 在心理需求方面的差异

女性在心理需求方面希望是被关心、被了解、被尊重、对其忠诚、被认同的；而男性在心理需求方面希望是被信任、被接受、被感激、被赞赏、被肯定的。在男、女两性情感关系中，男性往往以"生理冲动"为先导，情感相对于性而言处于次要地位；女性则以"情感渴求"为先导，性是情感的表达工具，而不是主要目的。

2. 在思维方面的差异

女性在思维方面的特点是凭直觉、喜欢分析、喜欢变化、喜欢具体的事物、易依赖、顺从别人的意见、遇困难时因不知所措需要更多的表达；男性在思维方面的特点是讲求逻辑、喜欢综合、喜欢稳定、喜欢抽象、爱发号施令、遇到问题时喜欢思考解决方法。

3. 在性格方面的差异

男性情感内向、豁达、忍让、妥协、常沉默、较粗疏大意、易冲动、粗暴、较勇敢、果断、刚毅；女性情感外向、感情细腻、多愁善感、爱叨唠、对缺点爱用放大镜、挑剔、较勤奋、有恒心、较柔顺。男性喜欢主动出击，女性喜欢被动；男性在两性关系上具有独立性与独断性，女性在两性关系上具有依赖性和控制性。

二、大学生常见的性心理障碍及调适

大学生常见的性心理问题有以下几种。

（一）异性交往恐惧

异性交往恐惧表现为在异性面前面红耳赤，神情紧张，心跳过速，竭力回避与异性的目光接触；具体表现为面部肌肉呈现不同程度的紧张，面颊发烧，表情不自然，语无伦次等。这是社会心理和个人自身因素相互作用的结果。

调适方法：①转变观念，放开心怀。②加强交流，多次练习。③严重的恐惧症者应主动寻求心理咨询专家的帮助。

（二）性冲动

性冲动是男、女大学生生理、心理的正常反应，是在性诱因的刺激下，性兴奋强度逐渐增加并企图诉诸行为的一种心理体验。性冲动是在性激素和内外环境刺激的共同作用下，对性行为的渴望与冲动。激素（荷尔蒙）是造成性冲动的内部因素。同时，心理因素和社会因素也起着较大的作用。

调适方法：①适度压抑。②升华。③宣泄。

（三）性梦

性梦，是指人在睡梦中梦见与性对象发生性接触而出现性冲动或性高潮的现象。针对这种现象，研究者有两种观点：一种是把性梦当成个人的品质问题；另一种是把无意识的性梦当成了自己自觉的愿望。认为梦见他（她）就是爱上了他（她），于是在性梦的驱使下盲目地求爱。

调适方法：①重视科学性知识的学习。②晚间尽量避免过多地涉及与性有关的话题和活动，有意识地培养自己保持性健康的克制力。③睡前进行适当的体育锻炼，以利于上床后尽快入睡。④如果性梦过于频繁，以至于白天都无精打采，就需要引起重视，这可能是由于劳累过度、自慰过于频繁、心理上的兴奋、情绪上的激发（如睡前饮酒）等。找准原因，做出调整，否则可能会产生严重的性发育问题。

（四）性幻想

性幻想也称性想象，是人在觉醒状态下，在大脑中进行的自我满足的性活动，故又称"意淫"。它介于意识和潜意识之间，是带有性色彩的精神自慰行为。

性幻想一般分为三种。一是不伴有性行为的性幻想，又称"白日梦"。二是伴随性自慰的性幻想。三是伴随性生活的性幻想。

调适方法：①树立文明的性观念。将性视为"下流"，把性看作"万恶之首"的思想，是落后愚昧的。②要进行正常的异性交往，参加正常的异性交往活动，建立异性间的友谊，减少人为的压抑，防止形成强迫性观念。③积极进行自我调控。

（五）性自慰

性自慰俗称手淫，是指用手或其他器具、其他方式刺激性器官获得快感，宣泄性冲动的一种方式。性自慰行为引起大学生对自己的消极评价。性自慰行为引起无休止的联想和一系列强迫性观念，给大学生带来心理上的疲惫和沉重的压力。

调适方法：①改变认知。性自慰是性宣泄的一种方式，对身体无害。②虽然性自慰是一种正常现象，既不要否定它（也不可能否定它），又不能放任自流。③调整行为，减少对性自慰问题的关注。④发展独立意识。

（六）性变态

性变态是一种以性心理偏移为特征的疾病，是与变态人格有联系但又不完全相同的一种心理障碍。常见的性变态有以下几种。一是恋物癖。通过与异性穿戴或者佩戴过的物品的接触而引起性兴奋和满足的性心理变态。二是异装癖。以穿着异性的衣服而得到性满足的心理变态，男性居多。三是露阴癖和窥阴癖。

调适方法：①针对轻度的性变态，可以采用心理疏导的方法。②针对严重的性变态，要寻求心理治疗师或是心理咨询师的帮助。

作为当今的大学生，一方面要重视科学性知识的学习，另一方面也要有寻求专业人员帮助的意识。

 案例

自慰危害健康吗

初中的时候，偶然的机会我看了一本描写性活动的低级小说，晚上睡觉时便模仿那里的描写手淫。开始只觉得很好玩、很舒服，书上说男孩大多都有这种行为。初三后学校开了生理卫生课，我才知道这是不好的习惯，有的男生说手淫会引起严重的后果。从那时起，我就决心改掉这种坏行为，可是，常常是没过几天，又抵不住那种舒服的诱惑，老毛病重犯。我现在进入大学了，觉得身体较虚，经常失眠、多梦，上课老走神。不知怎样才能改掉这种毛病。

来访者在自述中所说的"手淫"，国际上通常称为"自慰"。许多大学生将"手淫"作为一种释放的方式。确切地说，手淫行为应称为"性自慰行为"。人类的性冲动是一种本能，而性自慰是一种性行为的表现形式。以往人们多认为性自慰是一种解决性需求的不正常手段，并会带来严重的危害，把这种行为与"淫秽""下流"等联系起来。所以往往有性自慰行为的人，都有很大的精神负担。有性自慰行为的人，要正确认识性自慰行为的利弊，从对性自慰的恐惧阴影中走出来，不要惊慌和自责，要科学地认识这种行为，读一些青春期性知识教育和性保健方面的书籍，消除以往听到的一些误传，努力学会自控，善于克制自己，坚定改正过多性自慰行为习惯的信念和决心。

第四节　大学生健康性心理的培养

一、科学地学习并掌握性知识，了解性心理健康的标准

（一）选择正确的学习方法，建立现代的科学性观念

首先，了解性心理健康的标准是：有正常的性需求和性欲望、有科学的性知识、有良好的性道德、有正当健康的性行为方式。其次，通过学习性知识，了解性生理学、性生理构造及功能，性发展和成熟的规律，减少性神秘感，降低性压抑，预防性困惑。学习性心理学，了解性心理的发展，以理智克服冲动。学习性社会学，了解性行为的社会属性，按社会常模规范性行为。学习性美学，使性行为符合审美需要。

（二）远离毒品，预防艾滋病传播

艾滋病和毒品严重地危害人类的健康，影响社会的稳定，已引起国际社会的高度关注。目前艾滋病属于不治之症，它的传播途径有三个：一是性传播，二是血液传播，三是母婴传播。在吸食毒品的人群中，"以淫养吸"或是共用针剂吸毒的情况比比皆是，在这个过程中，艾滋病病毒就随着"性途径""共用针剂"的形式进行广泛传播。目前在高校中已发现有艾滋病病毒携带者和艾滋病病毒感染者，所以大学生们要时刻警惕，洁身自好，远离毒品，遵守性道德，对性伴侣忠贞，并学会采用安全的性行为。得了性病或是怀疑有性病的人应尽早到国家指定医疗机构检查、治疗。

二、塑造高尚性人格，积极调控自我，维护心理平衡

性行为涉及个人的价值观、性的社会规范、个人所承担的对他人和对社会的责任及性道德、性法律问题。培养健康的人格是维护性健康的核心。高尚的性人格是性心理健康的保证。欣赏自己的性别角色，锻炼和提高自己的意志力，培养自己良好的意志品质。

三、为自己的选择负责

健康的性心理应该具有系统的性生理、性心理和性社会知识；能以开放的心态面对自己的性生理和性心理变化，消除个体在性发育过程中出现的恐惧和担心；为自己的选择负责。对待男女两性关系，要有正确的态度和责任感；能抑制性反应的损害，性关系导致的恐惧、羞耻、罪恶感等消极心理因素，提高自身性素质，保持性纯洁。

积极健康的异性交往能促进青年的身心健康。针对异性交往中不当的举止，可采取积极健康的方式进行调节。

（一）正确调控性冲动

对于性冲动，除了给予适度控制外，还可以采取一些积极的、富于建设性的、符合社会规范的方式，来取代或转移性欲。通过投入学习、工作和参加各种文体活动，以及男女正常交往等多种合理途径，陶冶个人情操。大学生们要尽量避免影视、报刊、网络上过强的性信息刺激，抵制黄色书刊的不健康影响。

（二）克服遗精恐惧和月经焦虑

对于遗精和月经，不必太紧张。男生要正确对待遗精，经常清洗床单、内裤和性器官，保持个人卫生。女生要了解月经期规律，减少经期中的不良精神刺激，努力调控自己的情绪，愉快度过经期。

（三）正确对待手淫、白日梦和性梦

要通过性知识的学习，克服手淫引起的心理困扰。大学生不必因为手淫而自责。但是，过分沉溺于手淫，只靠频繁的手淫来缓解性紧张是不健康的表现，应当通过丰富多彩的精神生活和恰当的异性交往来平衡自己的性心理。对于白日梦和性梦不必过分担心，青年人应当通过追求高层次的需要，来缓解自己，减少白日梦和性梦。

（四）正确对待性游戏带来的心理冲突

性游戏是儿童对性好奇而玩的游戏。儿童在进行性游戏时往往还不具备道德意识，因此，不必给童年性游戏的经历加上道德判断，对自己过分谴责。但是，大学生已经有了道德认识和判断能力，不能把性游戏的行为延续到成年的生活之中。

（五）慎重对待婚前性行为

婚前性行为虽然不违反国家法律，但容易带来种种不良后果。慎重对待婚前性行为，需要把握好性与爱的界限。性爱是成熟爱情的结晶，慎重对待婚前性行为，需要走出"以性维系爱情"的误区，且需要树立社会责任感。

（六）对性骚扰的自我保护

首先，大学生应当维护自己自尊、自重、自爱的自我形象，做到举止大方、行为得体、作风正派、衣着打扮不轻浮。其次，大学生应当学会自我保护。女生尽量晚上不要单独外出，更不要单独在男性家中或住所长时间停留。面对异性的非分要求，不要畏惧，要勇敢地说"不"。要以严厉的态度制止和反抗性骚扰，必要时向别人呼救或向公安部门寻求帮助。对于性骚扰事件的经历，不要过分恐惧和自责，因为你是无辜者。为了更快地排除自己的心理困扰，可以同父母、老师、知心朋友宣泄自己的情绪，也可以寻求心理咨询师的帮助。

四、调节与异性交往的不适

积极乐观地对待生活，主动参与各种社会活动和文体活动，文明适度地处理异性交往。自爱、自信，认同自己的性别角色，对性行为负有社会责任感，并培养自己良好的意志品质。

五、学会寻求社会支持与心理帮助

大学生遇到和性相关的问题时，要向教师或家长寻求心理帮助，必要时要向心理咨询师求助。在心理咨询室中，性不再是一个难于启齿的问题，同学们可以尽情宣泄心中的郁闷。据不完全统计，在大学生们前来咨询的问题中，与异性的交往问题占据了一半以上的比例，大部分都或多或少涉及有关性的困惑。

（一）学会精神自励

面对性的挫折及接踵而至的精神打击，应用积极的认识方法来"稳住"自己，学会自我鼓励。性挫折是对人生价值的考验，是人格走向成熟的阶梯。因此，应不断鼓励自己走过这个阶段，只有迅速振作起来，才能摆脱眼前的危机。

（二）寻求积极宣泄

许多性悲剧后果都是由于痛苦情绪的压抑、沉积而走向行为爆发的。出现沉闷是危险的征兆。因此，遇到性方面的问题，可把内心的委屈、痛苦和愤怒向亲朋好友和心理咨询师倾诉。有时泣不成声的倾诉如同燥热天气里的一场雷雨，暴雨过后便会出现清新、爽朗的心境。

（三）转换生活方式

可改变自己的生活方式来降低性方面的痛苦。如投身到学习、工作中，也可投身到集体中。在集体中会感受到群体成员彼此之间的互相关怀和温暖，会让你从痛苦中摆脱出来；还可以融身于大自然中，大自然的美好风光，能够旷达胸怀，欢愉身心，使你摆脱痛苦。

 拓展阅读

如何避免性冲动

在恋爱的过程中，可以通过一些有效的措施来帮助自己或对方克服过分的性冲动。

（1）约会的时间最好不要选择在晚上。因为借助夜幕的"掩护"，恋人间容易表现得比较亲昵，此时稍一冲动、稍一疏忽，就可能逾越界限，做出事后会使双方都后悔的事情。

（2）约会时衣着最好不要过于透明、暴露。双方应该清楚地知道在什么情况下拒绝对方更容易，要穿戴整齐，不要袒胸露背。如果决心不选择"婚前性行为"，在穿戴上就要选择适合保护自己的衣物。

（3）约会的地点最好选择人较多、较热闹的地方。在这些地方既可以共度一段美好的时光，又可以借助环境，实行自我约束。僻静处、私人卧房、旅馆的客房都是比较危险的地方。在青年男女独处时，这些场所对克服性冲动有弊无利。在家里交谈，就选择家里有人时，将房门虚掩着。

（4）当女方发现男方产生了性冲动，自己特别不愿意接受时，可以适当提醒他或者把他带到人多的地方，或谈些别的话题，以转移其注意力，最好不要采取简单、粗暴的拒绝方式，以免伤害对方的自尊和两个人的感情。

 心理测试

（一）爱情量表和喜欢量表

"喜欢"与"爱情"，你能分辨出来吗？不管你是否在恋爱，试着对自己的情况或想法勾选下列符合自己目前恋爱状况或对爱情憧憬的项目。（可复选）

（1）他（她）情绪低落的时候，我觉得很重要的职责就是使他（她）快乐起来。

（是　否）

（2）在所有的事件上我都可以信赖他（她）。　（是　否）

（3）我觉得要忽略他（她）的过失是一件很容易的事。　（是　否）

（4）我愿意为他（她）做所有的事情。　（是　否）

（5）对他（她），有一点占有欲。　（是　否）

（6）若不能跟他（她）在一起，我觉得非常不幸。　（是　否）

（7）我孤寂时，首先想到的就是要去找他（她）。　（是　否）

（8）他（她）幸福与否是我很关心的事。　（是　否）

（9）我愿意宽恕他（她）所做的任何事。　（是　否）

（10）我觉得使他（她）得到幸福是我的责任。　（是　否）

（11）当和他（她）在一起时，我发现我什么事都不做，只是用眼睛看着他（她）。

（是　否）

（12）若我也能让他（她）百分之百的信赖，我觉得十分快乐。　（是　否）

（13）没有他（她），我觉得难以生活下去。　（是　否）

（14）当和他（她）在一起时，我发觉好像二人都想做相同的事情。　（是　否）

（15）我认为他（她）非常好。　（是　否）

（16）我愿意推荐他（她）去做让人所尊敬的事。　（是　否）

（17）在我看来，他（她）特别成熟。　（是　否）

（18）我对他（她）有高度的信心。　（是　否）

（19）我觉得什么人跟他（她）相处，大部分都会有很好的印象。　（是　否）

（20）我觉得他（她）跟我很相似。 （是 否）

（21）我愿意在班上或团体中，做什么事都投他（她）一票。 （是 否）

（22）我觉得他（她）是许多人中，容易让别人尊敬的一个。 （是 否）

（23）我认为他（她）是十二万分聪明的。 （是 否）

（24）我觉得他（她）在我所有认识的人中，是非常讨人喜欢的。 （是 否）

（25）他（她）是我很想学的那种人。 （是 否）

（26）我觉得他（她）非常容易赢得别人的好感。 （是 否）

结果分析：

你的勾选项目若集中在1～13项者，表示你对他（她）的感情以"爱"成分居多，而若多集中在14～26项者，表示你对他（她）的感情以"喜欢"成分居多。

（二）爱情类型量表

此问卷为不记名问卷，来自美国社会心理学家阿伦森的《社会心理学》第五版。这些项目是请你描述在爱情中的感受。请根据你个人真实的感受与经验来回答。如果你现在有男（女）朋友，请以现状作答；如果你曾经有男（女）朋友，请以最近的一位作答；若你还未曾有男（女）朋友，请你用想象的方式作答，最后将自己的爱情类型标出。

对每个项目，请选择1到5的数字来表示你在多大程度上同意或者不同意该陈述。

1. 非常不同意 2. 中度不同意 3. 中立 4. 中度同意 5. 非常同意

（1）我和我男（女）朋友是一见钟情。 （ ）

（2）我和我男（女）朋友之间有心动的感觉。 （ ）

（3）我们的情爱热烈而令人满意。 （ ）

（4）我觉得我和男（女）朋友是天造地设的一对。 （ ）

（5）我和我男（女）朋友在感情上能很快融入一起。 （ ）

（6）我和我的男（女）朋友能真正地互相了解。 （ ）

（7）我的男（女）朋友符合我理想中的英俊/美丽的标准。 （ ）

（8）我会在对对方承诺时保持一点儿不确定。 （ ）

（9）我相信我过去的事情不会伤害他/她。 （ ）

（10）有时我会试图阻止我的男（女）朋友找其他的伴侣。 （ ）

（11）如果我和男（女）朋友分手，我可以很快忘掉这段爱情。 （ ）

（12）我的男（女）朋友知道我和别人的一些事情会很难过。 （ ）

（13）如果我的男（女）朋友太依赖我时，我会和他（她）保持一点儿距离。

（ ）

（14）我喜欢与我的男（女）朋友，以及其他一些人玩"爱情游戏"。 （ ）

（15）我很难说出自己和他（她）的感情是何时从友情变成爱情的。 （ ）

（16）我们的爱情需要一段时间的相互关怀。 （ ）

（17）我希望与对方永为朋友。 （　　）

（18）我们的爱情是最佳类型，因为是经由长久友情发展起来的。 （　　）

（19）随着时间推移，我们的友情渐渐与爱融为一体。 （　　）

（20）我们的爱情是真正深刻的友谊，而不是神秘奥妙的情感。 （　　）

（21）我们的爱情极令人满意，因为它是从良好的友谊发展起来的。 （　　）

（22）许诺之前，我会考虑我的另一半未来会成为怎样的人。 （　　）

（23）在选择男（女）朋友之前，我会先仔细计划我的生活。 （　　）

（24）我相信择偶最好"门当户对"。 （　　）

（25）对我家人会有什么影响是我择偶时要考虑的一个很重要的因素。 （　　）

（26）择偶的一个重要因素是对方是否会成为好的父（母）亲。 （　　）

（27）择偶的一个重要因素是对方对我职业生涯的影响。 （　　）

（28）在认定他（她）为另一半之前，我会考虑我们是否能生出健康的小孩。

（　　）

（29）当我与他（她）之间发生问题时，我会寝食难安。 （　　）

（30）假如我和我的男（女）朋友分手，我会很低沉，甚至想到轻生。 （　　）

（31）有时候，我会因为恋爱而兴奋失眠。 （　　）

（32）当男（女）朋友不关心我时，我会感觉全身不适。 （　　）

（33）从我爱上他（她）后，很难在其他事情上集中注意力。 （　　）

（34）当我怀疑他（她）和别人在一起时，我会不舒服。 （　　）

（35）假如他（她）有一阵子忽视我，我有时会做出一些傻事来吸引他（她）的注意。

（　　）

（36）无论何时他（她）遭遇困难，我都一定会帮他（她）渡过难关。 （　　）

（37）我宁愿自己受苦，也不让我的男（女）朋友难过。 （　　）

（38）我的男（女）朋友快乐时，我才会快乐。 （　　）

（39）我一般会牺牲自己的愿望而让男（女）朋友的愿望得以实现。 （　　）

（40）我有的一切东西，我男（女）朋友都可以随时取用。 （　　）

（41）即使我的男（女）朋友生我的气，我也全心且无条件地爱着他（她）。

（　　）

（42）我宁愿为了我的男（女）朋友忍受一切。 （　　）

评分：

这 42 个项目是基于六种爱情类型。把每个爱情类型上所有项目的得分相加，即为相应爱情类型的得分。情欲之爱：项目 1～7；游戏之爱：项目 8～14；友情之爱：项目 15～21；现实之爱：项目 22～28；激情之爱：项目 29～35；奉献之爱：项目 36～42。

你在每个爱情类型上的总得分是在 7 分到 35 分。得分最高的爱情类型反映了你对爱情的态度；而得分最低的爱情类型则最不能反映你对爱情的态度。

测评解释：

加拿大社会学家约翰·李将男女之间的爱情分成六种不同的类型：情欲之爱、游戏之爱、友情之爱、现实之爱、激情之爱和奉献之爱。这些爱情类型，主要是基于人们在爱情中的不同行为表现。

（1）情欲之爱，也是浪漫之爱。一见钟情式的爱情较容易发生在这种类型之中。情欲之爱者非常注重外表的吸引力，双方能很快进入爱情。

（2）游戏之爱。这种爱情类型的人，从来不会把爱情当作严肃的事情。他们将爱情视为一场游戏，视自己为这场爱情游戏的高手。虽然他们并不想给别人造成伤害，但事实上却往往如此。

（3）友情之爱。这是一种缓慢发展的爱情，恋爱关系是从友情中慢慢演变而来。双方的相似性在情侣间极为重要。

（4）现实之爱。这是十分讲求实际的爱情类型。他们会站在现实的角度上选择最符合条件的情人。这些条件包括家世、学历、能力、未来成就等。

（5）激情之爱。对情人有强烈的依赖感和占有欲。他们的情绪常处在两极化，总被恋爱对象的喜怒哀乐牵动着。

（6）奉献之爱。这是一种无私、给予的爱情类型。这种恋爱者视付出爱情为理所当然，永远把对方的快乐、幸福放在自己的前面，希望爱人一切都好而不求回报。

单元小结

本单元主要讲述大学生的恋爱心理及性心理，首先讲述了爱情产生的基础及恋爱的特征，分别从恋爱心理发展、性心理、常见心理问题及调适三点着手，致力于让大学生了解在恋爱和性方面个体生理及心理上的发展及变化，从而了解自己的内心，同时帮助大学生解决恋爱和性方面的问题，使其能更轻松地度过大学时光。

思考与练习 ▶▶▶

（1）简述大学生恋爱的特征。

（2）恋爱中的心理困惑有哪几种？都有什么表现？

（3）简述大学生的性心理特征。

（4）如何培养大学生健康的性心理？

心理训练营：你为什么结婚

是什么吸引你想和恋人走上婚姻的红地毯？下面列举了一些观点，看一看这些条目中有没有适合你的，如果有，请你在相应条目前做一下标记。

（1）离开他/她，我无法生活。

（2）我被他/她的英俊/漂亮所吸引。

（3）除了他/她，我不确信还有人会爱我。

（4）我想找一个对我百依百顺的人，我找到了。

（5）我真爱他/她，他/她也真爱我。

（6）我需要找一个人来照顾我。

（7）一个人的生活太空虚，我需要找一个人来填补生活的空虚。

（8）我想要与另一个人分享我的快乐、梦想、焦虑以及疑惑。

如果上面的条目中没有符合你的观点，请将你的观点简要写在下面的横线上。

_____

_____

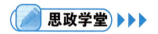

思政学堂 ▶▶▶

影视推荐：《恰同学少年》

推荐理由：20 岁，是所有人最想定格的年纪。为何它如此令人魂牵梦萦？20 岁，最美妙的年纪，兼具少年的纯真、激情与中年的成熟、稳重。20 岁，最美好的年纪，可以让你体验人生中最浪漫的情感、探索最有意义的旅行、一次又一次对未来畅想。20 岁有如飞机刚刚起飞一般重要，每一次选择可能会带给人生完全不同的航线与终点。或许你还没有步入 20 岁，或许你正值 20 岁，又或者你已经走过 20 岁。20 岁终会逝去，那段岁月会带给我们什么？我们如何让它不朽？观看电视连续剧《恰同学少年》，认真体会一定时代背景下大批青少年所具有的朝气蓬勃的精神气质。

第七章
大学生的挫折与压力应对

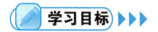 **学习目标** ▶▶▶

（1）影响学习的非智力因素。
（2）掌握学习心理问题的调适方法。
（3）掌握压力的含义及来源。
（4）了解压力的积极作用和消极作用。
（5）掌握挫折的含义及成因。
（6）了解挫折中的心理防御机制。
（7）学会如何应对挫折。

思政目标 ▶▶▶

（1）科学态度：对待逆境的积极态度和积极成长。
（2）实事求是：正确看待成长过程中的挫折和压力。
（3）主观能动性：充分发挥个人主观能动性，在逆境中实现自我成长。

引导案例

袁晶晶的压力

　　袁晶晶，某大学二年级学生。辅导员认为小袁是个很有上进心的学生，是一名很负责任的班干部，她和宿舍同学之间的关系很好。然而，袁某常常对自己要求很严格，希望在各方面都比别人强，干什么事都希望比别人做得好。她也有自己的苦恼："马上快四级考试了，我觉得很紧张、焦虑，晚上睡不着觉，这样的状态持续也快一个月了。为此我也吃过一些安定之类的药，这样，晚上能睡得好一些，但总感觉时间长了吃药对身体是没好处的。四级考试我已经是第二次考了，我感觉自己心里发虚，没底，好像什么都还不会，可能也是学习方法有问题吧。再过两个多月就要考试了，我很着急，整天都在看书。看到别人在听听力，自己就装样子也戴上耳机；看到别人在背单词，自己也背；看到别人做阅读理解，自己也立刻拿起阅读来做。总之，不知道怎样复习才能尽快提高自己的水平。早上起床时，看到别人没有起床，我也暗自劝慰自己，不要紧，再睡会儿，时间总会有的。我想，可能也是我这种'偷懒'的想法影响了学习吧，所以才导致了现在的一无所获和焦虑。我有一个妹妹，妹妹学习成绩优秀，在各方面都比我强，父母也特别喜欢妹妹。比起妹妹来，父母对我的关注相对少一些。可能心里老想得到父母更多的关爱吧，就在各方面都想超越妹妹，以求得到父母的关心。"

第一节　大学生学习心理与学习压力

一、学习的心理概述

（一）学习的概念

在心理学的研究中，学习的内涵非常广泛，广义的学习指人与动物在生活过程中获得个体行为经验的过程，如心理学的研究中动物对获取食物技能的学习，儿童学习用碗筷的过程都属于广义层面的学习。狭义的学习则指的是学生学习的过程，准确地讲就是指学生在教师的指导之下，按照一定的教学计划学习科学文化知识、发展智能、思想品德与行为发生改变的过程。一般生活中我们所说的学习更多的指的是科学文化知识的学习。

（二）学习的过程

学习过程是指学生从接触学习内容到掌握内容，到对知识、技能的运用，是一个循序渐进的过程，具体地说，这一过程可以分为感知、理解、巩固、应用四个阶段。

1. 通过感知，形成表象

这是学习过程的初步阶段。该阶段的主要特征是学生通过各种感觉和知觉去观察事物和物质化材料，听取言语的说明，阅读文字符号，进行试验操作，等等，直接或间接地获得必要的感性知识，对学习对象形成正确的表象，为进一步形成科学的概念打下基础。

2. 通过理解，形成概念

通过感知形成表象只能认识到事物的表面形象和外部联系，学生还应该对感知的材料和信息通过思考、分析、比较、综合、抽象、概括等方式理解而形成概念。这是学习的深化阶段，是学习过程的中心环节，对于掌握学科系统知识具有重要的意义。

3. 巩固知识，保持记忆

学生在摄取和理解知识之后，需要一个巩固的阶段。巩固知识的过程，就是把理解的知识在大脑中储存起来，以便在需要时加以提取与运用。大学生应当注意掌握记忆的规律，并适当进行运用记忆方法的训练。

4. 应用知识，形成技能

学生学习过程的最后一个阶段是对知识的运用，即把所获得的知识运用到实际中去，以形成技能和技巧。学习知识的目的在于应用，如果学生只会死记硬背，遇到实际问题束手无策，则这种知识是毫无意义的，因此应当提倡学以致用。

（三）影响学习的非智力因素

在学习心理中，对于非智力因素的科学认识，西方心理学界是从其对智力测验成绩的影响开始的。我国非智力因素是在教育实践中单纯"开发智力"遇到困难的背景下提出来的。在此基础上有人开始专题研究非智力因素与成才、非智力因素与学业成绩的关系。

非智力因素的确切含义是什么呢？目前学术界对非智力因素还没有一个统一的定义。一般而言，对非智力因素可以从广义和狭义两个方面来解释。广义的非智力因素包括智力以外的心理因素、环境因素、生理因素；狭义的非智力因素则是那些不直接参与认识过程，但对认识过程起直接制约作用的心理因素，主要包括动机、兴趣、情感、意志、个性（气质、性格）等，其中个性是核心。心理学研究中所讲的非智力因素，多指狭义的非智力因素。

非智力因素不直接参与认识过程，也就是说在认识过程中，它不直接承担对机体内外信息的接收、加工、处理等任务。非智力因素对认识过程的直接制约作用表现在它对认识过程的动力作用和调节作用上。

有人认为学习仅仅是一种智力行为，学习成绩的好坏只与个体智力水平的高低相关，实际上这种看法是不正确的。在学习活动中，除了智力因素以外，非智力因素起着动力、导向、调控、因果的作用，是认识活动的心理倾向性，是学习活动的推动者和调控者。

在学习活动中，智力因素界定一个人能干不能干；非智力因素界定一个人肯干不肯干；至于干得好与不好则由智力与非智力因素共同决定。对于一般人来讲，干得好不好主要由非智力因素决定。一个对学习不感兴趣，又缺少刻苦、勤奋学习精神的人，他的智力水平再高，学习也不会取得好成绩。

大量研究表明，智力因素和非智力因素共同影响学习效果。智力水平相等的学生中，非智力因素优秀的学生其学业成绩都高于非智力因素不良的学生；智力水平中等、非智力因素优秀的学生的成绩会高于智力水平较高、非智力因素不良的学生。

有的研究还表明，在学习成绩较好的学生之间，学习成绩的差异与智力因素关系较大，而与非智力因素几乎没有什么直接关系，因为学习成绩较好的学生，他们的非智力因素水平一般都比较高。在学习成绩较差的学生之间，他们成绩的差异与非智力因素水平有显著关系，而与智力因素水平关系较小。也就是说，导致这部分学生学习差的原因，主要不是智力因素影响，而是非智力因素的影响，即缺乏学习动力、学习热情和学习毅力。这些都说明非智力因素对学生学习起着非常重要的作用。

非智力因素与智力因素不同，在学习活动中，非智力因素的诸多基本因素各自发挥其作用，某一基本因素水平的高低不一定影响其他基本因素的水平。而在智力因素中，只有其中某一种或几种因素有突出发展，才可以在智力发展中取得非凡的成功。此外，智力因素在很大程度上又由遗传决定，而非智力因素则主要是后天习得的，所以优化非智力因素主要在于后天的培养。大学生要想使自己成为具有创造精神的优秀人才，就要努力培养自己良好的非智力因素。

二、大学生学习与心理健康

（一）大学生学习的特点

俗话说："活到老，学到老。"而对大学生来说，学习更是首要任务，也是大学活动的主要形式。大学生的学习特点与中学生的学习特点相比明显不同，大学生的学习特点主要体现在以下五个方面。

1. 学习的专业性

大学属于专业教育阶段，学习的内容围绕专业方向和需要展开。由于大学学习的这种特点，大学生对专业是否有兴趣会直接影响大学生的学习动力，进而影响他们的学业状况乃至整个生活。大学学习需要思考知识之间的联系，使用有效的学习策略。

2. 学习的计划性

大学生自由支配的时间比较多，因而需要具备较强的学习计划能力，能合理安排学习内容、学习形式，需要有较强的自学能力和自觉性、自主性及自制能力，否则，或是忙乱不堪，不得要领，或是浪费时间，事倍功半。

3. 学习过程的探索性

大学学习具有研究和探索的性质，参与研究成了大学生的必修课，大学的学习不仅要求理解、巩固知识，还要在学习中培养独立思考、探索创新的精神。而死记硬背、墨守成规、缺乏灵活性和探索性的大学生将会较多地感受到挫折。

4. 学习目标的多元性

学习目标可以大致上划分为认知领域学习目标（包括知识掌握、智力技能与认知策略学习的目标）、情感领域学习目标（包括情感、态度、价值观方面的学习目标）与运动技能领域学习目标（包括理解、外显行为、适应、创新的学习目标）。进入大学后，大学生普遍感到知识浩瀚如海洋、各类活动繁多，大学为每个人的发展提供了一个广阔的天地。大学的学习主要涉及以学科为中心的学习活动，即认知领域的学习。对于大学生而言，如何正确处理好课本知识与课外知识、专业学习与能力培养诸方面的关系，是许多大学生深感矛盾、头疼的问题，这常使一些大学生左右为难、焦虑不安。

5. 评价的多样性

大学生的学业成绩已经不是评价其是否成功的唯一标准。因此，学业成绩的高低并不完全决定一个人是否成功，学业成绩主要考察逻辑思维能力和语言能力，而人际沟通能力、领导管理能力、艺术创作能力、动手能力等却很难在考试中体现出来，这些能力对一个人的成功也非常重要。

 案例

> 李超是一名大一新生，入学以来，短暂的兴奋过后，没有期待的充实和自由，反而感到郁闷的时间比高中多了许多。他感觉身边的同学都很优秀，无论是上课，还是一些别的活动，他都感到信心不足，有时竟会产生一些逃避的念头。
>
> 大学的生活跟高中整天学习的生活实在太不一样了。每天宿舍、教室、食堂，三点一线的生活和高中一样，但是，感受却变了。李超觉得，高中时候，虽然很辛苦，但是每天的学习有条不紊，也知道自己在一步步靠近心中的目标，过得忙碌而充实。偶尔有些空闲时间，就赶紧收拾一下东西，放松一下，马上又投入忙碌的学习中，根本没有时间迷茫和空虚。而现在，一天下来觉得忙忙碌碌，晚上回想起来却觉得什么也没做。更令人郁闷的是，如此忙碌，每门功课连作业也被 deadline 追着，但转眼一个学期过去了，好像还没有适应大学的学习生活，常常感到疲惫不堪，睡眠也受到了影响。李超感叹，有时真想回到高中，由老师来安排学习，虽然辛苦，但生活很踏实。

（二）学习与大学生心理健康

学习对大学生的心理健康与发展有很大的影响，主要体现在学习动机、学习压力及学习方法三方面。

1. 学习动机对心理健康的影响

大学生的学习比中学生更复杂，同时也更为自觉、独立。学习动机是学生进行学习活动的主观意图，是推进学生进行学习的内在力量。适当的学习动机是大学生学习取得良好效果的重要保证。学习动机过强或学习动力缺乏对大学生正常的学习生活都不利。支配大学生学习的动机主要有以下几类。

（1）学习目的动机。学习的目的性是学习动机的重要组成部分，当学生能清楚地意识到自己的学习活动所要达到的目标及意义时，才能用这个目的去推动自己的学习。目标明确转化为一种有利的学习动机，推动主体把个人的目标与周围群体的目标和社会目标进行比较，从而对自己的目标内容做分析调整和修改。大学生如果能把学习的个人意义和社会意义很好地结合起来，把同学、社会、集体的要求转化为个人需要，让学习这一公众活动所带有的社会责任感来推动自己主动地学习，这样的学习目的既有社会意义，也有个体意义。大学生的学习如果有了明确的、自觉的、高尚的目的，就会产生学习的自觉性，激发起强烈的求知欲、稳定的学习兴趣和高度的社会责任感，从而专心致志、勤奋学习、刻苦钻研。相反，如果没有明确的学习目的或目的不正确的学生，学习就会像断线的风筝，形不成动机；形不成动机，学习便没有动力；没有动力，学习便没有兴趣，很难长久坚持下去。

（2）成就动机。成就动机是个体在先天创造力的驱动下，最大限度地获取成功体验的动机。这是一种能够带来成就感，后天获得的动机。从社会意义上看，成就动机对于人类的进步及科学的发展，有着不可估量的作用。一个人希望获得比以前更好的成绩，将来能干一番事业等愿望，都是在成就动机驱使下所产生的效应。成就动机与一个人的志向水平或抱负水平有关，志向远大的人，成就动机强，反之，成就动机就弱。成就动机的强弱，对心理健康会有很大的影响。古今中外对于成就动机具有共同的看法，即对成功和失败的归因不同会导致个体的心理倾向不同。一般来说，成就动机高的个体会把自己的成功或失败归因于能力与努力等主观因素。因此，对于这些个体而言，即使失败了，也会认为是自身的努力还不够，这样会促进自身继续努力，以致最后取得成功。而成就动机低的个体，会把自己成功或失败的原因归咎于外在的因素，像天时、地利、人和、运气或任务难度等，因此，一旦失败则会怨天尤人，从而丧失追求成功的愿望，安于现状、不求进取。

（3）学习兴趣。兴趣是积极探究某种事物或进行某种活动的心理倾向。学习兴趣指的是学生对某一种知识和技能，力求更深层次地去认识和掌握的内在要求和心理倾向。这种心理倾向和一定的情感相联系。

浓厚而稳定的学习兴趣会变为个体强烈的求知欲。兴趣浓厚而稳定的人，会凝聚自身精力积极努力为实现目标而奋斗，一步一步迈向成功；兴趣杂乱或淡化的人，在学习生活中造成自我失衡，导致自我与环境的关系失调，不利于自身心理健康发展。一个学习兴趣浓厚的大学生，会对学习上遇到的各种现象和问题产生惊异感。在学习过程中，会全身心投入、废寝忘食、津津有味，甚至会对所学知识达到痴迷不舍的地步；在学会后，他会产生强烈的满足感，觉得书本是他的良师益友，自己从中受到了启迪，并由此产生欢悦、惬意的情感体验。学习兴趣是学习积极性中最现实、最活跃的心理成分，学生学习的积极性往往以自己的学习兴趣为转移。当一个学生对某一学科、某一知识产生兴趣时，他总能发挥自身主动性，心情愉快地去学习，而不会把学习当作一种沉重的负担，《论语》中有句话说得好"知之者不如好之者，好之者不如乐之者"，讲述的就是这个道理。因此，学习的最佳动力是对所学材料感兴趣并从中得到乐趣。

大学生学习动机的不同类型，实际上体现的是大学生在学习中所追求的不同层次和水平。在同一个大学生身上，其学习动机也是多种多样的，而不是受其中单一的动机所支配的，它们有主有从。研究表明，大学生主导性的学习动机主要是：求知探索的动机、友情交往的动机、成就建树的动机、自尊自主的动机。这说明大学生是以求知、求学需要为主要的、基本的学习需要，同时具有珍视友谊、重视自尊和荣誉、追求成功的特点，主流动机是健康的、积极向上的。

2. 学习压力对心理健康的影响

当前，我国的高等教育仍然承袭着应试教育的一些特点。老式的学科体制及结构仍然存在，面对知识更新速度的加快，学科体制建设呈现落后的态势。学科体制存在的问题及现状导致大学内学科学习两种乱象并存：大学生专业基础学科的教材、学习材料老化，赶不上知识内容更新的时代要求，由于多重原因的影响，教材、学习材料的更换也只是做做表面文章，或者是更换不到位，没有做到本质上的革新；新的学科内容在冲击着旧的学科知识，"装扮"后的种种新课程纷纷登场，在一些专业领域中出现了课程门次增多、学习内容重复的现象，无形中增加了学生的学习负担。学习负担过重，进而对学生的学习产生压力，导致学生精神高度紧张；课程重复率增加，使得学生对专业学习丧失信心；学习难度过大，使学生对学习产生畏难情绪，甚至失去信心。由此形成恶性循环，对学生的心理健康产生影响。

当然，如果大学生能够正确对待压力，压力也可以转变为学习的动力。知识经济发展的 21 世纪，给社会主体提出了新的挑战，在校大学生面临的第一个问题就是应对压力问题。大学生如果做不到努力学习，就不能很好地掌握学科知识，提升个人能力更无从谈起，面对生活学习中的压力，就显得无所适从。大学生只有当面对压力时勇敢地迎上去，在压力的历练下，自己的人格、修养和学识才会有新的突破。这对于大学生形成良好的个性品质、健全的人格素质以及心理健康都意义重大，勇于面对压力是人生成功的首要条件。

3. 学习方法对心理健康的影响

《论语》中有句话说得好："工欲善其事，必先利其器。"学习者进行学习活动往往关注的是学习内容，其实对于大学生而言更重要的是学习方法，即大学生是如何学习的。对于每一个学习主体而言，学习方法是必不可少的，它来源于学生对学习的正确认识。

随着社会生活节奏的加快、社会竞争的加剧，人们面临的学习任务日益增加，因此采用高效率的学习方法是人们学习中所追求的目的。针对学习内容，如果学习方法得当，学生的学习就会显得轻松而富有成效；如果方法不得当，往往是浪费精力、事倍功半。学习方法不当，导致学习主体掌握知识难度加大，学习成绩长期得不到提高，导致个体在学习方面产生自卑心理，严重者则会自暴自弃。科学的、合适的学习方法能够培养学生的学习兴趣，提高其学习积极性，有助于促进学生心理健康。科学研究表明，人体大脑细胞的 95％ 处于闲置状态，这对于提高学习效率至关重要，而科学的学习方法可以帮助主体有效地开发大脑智能。每个人都有与生俱来的潜能，这些潜能还处于待开发状态中，通过科学有效的学习可以开发这种潜能，进而提高个体心理健康水平。

三、大学生常见的学习心理问题与调适

（一）大学生常见的学习心理问题

一般来说，绝大多数学生都是围绕学习这个主导活动来安排自己的大学生活的，通过努力，顺利完成学业。但在校园中存在种种的学习困难，甚至难以继续学习的大学生也不在少数，集中表现为学习心理问题。学习心理问题表现程度的轻重不同、时

间长短各异，形成的原因也多种多样。

当前大学生常见的学习心理问题包括缺乏学习动力、学习焦虑、学习疲劳、注意力不集中、考试焦虑等。

1. 缺乏学习动力

缺乏学习动力的学生往往会表现出许多消极行为，如听课不专心、无精打采、被动应付、缺乏上进心、有厌学情绪等。造成大学生学习动力缺乏的原因是多方面的，其中最主要的是动机不明确，对所学专业不感兴趣。除此以外，不善于分析遭受挫折的原因、来自社会或家庭的消极影响等，也是不容忽视的影响因素。显然，缺乏学习动力的学生难以圆满完成学习任务，要增强他们的学习动力必须激发他们积极的学习动机。

当前，大学生学习目的不明确，从而造成无所适从、浑浑噩噩的学习现象在大学中屡见不鲜。增强大学生学习动力的对策包括社会、学校和大学生个人两方面。社会、学校可改进大学生择业机制，做到优才优用，创造良好的学习气氛和竞争环境，严格执行学习纪律和奖惩条例，完善专业设置和课程设置，提高教学质量，改进知识体系，采取灵活的适合学生的管理体例，等等。从大学生个人角度来讲，可以进一步了解专业特点及在社会发展中的作用，提高对学习意义的认识，培养学习兴趣，增强学习的自觉性和主动性；端正学习动机，通过参与社会实践、了解国情来增强社会责任感；设置适当的学习目标，短期、中期和长期目标相结合，使学习具有明确的努力目标，并据此制订具体的学习计划；在学习实践中体验获得知识的乐趣，尤其在创造性的劳动中感受喜悦，在战胜困难中增强勇气和自信。具体就大学生个人而言，主要是就自身缺乏动力的原因做针对性的调整。

2. 学习焦虑

学习焦虑是指学生不能达到预期目标或不能克服障碍的威胁，致使其自尊心、自信心受挫，或失败感、内疚感增加而形成的一种紧张不安、带有恐惧的情绪状态。有些学生在亲友、教师等各方面因素的影响下，为自己确定了过高的学习目标或抱负，虽竭尽努力但仍和目标相差甚远，造成心理压力很大，这时就会出现严重的学习焦虑。

现代心理学把焦虑分为三种情况：低、中、高焦虑，适当水平的焦虑可以增强学习的效果，但是若焦虑过高或者过低会降低学习效果。

假如已经出现严重的学习焦虑，首先，要充分发挥自我调节的能力，控制焦虑的程度。其次，要努力创造一个班级、宿舍同学间关系和谐的集体和轻松愉快的学习气氛。师生之间情感的交流，同学之间互助友爱的关系，都有助于学生心理趋于平衡，形成正常焦虑。再次，激发和保护学生的好奇心是控制正常焦虑的良策。精神病学家布盖尔斯基认为，控制恰当的焦虑水平的方法就是要引起学生的好奇心，因为好奇心就是焦虑的一种隐蔽方式。有了好奇心，相应地会出现一定的紧张，这种紧张饱含着愉快色彩，活动效率因此而大大提高。最后，学生要正确认识和评价自己的能力，确立切合自身实际的学习目标；增强自信和毅力，不怕困难和失败；保持适度的自尊心，行之有效地降低对胜败的敏感度；保持情绪的稳定；探索总结一套适合自己的学习方法等，都有助于克服严重的学习焦虑。

3. 学习疲劳

学习疲劳是指因一定的紧张程度或连续学习而引起学生生理和心理方面产生变化，使学习效率下降，甚至处于不能学习的状态。学习本身就是一种极其繁重的脑力劳动，其剧烈程度丝毫不弱于体力劳动。如果不合理地安排学习，长期学习负担过重，用脑过度，可使疲劳积累成为过度疲劳，并会造成大脑的机能损伤。防止和消除学习疲劳的方法有如下几种。

（1）端正学习目的，培养学习兴趣。人有了明确的学习目的，学习就有了动力。人在做自己愿意做、喜欢做的事情时，疲劳通常会来得晚一些、更轻微一些，并且能够保持较高的活动效率。人在从事他们喜欢的活动（如看电视里的文艺节目或下棋）时，能连续集中注意力四五个小时而毫无倦意；而如果他们做的是自己不愿意做的事，则很快就会感到疲劳、厌烦。我们学习效果的好坏，很重要的衡量标准之一是能否使大脑细胞处于兴奋状态。如果对学习不感兴趣，进行强迫性的学习，大脑皮层的有关区域往往会呈现出抑制状态，出现视而不见、听而不闻或像和尚念经，有口无心的情况，这是不会取得好的学习效果的。只有激发自己的求知欲，对探求学习内容的本质和规律有强烈的兴趣，才能使大脑功能处于最佳状态。

（2）建立合理的作息制度，保证充足的睡眠。充足的睡眠可以使疲劳得到消除，这是因为身体活动所消耗的物质可以在休息过程中由平缓的呼吸和营养物质的运输得到补充。一般认为，大学生每天的睡眠时间不应少于7～8小时。防止大脑疲劳，应该保证有足够的睡眠时间。这是因为睡眠是休息最重要、最基本的形式，是保护大脑的重要条件。

（3）注意休息，劳逸结合。大学生在学习过程中要注意保护大脑，按照大脑活动的规律合理运用脑力，注意休息，劳逸结合，使大脑处于最佳的工作状态，最大限度地发挥大脑的功能。学习与休息交替进行，劳逸结合符合大脑活动的兴奋与抑制规律。学习一段时间后应休息片刻，这不是在浪费时间，而是在补充精力，提高人的理解力和记忆力。

（4）坚持体育锻炼，预防脑衰老。体育锻炼可使心脏活动量增加，血液循环加快，使大脑得到更多的氧气和营养，有利于脑的新陈代谢，使大脑的机能保持旺盛，从而提高大脑的活动。锻炼不仅可以使大脑在紧张工作时得到积极的休息，还可丰富生活内容，使人精神愉快、脑力充沛，提高学习效率。

（5）要注意大脑的营养。生理学研究表明，大脑所消耗的能量几乎占全身能量的20%，所以大脑能量的消耗需要大量的营养来补充，方能保证脑的灵敏度和持续能力。丰富的蛋白质、脂类、钙以及足够的维生素及磷、锌等一些微量元素，是使大脑得以健康发育，充分发挥其功能的物质基础。因此，大学生一日三餐既要吃饱又要吃好，合理搭配食物，注意膳食平衡，不偏食、挑食和吃零食，使其吸收的营养全面充足。

4. 注意力不集中

心理学研究表明，学生在学习中的个别差异，并不完全由个体的天赋不同所导致，更主要的是他们在学习时注意力集中的程度不同。可见，人适度集中注意力是保证自身高效率学习的必要条件。

注意是心理活动对一定对象的指向和集中。注意分为无意注意和有意注意。无意注意指事先没有预定的目标，无须作意志努力的注意；有意注意是一种主动、自觉、有目的、需要意识作出一定努力的注意。注意力不集中或注意力分散，是指在需要注意稳定的情况下受到干扰，使注意离开了需要注意的对象。大学生注意力不集中，实际上是无意注意增加，而有意注意减弱的结果。无意注意增加意味着注意保持时间短，外界稍有一点刺激就分心，使主观上想把注意力集中在学习上也做不到。有意注意减弱意味着注意力分散且不能持久，不能将注意力集中于一定的对象上，对已开始的学习活动常半途而废，难以坚持到底。学习时注意力不集中是导致学习效率下降的重要原因之一，还是大学生学习的大敌。

一些学生常常为自己不能有效地集中注意力或学习及复习时分心走神而苦恼。那么，如何才能集中注意力呢？

（1）明确目标。学习时应时刻坚持明确的学习目标，即为自己学习设定一个具体的、明确的、能很快实现的目标进行引导。例如，今天课堂要掌握哪些知识，这次考试要取得什么样的成绩，打算怎样安排复习等。只要自己心中有目标，当你转移注意力时，一想到这些即将实现的目标，你就会为之产生意志力，克服分心的问题。

案例

张林读的是数学系，然而，上大学后，他发现自己并不喜欢数学，很是苦恼。当年报考数学主要原因是自己是理科生，想读的学校没有太适合的专业，就想着以自己的分数能够上大学是最重要的。于是稀里糊涂地选择了数学系。

但是，转专业一是很困难，而且，需要本专业的成绩排名很靠前才有可能；二是，即使要转专业，张林也不知道该向哪个专业转，他并不知道自己到底喜欢什么，或者将来想要在哪个领域发展。一个偶然的机会，他遇到了一个读博士的师兄，师兄和他有过相似的经历，但后来接触到一些经典的数学著作，发现数学和生活联系很紧密，随着和大师的交流，枯燥的数学变得鲜活起来，慢慢地竟然对数学产生了浓厚的兴趣，一路读到了博士。张林很振奋，请教了师兄，并请他介绍了一些书籍，开始静下心来阅读。他了解了很多数学背后的故事，再看数学，觉得不是那么面目可憎了。虽然张林现在还谈不上多么热爱数学，但是，对数学从排斥到逐渐有些兴趣了。

张林感叹，如果我们没有深入地走进一个专业深处，那么或许是没有资格谈喜欢不喜欢的，更多时候不喜欢或许只是退缩的一个借口而已。

（2）转移调节。学习过程本身是艰苦的，学习知识又是十分抽象和枯燥的，对这些内容的学习往往易分散注意力。因此，在学习过程中，应当把感兴趣或不感兴趣的内容穿插着来学。当你感到厌烦或疲劳时，可暂时放弃当前的学习内容，把感兴趣的学科内容作为坚持学习、集中注意力的转移调节对象。

（3）锻炼意志。注意力说到底是一个人意志的一种体现。学习中的挫折往往是集中注意力的劲敌。因此，大学生在日常生活中要注意培养集中注意力学习的良好行为习惯，培养克服困难及挫折的毅力，逐步增强自我控制的能力，培养自律性人格，增强集中注意力的自觉性。

（4）劳逸结合。大学生要保持身心健康、精神愉快、精力充沛，注意充分休息，做到劳逸结合，防止因过度疲劳而导致的注意力不集中；同时，学生应适当参加文体活动，这样一方面使自己得以充分休息，另一方面也使过剩的精力得以宣泄，从而保持个体体内能量平衡。学习要有劳有逸、有张有弛，才能保证把注意力集中在学习上。

（二）培养积极健康的学习心理

帮助大学生树立终身学习观，掌握科学的学习方法，了解学习规律，对于提高学生学习成效、培养学生积极健康的学习心理具有重要意义。

1. 树立终身学习观

面对瞬息万变的社会，一个人原有的知识结构随时都可能面临新的知识的挑战。要跟上时代发展的步伐，必须学会用发展的眼光看问题，把学习当作一辈子的事，不能一劳永逸、故步自封。学习知识一方面是为自己的学习、工作奠定一个坚实的基础，另一方面是要培养自己的终身学习能力。

应培养强烈的学习责任感，要认识到学习不仅是一项个人权利，更是一份个人责任。终身学习依赖的是个人的主动性和自觉性，需要个体对自己的学习行为负责，能够独立地按照自己的意愿认真学习。同时，学习不仅是为了提升个人的素质，获得一个好的工作岗位，还应该意识到自己肩负着建设国家的重任，要胸怀大志，培养自己的社会责任感，只有"活到老，学到老"，才能成为博学之士和国家的有用之材。

2. 掌握科学的学习方法

大学生要想建立良好的知识结构，唯一的途径还是学习。学习的效果主要取决于如何学习，即是否掌握了科学的学习方法。为了帮助大学生更快更好地找到适合自己的学习方法，这里介绍几种行之有效的方法，这些方法都是根据心理学原理得出并在实践中反复被证明确实能提高学习效率的。

（1）整体学习法与部分学习法。整体学习法是指将学习材料作为一个整体来学习。学生在学习过程中，将材料从头至尾反复学习，以获得对材料的总体印象和了解，并进而了解一些较为具体的内容。部分学习法则是指将学习材料分成几个部分或几个具体的概念，学生每次集中学习其中一部分或一个具体概念。对每个具体的部分或概念要根据其难易程度的不同，合理安排学习时间或次数。

（2）集中学习法与分散学习法。集中学习法是指学习者较长时间地进行学习活动，学习的次数相对少一些，一次学习时间的长短取决于所学习材料的性质及其他因素。一般来讲，比较复杂难懂的材料，用集中学习法较为合适，这样可以保证学习者在一定时间内集中注意力，有利于理解并掌握那些抽象难懂的材料。但集中学习的时间不宜过长，否则容易引起学习者的疲劳，使学习效率下降。分散学习法与集中学习法不同，它是指将学习者的学习时间分成几个阶段，每学习一段时间就稍做休息。实验证明，假如分散学习的时间不是太短，这种方法是较为有效的。

（3）过度学习。所谓过度学习，是指学习者对知识达到勉强可以回忆的地步后，继续进行学习。也就是说，在对知识技能全部学会以后再继续学习一段时间，以达到巩固学习成果的目的。美国心理学家克鲁格做过一项实验，他让被测试者记一组序列词汇。第一组学习到全部能回答时就停止学习，第二组则继续学习，进行120％的过度学习，第三组则进行150％的过度学习。实验结果表明：过度学习对材料的保持率起着很重要的作用。但有一点也要注意，过度学习超过50％之后，对内容的记忆效果有下降的趋势。因此，并非过度学习越多，学习效果就越好，一般来讲，中等程度的过度学习效果较佳。

3. 了解规律，正确用脑

人的大脑分为左、右两个半球，大脑的左半球主要功能是语言、数学、逻辑分析等抽象思维，在阅读、写作、数学计算方面起决定性作用；右半球具有高度的图形感知能力，在音乐、美术、空间和形状的识别、短暂的视觉记忆方面起决定性作用。一般人左脑功能发挥较多，而右脑功能利用较少，降低了学习效率，阻碍了创造力的发挥。因此，我们应该遵循大脑的活动规律，科学用脑。科学家发现，17％的人早晨大脑的能动性较高；33％的人大脑能动性的高潮时间则是在夜间。于是，前一种人被叫作"百灵鸟"型，后一种则被称为"猫头鹰"型。其余50％称为"混合型"，没有明显的能动性的高涨特点。"百灵鸟"型和"猫头鹰"型的人，均属于兴奋性较高的人。掌握自己大脑活动的规律，把最重要、最需要脑力的学习内容安排在这一时间来完成，有利于提高学习效率。

第二节　大学生的压力及应对

一、压力概述

（一）压力的概念

压力，也称为应激（stress），是指人们在社会适应过程中，对各种刺激做出的生理反应和行为时所产生的一种紧张的心理体验和感受。

压力最初是由压力源即导致压力状态的各种刺激引起的。压力源通过感觉器官把当前的刺激信息传入大脑，信息在大脑中进行认知加工，并做出是有益还是有害的评价，大脑根据评价的结果调节人的生理活动和心理活动。如果大脑作出有害的评价，便会引起消极的情绪反应，并伴随一系列的生理反应，产生压力状态。所以，压力与人的情绪变化是密不可分的。

压力概述

压力并不总是痛苦的。压力是人的一种与平常不同的心理状态或生理状态，所以人有压力时必须调整自己以适应环境。有的压力让人感到痛苦，有的则令人产生愉悦的体验，如约会、旅游、结婚、第一天上班等愉快的事情在让人感到压力的同时又让人感到兴奋和快乐。但是，身体疾病、学业负担、经济困难、人际矛盾等不愉快的事情会很自然地使人感到痛苦。

（二）压力的类型

对于大学生来说，学习、社交、经济、择业、生活、身心成长等是主要的压力源，这些问题解决不当，往往使大学生感到苦恼，产生压力。

1. 学习压力

大学生学习压力主要来自以下几方面：在中学曾经是佼佼者，进入大学却成绩平平；大学学习时间由自己来掌控，却不知道怎么安排；自己就读的大学名气不够大；学习的目标不具体、不明确，产生空虚感；不喜欢所学的专业；不能够专心学习；虽然努力学习却成绩不佳；听不懂所学的课程；害怕成绩不理想；当看到其他同学忙碌地考计算机证、英语等级证等，自己却很茫然；总觉得该学的知识都没掌握，时间荒废了不少；是考研还是就业，考研考哪一所学校、哪一个专业合适，考研学习过程非常艰苦，如何度过等。

案例

为什么总是这么累呢？

女生小黄在进入大学之前，想象的大学生活是美好的，与室友的关系就像在家里的姐妹一样。但进入大学后她发现自己的理想破灭了，她感受到人际关系的复杂。她在宿舍里为大家所做的一切，包括打扫卫生、帮同学打水、去开通网络等，不仅没有得到她们的认可和感谢，反而被认为是理所当然的。这让她深受伤害，但她又不能不去做。她把更多的精力放在学习上，她要求自己将来直接考研。因此希望自己每门课都能够拿优，但她知道如果她所做的只是和其他同学一样，老师凭什么要给她优呢？于是她花大量的时间泡在图书馆里，比同学花更多的时间和精力在功课上，常常觉得自己活着很累，无法放松。

2. 社交压力

大学生的社交压力主要来自以下几方面：从中学形成的朋友圈到大学来自五湖四海的同学群，大学同学在心理上不易沟通，难以接纳彼此；依恋父母及中学时的同学，显得寂寞孤独；缺乏社会经验，社交不良，要么在交往中不愿敞开心扉，给人造成"不诚实感"，要么喜欢自我沉思，常被人误解和冷遇，要么对人际交往设防，觉得大学同学太复杂，使自己陷入人际交往的被动情境中，对人际交往失望。尤其是交友和恋爱中的压力更是困扰着不少大学生。

3. 经济压力

大学生的经济压力来自两个方面：一是因为家庭贫困造成的生活和精神压力。如不能及时购买必要的生活和学习用品；想到家庭贫困状况短时间难以转变，心中焦虑；想到父母供自己上学的艰辛，心中愧疚；需要钱但又害怕贷款，担心以后无力偿还，甚至担心自己毕业后找不到理想的工作；觉得申请困难补助，让同学另眼相看，有点儿丢面子；渴望有勤工助学岗位又担心会影响学习。二是消费压力。因为自己使用的生活或学习用品与其他同学的比起来逊色而产生心理压力；自己很想经常参与同学间的聚会或其他课余交往，但又不能承担费用，造成一定的精神负担。

4. 择业压力

大学生择业压力多来自以下几方面：自己所学的专业就业前景不好，担心将来找不到工作；不想从事所学专业的工作，想转换专业又不具备条件，很是苦恼；对毕业后自己能干什么，将参加什么工作，感到迷茫；就业时如何评估工资待遇与发展潜力的关系；自己适合做什么性质的工作，应该选择哪座城市；没有好的工作，如何回报父母；一旦工作没找好，以后的家庭、生活怎么办；就业与恋爱关系怎么处理等。

5. 生活压力

大学生的生活压力多表现在以下几方面：到大学校园后一切皆需自理，既要安排学习，又要自理生活，有时很忙碌，有时又无事可做，产生忙碌但又不充实的感觉；不能妥善安排好日常生活中的饮食起居，常常顾此失彼，小麻烦不少，烦恼不断；日常开支没有计划，钱花得没有价值，使自己懊恼等。

6. 身心成长压力

大学生身体方面的压力主要来自以下几方面：由于疾病等身体健康问题，缺乏维持正常学习的旺盛的精力；对自己的相貌、身高、体型不满意，感到忧心忡忡等。大学生心理方面的压力主要来自以下几方面：对自己的能力不满，觉得自己能力不如人或目标与能力反差太大；对自己不能拥有良好心境不满；对自己的脆弱不满；对自己的某些个性特点不满，及对自己长期不能摆脱心理矛盾不满。

二、大学生压力产生的原因

压力并不单纯来源于客观事件本身，更多的成分是人们的主观因素，所以不同的人面对同一压力源时，感受不同；同一个人，因不同时期的身体状况或心境状况，感受也不同。影响压力体验的因素较多，总的来说，一个人面对压力的影响因素主要有：对压力的认知评价、个人的人格因素、过去的经验、心理准备状态、社会支持系统等。

（一）认知评价

所谓认知评价，是指个人对客观事件的感知、判断、看法、解释等。当个体面临压力情境时，如果能够冷静地分析发生的一切，保持清醒的头脑，就不会引起强烈的压力反应；如果对情境做出不正确的评价或夸大不利的因素和后果，就会引起高强度的应激体验。正如古希腊哲学家伊壁鸠鲁所说："人类不是被问题本身所困扰，而是被他们对问题的看法所困扰。"

人们在接触到压力时，先是在认识、理解的基础上评估压力的性质、对自己的利弊及压力的程度，进而评估自己的实力，确定自己能否战胜压力。之后确定对待压力的方式，是逃避它，或战胜它，还是努力适应它。正确地认识和评估压力，正确地评估自己的实力，可使压力感的强度相对降低。否则，效果则相反。在评价中过于强调危险、失败或拒绝，往往容易导致沉重的心理压力，一个人认为不能控制情境和真的不能控制情境会同样使人感到威胁。比如，考试前紧张焦虑是正常现象，有的人平时学习还不错，但考前总是过于担心，认为自己过去考得好只是侥幸，是因为别人失误才得来的，这次就没那么幸运了；还有的人觉得自己看书还不够细致，老师出的题很可能恰恰是自己没有复习到的。类似这些对考试中有些因素的错误认知评价夸大了考试的压力，对有效发挥应试水平非常不利。

归因方式也会影响到人对压力的感受。归因是指人们对他人或自己的行为结果进行分析，推论这些行为原因的过程。根据归因不同，可以将人分为外控型与内控型。外控型归因的人认为个人生活中的主导力量是外力，自己如何生活或如何做，并不在自己的掌握之中，自己是无能为力的；内控型归因的人认为在生活中发生的事件，根源在自身，成功是个人努力的结果，失败是自己的失误。人对与个人相关事件的归因不同，必然对事件的态度不同，不同的态度就会影响对压力强度的体验。不客观的、歪曲的归因必定会加剧人的压力感受。

（二）人格因素

人格的首要特点就是它的独特性，这个独特模式包含了一个人区别于他人的稳定而统一的心理素质。福利曼（Friedman）和罗斯曼（Rosenman）描述了 A－B 人格类型。A 型人格者竞争意识强、成就动机高、时间紧迫感强、说话办事讲求效率、缺乏耐心、易怒和对人抱有敌意，在面对压力时，人格中的不利因素就会显现出来，使得他们总是处于压力包围之中，易怒和对人抱有敌念等人格特点又使他们心脏病猝发率比其他人群更高。而 B 型人格者的特征是个性随和、生活悠闲、对成就要求不高、对成败得失看得淡薄，与 A 型人格者相比，他们对压力的体验是不同的。

（三）过去的经验

人们过去的经验总是影响人们对压力的体验。拥有不同经验的人在面对同一情景时，压力体验是不同的，如两组跳伞者的对比研究表明，有过 100 次跳伞经验的人不但恐惧感小，而且会自觉地控制情绪；而无经验的人在整个跳伞过程中恐惧感强，并且越接近起跳越恐惧。以此类推，一帆风顺的人一旦遇到打击就会惊慌失措，不知如何面对；而人生坎坷的人，同样的打击却不会引起重大伤害。

（四）心理准备状态

人们对即将面临的压力事件是否有心理准备也会影响对压力的体验。例如，对两组接受手术的患者进行实验，在术前对其中一组讲明手术的过程和后果，使患者对手术有所准备，将手术带来的痛苦视为正常现象并坦然接受；对另一组不作特别介绍，患者对手术一无所知，对术后的痛苦过分恐惧，对手术是否成功持怀疑态度。结果手术后有准备组比无准备组所用的止痛药数量少，而且平均提前三天出院。因此，是否有应对压力准备也是影响压力体验的重要因素。

（五）社会支持系统

社会支持系统一般分为两类：一类是具体的支持主体的客观存在，如在物质上给予帮助，与其共同完成任务等；另一类是给予主体精神支持的客观存在，如帮助主体分析事件、策划方案，或者使其稳定情绪、增强信心。良好的社会支持系统可以使压力事件的强度相对降低，提高个体应对压力的信心，否则相反。一般而言，每个人周围都存在着一个社会支持系统，如家庭、朋友、专家等，能否主动、有效地利用它，将影响到个体的压力反应及对压力情境的摆脱状况。

三、压力对大学生的影响

大学生面临压力时会产生一系列心理、生理、行为上的反应。这些反应在一定程度上是有机体主动适应环境变化的需要，它能够唤起和激发个体的潜能，增强个体心理承受和抵御压力的能力。但是如果压力引起的身心反应过于强烈和持久，超过了个体自身的调节和控制能力，就会导致神经内分泌失调，使个体的免疫机能下降，从而影响机体组织器官的正常功能，并可能导致大学生生理、心理功能紊乱。具体地说，大学生面对压力时常有以下三方面反应。

（一）心理反应

在压力状态下，人会产生心理上的紧张。一般情况下，大学生心理上的紧张具体表现为警觉、注意力集中、思维敏捷、情绪适度唤起等，这些都是适度的反应，有助于大学生适应环境。但是压力超过一定限度时，由于持续的心理紧张，大学生也会表现出过度的心理反应，如急躁、抑郁、焦虑、多疑、愤怒、不安、恐惧、沮丧、失望、消沉、空虚、无聊、注意力不集中、思维混乱、自我防御心理增强等。

（二）生理反应

在压力状态下，大学生不仅会表现出心理上的紧张，同时还会产生生理上的紧张，且彼此相互作用、相互影响。一般情况下，心理上的紧张具有隐蔽性，是别人难以察觉的，但是生理上的紧张则表现得较为直观，很容易被他人观察到。在压力状态下，人会出现心率加快、血压升高、呼吸急促、消化道蠕动减慢等现象。这些生理反应在短期内调动了机体的潜在能量，增强了大学生对外界刺激的感受和适应性，从而有效地应对外界环境条件的变化，但过度的压力会使人肌肉高度紧张、头痛、出汗、失眠，甚至导致患病等。

（三）行为反应

在心理压力状态下，大学生的行为反应有两种：一种是直接行为反应，即面临紧张刺激时，为了消除刺激源而做出的反应，如因学业成绩失败而奋发图强或自暴自弃；另一种是间接行为反应，即为了减少或暂时消除与压力体验有关的情绪而产生的行为，如从事其他活动转移注意力，有的大学生还会借酒、烟、网络等使自己暂时缓解紧张状态。随着压力的持续，大学生在上述两种行为反应中均有过度的表现，如逃避、消极、无所适从、失去对生活的追求，不断发脾气等，甚至导致问题行为的发生。

四、压力的应对

压力影响到人们的心理健康，但人们如能树立正确的观念，积极有效地应对它们，则有利于问题的解决，也有助于自己的身心健康，并能不断增强心理承受力。

（一）正确看待压力

正确看待压力就是个体从观念上来解决对压力的认识和态度问题。具体来讲就是能真正认识到以下几点。

1. 压力是不可避免的

压力在人的一生中是不可避免的。在人的一生中，每天都要面对来自外部和内部的种种变化，要应对这些刺激，要处理这些变化中的任务和难题。当解决了一个问题后，新压力和挫折又会摆在面前。正如一首歌中唱道："人生就是一场拼争，每天都在攀登，爬上这座山，越过那道岭，眼前又是一座峰。"

2. 压力是可以认识和分析的

在各类压力事件中，模糊而难以预测的必定是少数且个别的，大学生凭借自身的智慧和能力，正确认识及分析压力绝非难事。

3. 压力是把双刃剑

从消极方面看，压力易使人的身心及行为受损，但从积极方面来看，它们则可助人成长和奋进。也可以说当命运的匕首飞来时就看人是接刀刃还是接刀把。这两年，大学生就业压力逐渐增大，不少学生陷入了心理危机。而当心理学专家与学生对话交流后，有的大学生却意外地发现积极应对病毒对自己工作生活带来的不利影响，可以使自己在诸多方面得到成长。原来压力也是一种享受，压力完全可以转化成动力，从而激活人的身心和潜能。

（二）压力的积极应对

压力无处不在，无可逃避，因此就有了压力适应的问题。所谓压力适应，是指个体在压力反应之后能很快恢复正常的身心特征，或者面对持续压力其反应不处于极端状态而能保持身心健康的能力。为了能很好地适应大学乃至今后的学习、生活和工作，大学生应该进行有效的压力管理，提高自己的压力适应能力。大学生可以从以下几个方面着手进行压力应对。

1. 构建自己的社会支持系统

当一个人独自面对压力的时候，应激反应的消极作用远远大于社会支持的效果。因此，要想不在压力面前孤立无助，最好构建自己的社会支持系统，这其中包括自己的亲人、朋友、同学、老师等。社会支持系统可以在你需要的时候给你情感安慰、行动建议，帮助你渡过难关。强大的社会支持系统让你不再感到孤立无援，可以迅速恢复信心和勇气，面对挑战，解决问题。当然，要构建社会支持系统，需要做到以下几点。

（1）学会尊重他人。其中当然包括同学和老师，因为只有尊重他人的人才能获得他人的友谊，也才可能获得帮助。

（2）扩大社会交往面，结识更多的朋友。首先，让你的同学成为你亲密的朋友；其次，你需要一位人生导师，可以在你遇到困难的时候客观地分析和提供有益的观点，而这样的导师无疑就是你的老师或者其他长者。

（3）向亲人、朋友和老师敞开心扉。你可能基于自尊或面子的考虑而拒绝他人的帮助，但是当你面临确实无法解决的问题的时候，将你面临的压力说给他们听，让他们帮助你分析并提供建议。请相信这样做不会招致嘲笑，只会让他们感到你对他们的信任，因此你也能得到最大可能的帮助。

2. 觉知和调整自己的生理状态

生理状态是压力最直接的指标。要想有效管理压力，首先要有压力意识，要能觉察压力的信号。人在应激状态下，本能会启动机体的防御机制，这是自发的。其次，我们要进入自觉反应状态。有效地管理压力，需要我们建立一个应对压力——尤其是那些慢性压力的预警机制。因此，你需要做到以下两点。

（1）有意识地觉知自身的紧张、焦虑等情绪状态。当你处于应激状态时，自己在生理和情绪上会有什么样的不适反应？记录自己的这些压力反应，然后锁定这些反应指标，以后每当你产生这些不适反应时，便对自己发出警告。你的压力预警就像战争中的雷达一样，让你保持必要的警惕。

（2）学会控制自己的不良生理指标。当你的压力知觉性提高时，你也需要提高生理指标控制力，如心跳、呼吸、血压等。这实际上就是生物反馈过程，当然，提供反馈的不是机器而是你自己的觉知能力。

3. 减轻和消除自己的心理负累

应激，即便是本能反应，也足以使我们身心疲惫。必须卸掉我们身上由压力带来的紧张和焦虑。否则，持续性的压力累积效应迟早会让我们垮掉。消除心理负累的方法有很多。

（1）理性辨析和积极归因。找来纸笔，将你面临的核心问题写下来，接下来你需要围绕着这个问题逐步回答：这个问题是如何产生的？这个问题真的与我有关吗？这个问题真的就是一种威胁吗？这个问题真的就不能解决吗？通过逐层深入的自我剖析，理清问题症结所在，从而减轻对压力情景认识的恐惧或者夸大威胁而产生的焦虑。

（2）学会经常进行放松训练。放松训练是通过一定的练习程序，学习有意识地控制和调节自己的身心活动，以达到降低机体唤醒水平，调整因紧张而紊乱的身心功能，从而使机体内部环境保持平衡与稳定的过程。

4. 进行有效的时间管理

我们日常学习、生活和工作中的许多压力，都来源于事情和任务本身。因此，对压力源进行管理，也是压力管理的重要策略。压力源管理常常与时间管理相关联。所谓时间管理，简单说就是为了提高时间的利用率和有效性，而对时间进行合理的计划和控制，有效安排和管理日常事务的管理活动。大学生的时间管理，是大学生对大学生活时间（包括学习时间和闲暇时间），采用科学的手段，围绕学习生活事务及其进程，进行有计划、有系统地控制、调节，最终达到有效利用来实现自我发展的目的的管理活动。

 拓展阅读

放松训练的方法

放松训练的方法有多种，下面介绍两个方法，大家可以利用早上醒来或晚上临睡前的几分钟时间练习。

方法一：想象放松

选一个安静的房间，平躺在床上或坐在沙发上。闭上双眼，调整呼吸，让呼吸变得缓慢和均匀。

想象一个你熟悉的、令人高兴的、具有快乐联想的场景，如校园某个地方。这个场景中有树有花有草有流水，你仔细观察着，树是什么样的？花是什么样的？流水是什么样子的？周围布局又是什么样的？空气中弥漫着什么气息？耳边有什么样的声音？仔细观察着、体验着、游走着、感受着它带给你的美好感受，你将感到你的心情越来越放松，越来越美好。

此时，敞开想象的翅膀，幻想你来到一个夏日的海滩，海边没有其他的人，温暖的阳光照耀着你，海浪在唱着自己的歌。你躺在沙滩上，感受着温暖的阳光的抚慰，感受着身子下面细柔的沙子的温暖气息，海上波光熠熠，一望无际，你心旷神怡，内心充满宁静、祥和，美好的感受从心底逐渐涌现。渐渐地，你想象自己越来越轻柔，飘飘悠悠地离开躺着的地方，融进自然的怀抱之中。你已成为景象的一部分，没有事要做，没有压力，只有宁静和轻松。

在这种状态下停留一会儿，然后想象景象渐渐离你而去。你做好准备，睁开眼睛，回到现实。此时，头脑平静，全身轻松，非常舒服。

方法二：渐进放松

选择一间安静的房间，躺在床上或坐在沙发上。闭上双眼。

现在深呼吸几次，让吸气停留几秒钟，然后完全充分呼出。在吸气时，你会注意到胸部有一些紧张，呼气时，注意放松的感觉。然后重复深呼吸，反复体会放松的感觉。

把你的注意力放在右臂上，现在使你的右臂紧张起来，保持紧张。在保持肌肉紧张时，注意紧张的感觉，感觉不舒服了吗？现在放开，让你的右臂完全软弱无力。这是放松的感觉。重复做一遍。

现在把你的注意力放在左臂上，使你的左臂紧张起来，保持紧张。在保持肌肉紧张时，注意紧张的感觉，感觉不舒服了吗？现在放开，让你的左臂完全软弱无力。这是放松的感觉。重复做一遍。

用同样的方法放松你的右腿、左腿、右脚、左脚、肩膀、头部，直到全身。

左脚和左脚踝重复同样的练习。

收紧小腿肌肉，先右后左。重复紧张和放松。收紧大腿肌肉，先右后左，体会大腿紧张是怎样影响膝盖和膝关节的。

再移到臀部和腰部，注意紧张和松弛两种状态的不同感觉。

向上练习腹部、胸部、背部、肩膀的肌肉。

练习前臂与手，抬起放下，握拳放松，先右后左，反复练习。

最后到脖颈、面部、前额和头皮。

放松顺序也可以自上而下。每天花几分钟时间练习，坚持下去，必有收获。

第三节　大学生的挫折及应对

一、挫折概述

（一）挫折的概念

挫折是指人们在有目的的活动中，遇到无法克服或自以为无法克服的障碍或干扰使其需要或动机不能得到满足而产生的消极反应。心理学中指个体有目的的行为受到阻碍时产生的紧张状态与负面情绪状态。

引起挫折的因素有三个：挫折情境、挫折认知和挫折反应。当三个因素同时存在时，人便体验到心理挫折。但有时，只有挫折认知和挫折反应这两个因素时，也可以构成心理挫折。挫折易引起人们的负面情绪，让人焦虑、悲观、自责、懊恼，严重的还会产生自卑、厌世等心理。

挫折并不完全是消极的。在某些情况下，它可以激发人们的斗志，促使人们做出更多的努力，朝着预定目标前进。正如巴尔扎克所说："世上的事情，永远不是绝对的，结果完全因人而异。苦难对于天才来说是一块垫脚石，对于能干的人来说是一笔财富，而对于弱者则是一个万丈深渊。"对某人构成挫折的情境和事件，对另一人不一定构成挫折，这也是个体感受的差异。

（二）挫折的类型

大学生常见的挫折类型，主要有以下几类。

1. 适应型挫折

由于大学生活无以依赖，感到无所适从；异地求学水土不服，感到身心疲惫；进大学后不再是大家关注的中心人物，感到失落；由于竞选班干部或社团职位失败，受到打击；未能实现设定的生活目标（如入党、考上理想学校的研究生等）感到深受打击；由于违反校规，受到严厉惩罚，追悔莫及。

2. 情绪型挫折

因情绪波动大而感到烦恼；别人的言行对自己的情绪有影响；很长一段时间感到情绪低落；情绪像天气的变化一样忽阴忽晴。

3. 交往型挫折

因处理不好同学之间的关系而感到郁闷、情绪低落；为同寝室同学的自我中心行为感到气恼；没有知心朋友，感到心里有话无处诉说；因在与教师交往时发生矛盾，而害怕与其交往；因被别人误解或错怪而感到无助；因与人交往时付出得不到相应回报，有被人利用之感；因受到同学愚弄而耿耿于怀；感到同学之间太缺乏温情和理解；与同学发生争执，出现争吵甚至打斗事件。

4. 恋爱型挫折

因与恋人分手而感到受打击、受伤害；因迷恋某位异性而不能自拔；想爱而不敢爱，感到内心非常矛盾；因求爱不成，感到无地自容；因处理不好恋人之间的关系而烦恼不已。

 案例

> ### 求爱信被拒后
>
> 话剧社的美女灵灵，品学兼优，相貌端庄秀丽，一向对自己要求严格，具有积极进取、要强好胜的个性特点。男生张乐是灵灵的同班同学，担任系学生会宣传部部长，学习努力，成绩中等，性格活泼开朗，人缘好，口才好。上大学二年级后，灵灵逐渐对张乐产生了好感，并产生了与张乐谈恋爱的念头，但一直没有勇气向张乐表达爱慕之情。2个月后，灵灵鼓起勇气给张乐写了一封信，表达了想交朋友的意思。3天后，灵灵收到了张乐明确而有礼貌的拒绝谈恋爱的回信。看过回信后，灵灵简直不敢相信自己的眼睛，从未想到像自己这样优秀的人在第一次求爱时会被人拒绝。当时，灵灵感到脑子里一片茫然，不知身在何处，独自在校园里不知游荡了多久才回到宿舍。晚上，灵灵呆呆地躺在床上无法入睡，眼泪打湿了枕巾，懊悔和羞辱的心情难以平复。
>
> 从此，灵灵走路时低下了头，不敢正视同班的同学，更不敢正眼看张乐。上课时，看着张乐的背影，根本听不进老师讲什么。晚上在教室自习，也无法集中精力看书、做作业，常常忍不住悄悄挨个教室寻找张乐，直到看见张乐为止。一个学期下来，灵灵似乎变了一个人，沉默寡言，面容憔悴，学习成绩一落千丈，期末考试7门课不及格，按学校规定被退学回家。就这样，一个优秀的学生因为求爱受挫而葬送了自己来之不易的大学学习机会。

5. 就业型挫折

本专业或本校毕业生就业形势不好，深感前途未卜；与别人相比感到自己能力不足，并对未来失去信心；学习成绩不理想，不知毕业时该怎么办；对所学专业不看好，对择业很苦恼；面对毕业后激烈的社会竞争感到很担忧无助。

6. 家庭型挫折

为自己不能像别人那样有幸福的家庭而感到痛苦；因为家庭不和而不愿意回家；因不能像其他人一样拥有一个完整的家而深感痛苦；与别人相比吃穿用度都不如他们感到自卑和不平衡；看到他人才貌双全、家境优越而感到自卑和不平衡；看到别人因家境优越而获得优厚待遇和绝佳机会，感叹自己的命运不济。

7. 生理健康型挫折

食欲不振、头晕目眩，感觉自己像得了病似的；体弱多病没有精力做想做的事，感到命运太不公平；因身体长期有病、失眠而痛苦不堪；患有消化系统的慢性疾病，在生活中不得不处处小心谨慎。

8. 学校型挫折

学校生活条件差，感觉难以接受这一现实；现实中的大学与理想中的大学相差太远，感到失落；所在学校名气不大，影响力小，感到没前途；所在学校学习氛围太差，感到无法集中精力学习；对大学中的不公平现象感到难以忍受。

二、大学生产生挫折的原因

挫折产生的原因可分为外部因素和内部因素。

（一）外部因素

有些挫折是非人为的环境因素造成的，如有些学生虽然学业成绩很好，但家境贫困，不能升学就读，产生挫折；一些挫折是个体在社会环境中受到人为因素的限制而引起的，如一对感情真挚的男女，却因家庭反对而不能相恋，情感发展受挫。这些由外部原因使个体达到目标的进程受阻而引起的挫折叫外因性挫折。

（二）内部因素

挫折产生的内部因素包括个人的生理、心理和品德因素。生理因素是指个体生理上的某些特征、缺陷或疾病带来的限制，使个体无法实现预定的目标。例如，色盲的人想从事美术工作；个子不高想成为职业篮球运动员，就会受生理条件的限制而引起挫折。又如，个人的目标是学习成绩在班里名列前茅，但自己的学习实力在班里只是中等，难以达到预定的目标，觉得自己不如他人，就会常体验到挫折。再如，虽然与女友感情发展顺利，但经常认为自己不如其他男生，所以交往过程中，担心女友迟早会离开自己，觉得自己很无助，由此而产生挫折感，这就是心理因素造成的。品德因素是个人的道德品质水平与特征。

有时候，挫折不是单一出现的，如果有许多挫折接踵而至，挫折效应会不断积累，最终会使人因为一个小小的挫折产生的"最后一击"而感到无法承受，进而造成精神崩溃或者被压垮的结果。

三、大学生受挫后的行为反应

对于大学生来说，挫折是不可避免的，而在遇到挫折后所表现出来的反应也是各不相同的。一般情况下，大学生遇到挫折后的反应大体可归为以下几类。

（一）心理反应

当遭受挫折时，大学生最常见的心理反应有愤怒、焦虑、沮丧、失望、压抑、抑郁等，但不同的人在心理方面有不同的反应。有人反应过度，对鸡毛蒜皮的小事也作出很强烈的情绪反应，如发脾气、大哭大闹、怒不可遏；有人却反应过弱，一般人感到痛苦、惧怕或悲伤的事情，他却无动于衷、冷漠无情，或者在某些事情上连正当的愤怒也不敢表示，过分压抑自己的情绪。

（二）生理反应

一般来说，个体在遭受挫折后，机体内部的自我调节机制将会最大限度地调动机体的潜在能量，以有效地应对外界环境的变化，体内大量潜在能量消耗的同时，机体内部那些与情绪反应无直接联系的器官或系统得不到必要的能量而不能维持正常功能，从而引起身心病变，出现面色苍白、四肢发冷、心悸等一系列症状。大学生面对挫折，生理上常见的反应是睡眠不佳、不思饮食、血压升高、心律不齐等。

（三）行为反应

面对挫折，大学生的行为反应不同，有的是积极的行为，有的则是消极的行为。其中有几种消极的行为反应比较明显。

1. 攻击

有的大学生受挫后，常常引起愤怒的情绪，进而诱发攻击行为，特别是在挫折严重的情况下，大学生往往受情绪的支配，理智水平下降，做出一些不顾后果的行为，严重时还可能做出违规行为，如用言语或肢体伤害他人、毁坏物品等行为。

2. 冷漠

有的大学生受挫后表现出对挫折情境漠不关心或无动于衷的态度，这是一种比攻击更为复杂的反应，因为其中可能隐藏着危机，也可能引起个体人格方面的变化，如自卑，也可能引起情绪方面的变化，如绝望。

3. 固执

有的大学生遭受挫折后，听不进批评或劝导，看不清挫折实质，一意孤行地坚持自己的做法，重复某种行为，其结果往往使自己失去改变困境的机会，在挫折中越陷越深，也导致人际关系的破裂。

4. 倒退

有的大学生受到挫折时不由自主地表现出一些与年龄、身份极不相符的幼稚行为，如不顾场合地大哭大闹、与人纠缠等，这是一种人格不成熟的表现。

5. 幻想

有的大学生受挫折后，其行为不是直接针对受挫事件，而是通过想象、幻想的形式，在幻想的世界中实现自己受阻的目标，从而缓解受挫的情绪，这是一种比较严重的消极反应。

四、大学生挫折承受力的培养

挫折的发生无可避免，但是，这并不意味着我们面对挫折就无能为力。斯坦福大学的健康心理学家、畅销书《自控力》的作者凯利·麦格尼格尔（Kelly McGonagall）在她的 TED 演讲《如何让压力成为你的朋友》中谈道："曾有数据显示，在美国，每年有 18 万人早年猝死，其中 43% 是因为压力。但我们团队最新的研究发现，导致一个人猝死的原因并非压力本身，而是对压力的否定、抗拒态度，一直将它视为一种有害的存在。相反，如果能把压力视作助力，生理上的反应也会随之改变，血管会呈现无比放松的状态，这更像是感到兴奋和鼓起勇气时呈现的样子。"也就是说，正确看待挫折，并有意识地培养和锻炼自己的挫折容忍力，关系着大学生今后的人生幸福和事业成功。因此，采取积极态度应对挫折是非常有必要的。

像弹簧一样，在遇到挫折和失败后的反弹能力在心理学领域被称为抗挫能力，影响抗挫能力的因素分为不可控因素和可控因素。不可控因素如遗传基因、年龄、性别、意外性创伤等，而后者则指的是后天的培养和学习。

而对于人生的挫折，自古人们就有充分的体验和认识，并总结了许多应对挫折、磨炼忍耐力的方法。接下来，我们不仅要从心理学，也要从前人行之有效的经验中，学习一些应对挫折的方法。

（一）端正认识，直面人生挫折

1. 挫折不会仰人鼻息

不管你曾经多么优秀，进入大学，你就进入了一个"准社会"。当代大学生独生子女居多，按照中国传统的家庭教养方法，除非家庭条件有限，一般都会得到父母的格外照顾和宠爱。但也由此容易让大学生滋生一种盲目的优越感，形成一种"自己永远是生活的宠儿、世界应该围绕我而转"的错觉。这种态度在大学生的人际交往中表现得尤其明显。但是，挫折不会因人而异，更不会仰人鼻息。社会的真实含义是别人不会迁就你，以你为中心，人生道路不可能永远由自己的父母去铺平。对于较少经历挫折的大学生来说，正确地面对并深刻地体会社会的复杂和人生的曲折，也许是首先需要解决的问题。

2. 挫折是人生的宝贵财富

任何事物都具有两面性。挫折尽管让我们痛苦，使我们的学习和发展受阻，但是它同时又是人生的宝贵财富，是促使个体成长的必要条件。认识到这一点，我们才有勇气和信心去勇敢地面对挫折。古人云："宝剑锋从磨砺出，梅花香自苦寒来。不经一番寒彻骨，怎得梅花扑鼻香。"法国作家巴尔扎克曾说："挫折就像一块石头，对于弱者来说是绊脚石，让你却步不前，而对强者来说是垫脚石，使你站得更高。"没有挫折的人生是苍白虚幻的人生，不经过挫折的磨炼，也就没有成功的喜悦和人生的幸福。快乐不是平坦笔直的康庄大道，或者无忧无虑的锦衣玉食，而是经过奋力攀登后踏在脚下的高峰，用自己的坚韧和勤劳换来的硕果。任何人都不可能避免挫折，挫折是促进大学生成长的积极因素，它可以磨砺我们的意志、丰富我们的经验、增强我们的能力。

3. 挫折是可以克服和战胜的

挫折是不可预知的，也是必然的。但是，挫折却不是不可战胜的。古今中外，无数杰出的人先后以他们的人生经验，诠释着人类意志的力量。我国古代统治者为了维护剥削和压迫，鼓吹天命观，但荀子提出"人定胜天"的思想；劳动人民敢于抗争，才能在一次又一次的革命战争中取得胜利，争取社会进步和人民的解放；科学家、艺术家勇于探索科学和艺术的真谛，才使得人类创造出灿烂的文化……历史长河中，无数人以他们坚强不屈的精神改变着自己的命运，也改变着人类的命运。

（二）主动预防挫折

1. 了解自身对挫折的反应以及反应的程度

同样的客观刺激，对有些人能构成大的挫折，对有些人的影响就小些。所以，了解自己是否过于敏感、是否存在不合理的认知、是否容易受外界因素影响、是否意志力薄弱等，可以有针对性地预见对挫折的反应。

2. 提高对挫折的耐受能力

（1）提高生理的应激能力。个体可以通过体育锻炼，提高身体素质、培养勇敢精神和磨炼意志力，这样在面临挫折时情绪反应就会小些；学习一些肌肉放松或调节呼吸的方法，有利于控制自己的情绪。

（2）丰富生活阅历。日常生活中个体应多参加实践，在主动接触社会中增长经验，了解真实的社会，认识到幻想与现实的差距，提高对挫折的认识及承受力。

（3）知识积累。个体知识积累得越多，知识面越宽，解决问题的能力越强，挫折对其危害就越小。

（4）调整认知角度。个体应多方面、创造性地思考问题，意识到凡事都有灿烂光明的一面，也都有消极的一面，只是占比多少和解决方式的问题；好事与坏事之间可能会发生转换。多思考现实、积极的因素，有利于减轻对挫折危害的认知。

3. 增强钝感力，降低对生活中一些刺激反应的敏感度

反应敏感可能给人带来益处，也会给人带来不应有的挫折感。日本作家渡边淳一在《钝感力》一书的中文版序中说："钝感就是一种才能，一种能让人们的才华开花结果，发扬光大的力量。"所以，大学生不必事事计较、处处在意。

（三）遇到挫折后及时分析

遇到挫折是难免的，在挫折之后总结经验教训，反省自身，对于提高挫折承受力、应对挫折的能力有着重要的意义。大学生在战胜挫折后，可以仔细分析一下遭受挫折的原因、自己的表现、当时的感觉、今后的对策。更客观、更理性地评价自己，不断地完善自身。这个过程可以分为以下三步进行。

第一步：是什么。确定是哪种类型的挫折引发了自己的挫折感，自我心理困扰是什么，自己如何表现的。

第二步：为什么。从主客观两方面分析导致挫折的原因是什么，这些原因与自我心理困扰是否匹配。

第三步：怎么样。自己采取的应对策略是否合适，行为是否主动，是否合理地利用了社会支持，是否有效地控制了自我，是否增长了应对挫折的才干，是否提高了今后应对挫折的信心，是否意识到了个人应对挫折的特点，是否学会了监督、巩固心理调适的成效。

（四）适当进行心理防卫

人遇到挫折产生焦虑时，会自发地用防御机制调节心理机能来降低焦虑，减轻精神痛苦，保持心理平衡，促进身心发展。但有些防御方式不仅不能够解除焦虑，反而会使人逃避现实，降低适应能力，导致更大的挫折，如否认、退化。大学生应对挫折时最好有意识地采用有效的、成熟的防御方式，如以下几种。

1. 幽默

幽默是精神的消毒剂，是消除不良情绪的有效工具。当一个人发现遇到某些无关大局的不良刺激时，一个得体的幽默往往可以使自己摆脱窘迫，使愤怒、不安的情绪得以缓解。幽默是智慧和成熟的象征，也是积极应对挫折的有效办法之一。

2. 升华

升华指将不为社会认可的情绪反应方式或欲望需求导向正确的方向，将情绪、情感激起的能量引导到对人、对己、对社会都有利的方面。居里夫人在其丈夫因车祸不幸身亡之后，忍受着巨大的悲痛，把自己的情感升华到对科学的忘我追求之中，终于又一次获得了诺贝尔奖。

3. 压抑

压抑即学会忘却，把一些挫折经验的体验压抑到无意识领域，相当于人们经常说的："过去的事就让它过去吧。"

4. 转移注意力

当遇到挫折、情绪不佳时，个体可通过转移自己的注意力来平静自己的情绪，如外出散步、听音乐、打打球、找朋友玩、读本轻松的书、看场电影等。不要让自己停下来，最好是找些具体可操作的事情做。

（五）修身养性，提高心理素质

除了对挫折要有正确的认识外，我们还必须具备良好的心理素质，面对挫折能够泰然处之。这种心理素质只能靠修炼而得。

1. 适应与调整

外界环境和条件的变化，不以个人的主观意愿为转移。我们原来设想好的目标，往往因为客观条件而发生出乎意料的改变，变成了镜中月、水中花。面对意外情况出现，我们必须及时调整自己的心态和目标，以适应这种改变。这种适应和调整主要通过降低自我期望和改变行为目标而实现。研究表明，挫折感的强度与自我期望相关。较高的自我期望导致较强的挫折感，较低的自我期望形成较弱的挫折感。

2. 忍耐和控制

遇到挫折有情绪和行为反应，这本是人之常情。但并不是任何反应都有利于事情的发展，尤其是当我们所面对的挫折情境是自己不能马上控制解决的时候，忍耐就成为一种必要的策略，所谓"小不忍则乱大谋"说的就是这个道理。凡人生事业取得成功的人，无不在逆境和挫折情境中善于忍耐。以下两种情况，需要大学生学会忍耐：一是当我们还不清楚事情的前因后果，没有充分掌握相关信息的时候，冲动很可能造成误会和不可弥补的伤害；二是挫折源力量强大，我们尚不能控制的时候，不满和愤怒的反应不利于事情的解决。

3. 放松训练

忍耐和控制并不会消除内在的紧张，因此还需要对消极情绪进行疏导宣泄，如采用心理学的放松训练法等。

（六）平心静气，改善社会关系

如果说前几个方面是从内部着手应对挫折，那么后面几个方面则强调从外部着手，以应对挫折。

人总是生活在现实的社会关系网络之中的。当我们遇到挫折的时候，既要充分利用社会关系，寻求社会支持，也要主动改变不利的社会关系，以克服困难、战胜挫折。

1. 处理好理想、期望与现实的关系

目标挫折来源于理想、期望与现实的差距。大学生所遇到的很多挫折，如学习、爱情、就业等，很大程度上存在目标和预期过高的现象。当现实条件不能满足的时候，

挫折就不可避免了。为此，我们在制定行为目标的时候，要尽可能地遵循现实的原则，不可好高骛远。当挫折出现的时候，我们也不要怨天尤人，宜及时调整目标，降低期望，从而避免出现强烈的心理失衡。

2. 处理好自我与他人的关系

很多挫折，如阻碍性挫折，都源于自我和他人的关系问题。如果是自己的目标直接或间接损害了他人的利益，或者在实施过程中与他人的利益发生冲突，这时候阻碍性挫折便不可避免。为了顺利达成自己的行为目标，大学生在制定目标的时候，首先需要考虑的是必须兼顾他人的权益，至少以不损害他人利益为前提；其次，围绕行为目标，要尽可能地考虑涉及的所有关系，事前处理好各种关系，尤其是不友好的关系，以保证达成目标的过程顺利进行。

3. 处理好友情与爱情的关系

友情与爱情，是大学人际关系中极为重要的社会需要。很多大学生感到孤独、寂寞，与他们不善于经营人际关系有很大的关系。当代大学生的独立性增强，但往往混淆了独立性与自我性之间的关系。需要友情却不知道如何获得，于是干脆独来独往，或者过早涉足二人世界，结果友情没有得到，爱情也相当脆弱。如果处理不好友情与爱情的关系，大学生很容易体验到匮乏性情感挫折。

4. 处理好兴趣、爱好和专业学习的关系

大学生的学习兴趣、爱好随着求知欲的增强而具有易变性和广泛性的特点，这往往和专业课程的学习发生冲突。简单说就是，自己喜欢的学科，课程设置里面没有，而作为必修课的专业课程，常是自己不喜欢的。而学习评价往往是围绕着课程设置而展开的，如果不能学好专业课，势必产生学习挫折。因此，大学生应谨慎处理好个人爱好和专业学习的关系。

 拓展阅读

逆商

逆商（Adversity Quotient，AQ），全称逆境商数，是指人们面对逆境时的反应方式，即面对挫折、摆脱困境和超越困难的能力。它是美国职业培训师保罗·斯托茨提出的概念。"IQ（智商）、EQ（情商）、AQ（逆商）"并称3Q，成为人们获取成功必备的不二法宝，有专家甚至断言，100%的成功等于20%的IQ加上80%的EQ和AQ，这样看来，在通往成功的彼岸，"逆商"也是非常重要的。

AQ不仅能衡量一个人超越工作挫折的能力，它还能衡量一个人超越任何挫折的能力。面对同样的打击，AQ高的人产生的挫折感低，而AQ低的人则会产生强烈的挫折感。保罗·斯托茨教授将逆商划分为四个部分，即控制感（control）、起因和责任归属（origin & ownership）、影响范围（reach）、持续时间（endurance）。

一、控制感

"C"（控制感）：控制感是指人们对周围环境的信念控制能力。面对逆境或挫折时，控制感弱的人只会逆来顺受，听天由命；而控制感强的人则会凭借一己之力能动地改变所处环境，相信人定胜天。

控制感弱的人经常说：我无能为力、我能力不及；控制感强的人则会说：虽然很难，但这算什么，一定有办法。

二、起因和责任归属

"O&O"（起因和责任归属）：造成我们陷入逆境的起因大致可以分成两类：第一类属内因：自己的疏忽、无能、未尽全力，抑或宿命论。往往表现为过度自责、意志消沉、自怨自艾、自暴自弃；第二类属外因：合作伙伴配合不利、时机尚未成熟，或者外界不可抗力。

因内因陷入逆境的人会说：都是我的错、我注定要失败，因外因陷入逆境的人会说：都是因为时机不成熟、事前怎么就没想到会发生这样的情况呢？高逆商者往往能够清楚地认识到使自己陷入逆境的起因，并甘愿承担一切责任，能够及时地采取有效行动，痛定思痛，在跌倒处再次爬起。

三、影响范围

"R"（影响范围）：高逆商者往往能够将在某一范围内陷入逆境所带来的负面影响控制于这一范围内，并能够将其负面影响程度降至最小。

身陷学习中的逆境，就仅限于此，而不会影响自己的工作和家庭生活；与家人吵架，就仅限于此，而不会因此失去家庭；对于角度不同而引起的争执，就仅限于此，而不致对人也有看法。高逆商者能够将逆境所产生的负面影响限制在一定范围内，不至扩大到其他层面。越能够把握逆境的影响范围，就越可以把挫折视为特定事件，越觉得自己有能力处理，就越不会惊慌失措。

四、持续时间

"E"（持续时间）：逆境所带来的负面影响既有影响范围问题，又有持续时间问题。逆境将持续多久？造成逆境的起因因素将持续多久？而逆商低的人，则往往会认为逆境将长时间持续，事实便会如他所想。

 心理测试

（一）简明心理压力自测

下面的诊断表列举了30项心理压力自我诊断的症状，请在符合自身近期实际情况的选项后面打勾，每项计1分。

（1）睡眠不好。 （　　）

（2）睡觉时感觉一直在做梦。 （　　）

（3）深夜突然醒来，不能继续入睡。 （　　）

（4）与人交际纯属应酬，一点不感兴趣。 （　　）

（5）稍有一点不顺心就会生气，而且时有不安的情形发生。　　　　（　　）

（6）眼睛易疲劳。　　　　（　　）

（7）经常鼻塞。　　　　（　　）

（8）疲劳感不易解除。　　　　（　　）

（9）有体重减轻的现象。　　　　（　　）

（10）有头晕眼花的情形发生。　　　　（　　）

（11）有胸闷情况发生。　　　　（　　）

（12）头脑不清醒，感觉昏昏沉沉。　　　　（　　）

（13）站立时常有发晕的感觉。　　　　（　　）

（14）有耳鸣现象。　　　　（　　）

（15）面对自己喜欢吃的东西，却毫无食欲。　　　　（　　）

（16）常觉得吃下的东西沉积在胃里不消化。　　　　（　　）

（17）有腹部发胀、疼痛感觉，且常便秘或拉肚子。　　　　（　　）

（18）口腔内有破裂或溃烂情形发生。　　　　（　　）

（19）经常喉痛。　　　　（　　）

（20）舌头上出现白苔。　　　　（　　）

（21）背部容易酸痛。　　　　（　　）

（22）背部和腰常疼痛。　　　　（　　）

（23）稍微做一点事就感到很疲劳。　　　　（　　）

（24）早上常有起不来的倦怠感。　　　　（　　）

（25）不能集中精力专心做事。　　　　（　　）

（26）经常患感冒，且不易治疗。　　　　（　　）

（27）常有手脚发冷的情形。　　　　（　　）

（28）手掌和腋下常出汗。　　　　（　　）

（29）突然出现呼吸困难的窒息感。　　　　（　　）

（30）时有心脏悸动的现象。　　　　（　　）

得分解释：

（1）得分在 5 分以下，心理压力轻微，只需多加留意，注意休息便可以恢复；

（2）如果得分在 11～20 分，说明压力严重，有必要去做咨询；

（3）如果得分在 21 分以上，说明很可能会出现适应障碍，需要特别注意。

（二）压力应对风格自测

对于下面每一个陈述，通过在适当的数字上画圈来显示你的同意程度，数字越大表示越赞同。

（1）当处于压力下时，我比平时更快地发怒。

强烈不赞同　　　　　　强烈赞同

1　　2　　3　　4　　5　　6　　7

（2）当处于压力下时，我不太能保持健康习惯（如保持均衡饮食）。

强烈不赞同　　　　　　　强烈赞同

1　　2　　3　　4　　5　　6　　7

（3）当处于压力下时，我很难集中精神。

强烈不赞同　　　　　　　强烈赞同

1　　2　　3　　4　　5　　6　　7

（4）当处于压力下时，我的反应比其他人更焦虑。

强烈不赞同　　　　　　　强烈赞同

1　　2　　3　　4　　5　　6　　7

（5）当处于压力下时，我神经质的习惯比以前更明显（如咬指甲和绕头发）。

强烈不赞同　　　　　　　强烈赞同

1　　2　　3　　4　　5　　6　　7

（6）当处于压力下时，我的记忆变糟了。

强烈不赞同　　　　　　　强烈赞同

1　　2　　3　　4　　5　　6　　7

（7）当处于压力下时，我变得容易沮丧和感到紧张。

强烈不赞同　　　　　　　强烈赞同

1　　2　　3　　4　　5　　6　　7

（8）当处于压力下时，我比其他时候更容易哭泣。

强烈不赞同　　　　　　　强烈赞同

1　　2　　3　　4　　5　　6　　7

（9）当处于压力下时，我很难去学习，如准备考试的时候。

强烈不赞同　　　　　　　强烈赞同

1　　2　　3　　4　　5　　6　　7

得分解释：

该自我评估中，对压力的情感反应可以在问题1、4、7中得到测量；对压力的行为反应可以在问题2、5、8中得到测量；对压力的认知反应可以在问题3、6、9中得到测量。统计每一类反应的分数，并且把你的总分填写在下面对应的位置：

情感反应：

行为反应：

认知反应：

所有反应总和：

现在确定这个量表是否精确地测量了你的典型反应。也考虑一下你的总得分。它在某种程度上表明了你对压力的反应是否强烈，或者你是否处于高度压力之下。现在可以考虑你能最好地反映或应对压力的方法，以及如何降低自己的压力总量。

（三）抗挫折能力自测

你准备好迎接生活的挑战了吗？想了解自己的抗挫折能力吗？请做下面的测试！它能帮助你初步了解自己的抗挫折能力。最好忠实于你看到题的第一反应，不要思考太多。1～20题选项均为：A代表非常符合；B代表有点符合；C代表无法确定；D代表不太符合；E代表很不符合。

（1）我总忘不了过去的错误。 （　　）

（2）白天学习或工作不顺利，会影响我整个晚上的心情。 （　　）

（3）汽车经过时溅了我一身泥水，我生气一会儿就算了。 （　　）

（4）如果某人擅自动用我的东西，我会生气一段时间。 （　　）

（5）如果不是因为几次倒霉，我一定比现在成功。 （　　）

（6）我想，我一定受不了被解雇的羞辱。 （　　）

（7）如果向所喜欢的人表达好感被拒绝，我一定会精神崩溃。 （　　）

（8）学习落在后面，常使人提不起精神。 （　　）

（9）在我生命中，我已有过失败的教训。 （　　）

（10）我对侮辱很在意。 （　　）

（11）过负债累累的日子，想都不敢想。 （　　）

（12）找不着钥匙会使我整个星期都感到不安。 （　　）

（13）在生活中，我常常有沮丧气馁的日子。 （　　）

（14）如果周末过得不愉快，星期一便很难集中精力学习。 （　　）

（15）我已达到能够不介意大多数事情的程度。 （　　）

（16）想到可能无法按时完成某项重要的任务，会使我不寒而栗。 （　　）

（17）我很少心灰意冷。 （　　）

（18）我很少为昨天发生的事情烦心。 （　　）

（19）偶尔做个失败者，我也能坦然接受。 （　　）

（20）我对他人的恨会维持很长一段时间。 （　　）

评价与分析：

A、B、C、D、E分别代表1、2、3、4、5分。最后把分数加起来，得出总分。

20～58分：说明你的抗挫能力较低，平时在生活中要注意调节自己的心态，训练自己从积极角度看问题。搜集一些面对困难和挫折的调节方法，坚持学以致用。发现问题，就等于解决了一半。赶快行动吧，你会发现生活其实处处有阳光。

59～71分：说明你的抗挫能力属于中等水平。遇到问题，如果能够有意识地积极应对和调节，那么提高空间会很大。

72～100分：说明你的抗挫能力还是很不错的，请继续保持。如果再加上反思能力和执行能力，你会大有作为。

单元小结

　　大学学习的特点，决定了大学生一定要"学会学习"，这能受用终生。大学生在学习内容上要注重广博性，除了学习各种知识外，还要学习待人接物和控制情绪，培养非智力因素。在提高学习成绩的同时，还要学会应对各种压力和挫折。压力和挫折是一种身心反应，是个体在适应生活的过程中，由于实际上的或认识上的"环境要求—应对能力"失衡而引起的一种通过生理和心理反应表现出来的身心紧张状态。适当的压力可以鼓舞斗志，增强信心，是个体成长的进阶石；过度压力会带来消极的身体和心理反应。大学生的压力既来自校园环境，也来自内心自我的冲突。直面压力、转换观念、注重放松、寻求他人帮助都可以帮助个体应对压力。压力管理与挫折应对的最高境界是建立自己的人生哲学。

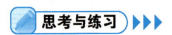

思考与练习 ▶▶▶

　　（1）在你的大学学习过程中，你遇到的对学习效率制约性最大的心理问题是什么？根据本单元学习内容，你找到解决的方法了吗？

　　（2）你认为调节自身学习心理问题的有效方法是什么？

　　（3）你曾有过哪些压力？试分析其原因。你是如何应对的？

　　（4）请结合自身的经历分析大学生挫折的心理成因。

　　（5）请说出你所经受过的一次挫折，并思考这次挫折给你带来了怎样的成长。

心理训练营：认识自己的压力源并对其进行调节

　　你的生活中有哪些事情能够对你产生压力？找出这些事情。

（1）_____

（2）_____

（3）_____

（4）_____

（5）_____

你如何应对这些压力？列在下面：

（1）_____

（2）_____

（3）_____

（4）_____

（5）_____

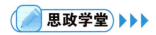

影视推荐：《问天》

推荐理由："九天之际，安放安属？隅隈多有，谁知其数？"不知有多少人，曾在童年仰望星空，遥看宇宙之无穷。20 世纪 90 年代，中国面临世界尖端科学技术封锁和基础工业落后的双重困境。为带动国内高技术发展，在太空占有一席之地，党中央审时度势，适时启动载人航天、北斗导航等重大工程。电视剧《问天》首次展示了中国航天的追梦历程，其以 1996 年中国航天长三乙发射爆炸、卫星返回失利等事件为起点，描写了老一辈航天专家冲破重重障碍、重塑航天人自信的艰难历程，跨越当代、现代和未来航天三大阶段，是中国首部聚焦新时代航天事业的电视剧，展现了中国航天事业筚路蓝缕、砥砺前行的真实图景。该剧以艺术化手法再现了中国人的航天梦，从中可以让我们感受到每一个中国人都是追梦人，都在各自的岗位上追求着自己的梦想，航天梦、文艺梦、中国梦等汇聚成了一幅幅艰苦奋斗的精美画卷。

第八章
大学生心理障碍的识别

学习目标 ▶▶▶

（1）了解心理学的理论流派。

（2）了解常见的心理障碍。

（3）熟悉如何寻求专业的帮助。

思政目标 ▶▶▶

（1）积极乐观：积极面对成长过程中遇到的挫折和障碍。

（2）辩证分析：从多维度辩证分析常见的心理障碍。

（3）实事求是：通过自我反思，正确认识客观存在的心理障碍。

引导案例

小松的困境

小松是一名大二的男生，小时候父母的吵闹使他没有安全感，母亲的挑剔和父亲低落的情绪使他们难以照顾好小松，他与父母形成的是一种焦虑—矛盾的依恋关系，他曾很依恋大他八九岁的哥哥，哥哥出去打工后，他非常伤心，晚上听见布谷鸟的声声呼唤，早上听见公鸡伤感的鸣叫，当时无法用语言表述自己悲观的情绪，而是通过对环境的感受来体验，并留存在记忆中，常梦见孤苦伶仃的小鸟在树上叫，直到现在他听见鸡叫、鸟叫都很难受。

小松高中时学习成绩不错，高考前，看到报纸上登载一名女生考上清华，心想自己也应该考个好学校，但总觉得自己各方面都不行，为此而焦虑、痛苦，发展到厌学，甚至有过自杀的念头，后来看病服药。当时医生给他开了抗抑郁的药物，服药近半个月后拒绝服药。第一年高考落榜，复读一年，第二年考上大学。

进入大学后，小松情绪低落，感到各方面不如其他同学优秀，心里很痛苦，觉得学习没意思，活着没有意义。慢慢发展到不敢在众人面前说话，进教室会脸红。小松说："痛苦时想逃到另一个世界去，去网吧或把耳机调到最大声。不知是什么使我变成现在的样子，感到压抑、害怕、心烦，但又无法改变。我看见同学在大庭广众下滔滔不绝，就会感到压抑、烦躁。和别人讨论问题时就会感到紧张，总觉得自己不优秀。我一直都觉得自己很糟糕，担心未来怎么去自立，能否去面对生活。我对自己感到失望，对自己没有能力超越自己的生活感到沮丧。"

第一节　心理学的理论流派及其观点

心理现象和心理困扰是如何形成的？不同的心理学流派从不同的角度对心理困扰的形成进行了解释。当然，每个流派都具有其合理的一面，但也只是从一个角度解释了心理障碍。不同心理学流派对心理障碍的解释，就如同盲人摸象一样，每个人摸到的都是大象，但是又都只是大象的一部分。

一、精神分析学派的观点

弗洛伊德创建的精神分析学派认为，人的心理和行为表现，实质上是更深层次的内心世界冲突的结果。弗洛伊德把意识分为意识、潜意识和前意识三个水平。意识是人们可以意识到的部分；潜意识是人们无法觉察到的东西；前意识介于意识和潜意识之间，指不在意识范围但是可以通过回忆记起的内容。

弗洛伊德晚年在潜意识概念的基础上提出了人格说，把人格分为本我、超我和自我三部分：本我是最原始、与生俱来的、无意识的结构部分，它由先天的本能、欲望组成，是贮存心理能量的地方；超我代表外部世界的道德规范，它监督自我，让其按照外在世界的标准来行事；自我是意识的结构部分，它处在本我和超我之间，自我大部分的能量消耗在对本我的控制和压抑上。

潜意识是人们内心想法的主体，决定了人的绝大多数的日常行为。因为潜意识中包含着很多对意识而言比较恐怖的想法，如对儿童时期创伤经历的记忆、父母的虐待行为等，当这些想法要通过意识表达出来时，人们就会感到非常焦虑，因此，自我就通过压抑或抵抗的方式来处理自己的情绪体验。在正常情况下，本我、自我和超我是处于相对平衡状态中的，如果这种平衡遭到破坏，就会产生神经症。

精神分析是以帮助个人获得洞察力和掌握无意识冲突为目标的心理疗法。如果这些无意识的冲动和冲突没有得到直接的表达，它们就会通过各种症状间接地表达出来。心理治疗的目的是帮助个体获得洞察力和对这些无意识欲望或冲突的有意识的觉察，从而释放情感并最终掌控它们。精神分析的治疗方法主要包括自由联想、梦的分析、移情等。

（一）自由联想

自由联想就是让来访者自由诉说心中想到的任何东西，鼓励来访者尽量回忆童年时期所遭受的精神创伤。弗洛伊德认为，浮现在脑海中的任何东西都不是无缘无故的，都是具有一定因果关系的，借此可探索到潜意识中的症结，并将来访者的童年经历与其现实情况建立联结，从而让来访者理解自己的问题所在。比如，小曼一直对学习特别看重，虽然学习很好，但总是压力很大，担心考不好。通过对学习的自由联想，她想到了父亲。父亲从小就喜欢男孩、不喜欢女孩，每当她把优异的考试成绩给父亲时，父亲就显得非常高兴。因此小曼就拼命努力学习，希望能够得到父亲的认可。通过自由联想，小曼打开了潜意识的大门，找到了学习与得到父亲认可之间的关系，小曼压力的根源是担心没有好成绩而无法获得父亲的喜爱，换句话说，学习压力并不是学习本身。

（二）梦的分析

弗洛伊德认为，"梦是通往潜意识的最佳途径之一，梦是冲突欲望的象征，做梦的人为了避免被人察觉，所以用象征性的方式以避免焦虑的产生"。因此，梦是潜意识的完美展现，是我们了解自己潜意识的最便捷的通道。对于反复出现的梦，以及情绪感受特别强烈的梦都是值得关注的。通过梦，我们可以更多地了解自己的潜意识，了解一个更真实的自己。例如，小丽多次做过类似的梦。梦中她买了回家的火车票，却因为各种原因总是错过回家的火车。通过对梦进行分析小丽发现，这些梦都表现出自己内心深处对家的态度——她心中总是有一种"有家不能回"的感觉。当小丽的潜意识得到分析后，她对自己的内心渴望就多了一份理解。

（三）移情

移情，通俗地讲，就是感情的迁移。在现实生活中，我们会看到许多移情的现象。比如，因为某个人长得像自己的偶像而喜欢，因为妈妈留有一头长发而喜欢留长发的女生。在精神分析理论中，移情是来访者把对童年时对他影响最大的人的情感转移到咨询师身上。比如，来访者不喜欢女性咨询师，可能就是童年时不喜欢母亲的一种移情。借助移情，把来访者早年形成的情结加以重现，重新"经历"往日的情感，进而帮助其解决这些心理冲突。例如：小云的母亲对她非常严厉、挑剔，小云很害怕母亲，每次看到母亲都会胆战心惊，生怕自己又受到责备。小云上了大学之后，学习成绩优秀，因为害怕与人交往而去进行心理咨询。恰好咨询师是一位44岁的女性，小云每次见到咨询师，都是以一种"汇报工作"的方式，她很害怕咨询师，担心受到责备。这就是一种移情，虽然咨询师并没有责备她，但小云依然把对妈妈的感觉转移到咨询师身上。通过对移情进行分析，以及咨询师真诚的接纳和理解，小云不再害怕咨询师，也不担心受到责备了。慢慢地，小丽在日常生活中，也不再害怕与人交往了。

二、行为主义学派的观点

行为主义心理学的创始人华生有一段名言：给我一打健康的婴儿，让我在自己建构的特殊世界里把他们养大，我保证能够随机地把他们训练成任何一种类型的专家——医生、律师、艺术家、巨商甚至乞丐和强盗。从这段名言中可以明显地看出，行为主义非常重视后天的学习对人的影响。华生认为，有些成年人的情绪障碍可以追溯到他们在婴儿和青少年时期所建立的条件反射作用的结果。

（一）小艾尔伯特实验：一切的行为都是习得的条件反射

这是一个有关情结起源的著名实验。在实验中，被试者是一个名叫艾尔伯特的九个月大的婴儿。原先，艾尔伯特并不害怕白鼠。在实验中，连续四次，当他面前出现白鼠时，就在他身后发出尖锐的铁器敲击声，当然他会感到恐惧。在第五次实验时，只对艾尔伯特呈现白鼠而不敲击铁器，艾尔伯特还是出现了哭泣、退缩反应，表明他对白鼠已经建立了条件性恐惧。几天后，艾尔伯特的反应发生了泛化，不论是看到白兔、狗、毛大衣还是圣诞老人面具，凡是一切带毛的东西都引起了他的恐惧。

这个实验证明：人类的行为起源于学习和条件反射。这在很大程度上留给心理学界一笔巨大财富，它令人信服地说明，情结行为可以通过简单的刺激－反应手段成为条件反应。行为主义也强调认知的作用，认为人的行为是由内部力量和外部力量共同决定的，如信念、理想等内部因素和奖励、惩罚等外部因素都会对人的行为起作用。此外，模仿学习也是人们学习一种行为的重要方式，人们的大量行为是通过模仿习得的。

（二）系统脱敏疗法：消除刺激与负性反应间的条件反射

在行为主义学派中，对心理困扰进行治疗的方法主要是根据行为学习及条件反射理论，消除和纠正异常行为并建立一种新的行为，如放松技术、系统脱敏疗法、厌恶疗法。其中系统脱敏的基本原理是将焦虑刺激与松弛反应多次结合，紧张焦虑和身体放松反应是相互抑制的，于是就逐渐削弱了原来焦虑刺激与焦虑反应之间的联系。通过让来访者逐渐接触可能引起焦虑反应的情境，并逐渐增加次数，由少到多、由远到近，逐步减轻来访者对焦虑刺激的敏感性。

（三）在想象中进行系统脱敏训练

（1）放松训练：深呼吸三分钟。

"闭上眼睛，深深地呼吸，慢慢地呼吸，尽量让身体放松下来，你的身体的每一个部位都感到放松，非常放松，你感到很舒服……"

在来访者处于放松状态时，让来访者接触到能够诱发焦虑的事件。

（2）在想象中进行脱敏：以异性人际交往恐惧为例。

"从最低级的焦虑情境开始，当你能够清楚地想象出那个场景的时候，请举起一个手指示意。"当来访者示意时，要求他报告此时的不舒服等级（如10）。要求来访者一边"保持这一想象"，一边做深呼吸，当来访者感觉基本放松下来，对此情景的想象恐惧下降到了5以下，就可以进行下一等级的训练。

进行第二等级的想象训练，直到恐惧情绪下降。再进行第三等级的想象训练。

通过多次想象中的脱敏训练，咨询者就可以帮助来访者在现实层面进行脱敏训练，方法还是要坚持深呼吸，放松身体，直到恐惧情绪下降为止。

行为疗法适用于恐惧症、强迫症、焦虑症、厌食症等心理障碍。如果需要，同学们可以根据自己的问题在专业人员的指导下进行这种训练，从而提高自己的心理健康水平。

三、认知学派的观点

在生活中，对于同一个事件，不同的人会有不同的看法。例如，有两个同学在路上走，他们的辅导员迎面走来，两个人和辅导员打招呼却没有得到丝毫回应。一个同学会认为，"路上的人太多太嘈杂，所以老师没有听见我和他打招呼"；另一个同学可能会认为，"是不是我又做错了什么事，所以老师不愿意理我"。这两位同学表现出来的差异，可以用认知学派的理论进行解释。认知学派认为，事件发生后，影响个体行为和情绪的原因不是事件本身，而是个体对情境所作出的评价，这些评价受个体的信念、假设、思维方式等认知因素的影响。

（一）ABC 理论：负性情绪和行为是对负性事件不合理的解读导致的

ABC 理论是认知行为疗法的基础，其中 A（active events）代表诱发事件，B（belief）代表信念，C（consequence）代表情绪和行为的结果。该理论认为，C 并不是由 A 直接导致的，而是由 A 通过 B 导致的，也就是说，A 是导致 C 的间接原因，而 B 才是导致 C 的直接原因。

A（诱发事件）→B（信念）→C（情绪和行为的结果）

ABC 理论后来又得到进一步发展，增加了 D 和 E 两个部分。D（disputing）指对非理性信念的干预和驳斥，E（effective）指有效的合理信念、适当的情感行为。如果要改变 C，就必须对 B 进行驳斥和干预，以产生合理的信念和情感。

（二）认知行为疗法：改变你的错误信念

认知行为疗法认为，对情绪及行为的干预，重点在于改变个体对事件的错误信念，因此需要首先找到相关的不合理信念。不合理的信念有三个特征：绝对化的要求（如"我必须成功"）、过分概括化（如"自己一无是处"）和糟糕至极。我们以一个小故事为例子：小丽的男友打电话说要结束俩人的恋爱关系（A），听到这个消息后，根据小丽对这件事情的具体态度（B），可能会产生不一样的情绪结果（C）。如果小丽认为男友本来就不适合自己，自己早有分手的想法，那么面对这件事情，小丽感到更多的可能是对摆脱这样一段感情后的释怀。然而，如果小丽认为这是男友对自己的背叛，自己再也无法找到幸福了，那么她感到更多的可能是结束关系的痛苦与无助。在这里，引起小丽孤独无助感受的原因在于小丽自身对分手这件事情的观点："我无法得到幸福""没有人会爱我""我是个不可爱的女孩"。显然，小丽的观点是不合理的，我们能够看到这里面具有过分概括化的特征。如果使用认知疗法对小丽进行干预，治疗的重点将会是以改变小丽的不合理信念为主，以合理的信念取而代之，改变其不合理的思维方式，以合理的思维方式取而代之，从而达到最大限度地减少不合理的信念给小丽情绪带来的不良影响。

（三）识别自动思维：帮助自己找到不合理信念

认知学派有许多技术可以帮助人们改变不合理的信念，这里介绍其中一个技术——识别自动思维，这个技术能够在一定程度上帮助同学们识别自身的一些不合理信念。一般来说，在激发事件与消极情感反应之间存在着一些思维活动，如消极的自我陈述或是心理想象。这种思维是自动产生的，我们几乎难以察觉，自动化思维和消极的情感往往一起出现，以至于我们只识别了情感，却忽略了自动化思维。如果同学们仔细分析会发现，每个人的自动化思维不一样，有的人总是产生"我不够好""我能力不足"的自动化思维，有的人却总是产生"我失败了，我不能得到别人的喜欢"的自动化思维。

例如，小丽在事件发生时，产生了自动化思维："我是个不可爱的女孩""我无法得到幸福"。她可能并没有意识到这部分习惯的思维活动。在其他场景下，小丽也有可能产生类似的自动化思维。也就是说，同一个人在不同场合下，完全可能产生同样的自动化思维。这个自动化思维就是个体的心理症结所在，所以要认识自动化思维的存在及其对我们心理的影响。

四、人本主义学派的观点

请环顾一下周围的同学和朋友，你是否可以找到这样的人：认为自己没有特长和才艺、充满了自卑的人；认为自己与人交往的能力一塌糊涂、难以找到知心朋友的人；感觉自己从小就是一个不被家人、朋友喜欢，自己也很难找到一个亲密的伴侣的人……在这些人的眼中，他们往往是自卑的、孤独的，背负着消极的人生观，难以寻找到光明的前途。但是，在人本主义心理学派看来，这些人的前途都是光明的。

人本主义学派强调，每个人都是自己生活的主动建造者，可以自由地改变自己，如果不能改变，只是因为身体上有限制；它注重此时此地，鼓励人们按照生活的本来面貌去生活，不应该成为过去的牺牲品；它认为没有人比你自己更了解自己，因此在心理咨询中咨询师要做的是努力去理解来访者的背景，然后提供指导，让来访者帮助自己去解决问题；它对人的未来有着积极的观念，认为当人们眼前的需要得到满足后，就会不再感到满意，而要积极地寻求发展，寻求自己更满意的状态。因此，人本主义心理学家认为，如果问题和困难阻碍了我们的成长，人本主义心理治疗就可以帮助我们克服困难、继续成长。

拓展阅读

来访者中心疗法：无条件的积极关注

来访者中心疗法是人本主义学派的治疗方法，它不让来访者回忆压抑在潜意识中的心理症结，而是帮助来访者认识现状。来访者由于缺乏自知而不能正确认识和处理当前环境的现状，从而产生病态焦虑，因此，治疗的目的就是让来访者进行自我探索，了解与自我相一致的、恰当的情感，并用此感情体验来指导他的行动，也就是靠自己本身的力量来治疗自己存在的问题。

来访者中心疗法认为，任何人在正常情况下都有着积极的、奋发向上的、自我肯定的无限成长潜力。如果人的自身体验受到闭塞，或者自身体验的一致性丧失、被压抑、发生冲突，使人的成长潜力受到削弱或阻碍，就会表现为心理病态和适应困难。如果创造一个良好的环境使他能够和别人正常交往、沟通，便可以发挥他的潜力，改变其适应不良的现状。

来访者中心疗法主张治疗者把来访者作为一个有自尊心的人来看待，而不是一个普通的患者。在进行治疗时，治疗者让来访者畅所欲言，但不需要什么自由联想。治疗中的关键是治疗者担任中间的媒介，帮助来访者发泄他的感受，治疗者耐心地倾听。为达到这一目的，在交谈时治疗者不断用反馈来激发来访者的情绪，一再重复来访者在交谈中所表现的最基本的情感。治疗者不能把自己的意志强加在来访者身上，而是帮助他弄清问题，增加自我了解和适应能力，发展其成长潜力，从而使其获得治愈。罗杰斯认为，治疗关系中最重要的因素在于治疗者应成为"真诚的或自我和谐的人"，这就是说他不仅是从专业的角度去发挥作用和进行操作，而且在与来访者的关系中也是坦率和诚实的，因为任何人都是不愿向不真诚的人暴露自己的。因此来访者中心疗法认为，无条件的积极关注、共情和真诚是心理治疗中人格改变的充分必要条件。

第二节　常见心理障碍的识别

大学生正处于青春期发展的中后期，将逐步完成从青少年向成年人的过渡和转变，逐步摆脱对父母和家庭的依赖，培养独立意识以适应社会，实现进一步的社会化。作为社会的一个群体，大学生在社会化过程中，在面临压力、竞争时，同其他群体一样，也会表现出一些心理障碍。心理障碍有很多种，在我国广泛使用的《中国精神障碍分类与诊断标准（第3版）》中有详细的介绍，因此这里

抑郁症

只介绍其中几种，如果同学们有兴趣，可以继续学习相关书籍。在学习这部分内容时，

一定不能随意对号入座，随意给自己或者同学下结论，也不要悲观失望，认为自己无法好转。本部分内容是为了让你了解基本的知识，如果有需要，可以到专业机构就诊，咨询专业人员。

一、抑郁症

抑郁症是普通人群中很常见的心理障碍，根据抑郁程度的不同，个体的抑郁表现会存在一定程度的差异，但一般会出现以下一些表现。

（一）抑郁的心境

几乎所有存在抑郁问题的个体都会体验到一定程度的不幸感，根据个体抑郁程度的高低，所体验到的这种抑郁心境会存在不同。严重的抑郁个体甚至会体验到绝望的心境，认为自己无人能求助。

 案例

> 小张本来是个精力充沛的大学生，可是最近两个月以来，不知怎么回事，他的心情一直非常低落，郁郁寡欢，常常失眠或者早醒，白天难以专心学习，记忆力和注意力似乎都下降了，而且总是觉得自己特别疲乏，胃口也大不如从前，甚至以前有兴趣的事情也懒得做了。（注：小张目前的状态表现出了抑郁症的倾向，如果希望明确到底是否得了抑郁症，还需通过专业临床医师进行诊断。）

（二）快感的丧失与兴趣的消退

快感的丧失以及兴趣的消退也是抑郁个体常见的特征之一。一般来说，抑郁个体在抑郁症发作以后会对身边许多事情失去兴趣，即便是从前特别感兴趣的事物也会变得乏味、没有意思。

（三）食欲消减

食欲不振在抑郁个体身上十分常见，随之而来的问题就是因为食欲消减而导致的体重下降。当然，也存在少数抑郁症患者反而食欲大增的情况。

（四）睡眠失调

睡眠障碍也常见于抑郁群体当中，具体而言，难以入睡、反复醒来、睡眠时间短，这些对于抑郁个体而言是极常见的问题。然而，就像食欲的问题一样，部分抑郁个体也会存在睡眠时间异常增加的情况，对于他们而言，睡眠时间有时候可达 15 小时以上。

（五）思维迟缓

抑郁症患者的思维相对于正常个体而言较为迟缓，他们对问题的处理会显得犹疑不决并且难以集中注意力，甚至存在记忆方面的困难。

（六）运动抑制

抑郁的个体不爱活动、走路缓慢、言语少，他们总觉得筋疲力尽，患有严重抑郁症的人甚至不吃不动，生活不能自理。

（七）无用感和罪疚感

抑郁个体经常觉得自己缺乏价值且一无所有，感觉不到他人的关爱，并且还会觉得自己为周围环境带来了许多麻烦，感觉许多事情都是自己的错，因此存在一定程度上的愧疚感。

（八）自杀意念

严重的抑郁症患者会存在自杀的念头，对于他们而言，自杀是一种解脱的有效方式，并且认为死亡能够结束自己给他人带来的痛苦。

抑郁症的形成与遗传因素有着密切的关系，如经过家族遗传史调查后发现，抑郁症患者的亲属发病率明显高于其他群体的发病率，具有明显的家族聚集性；亲缘关系越近，发病率越高。抑郁症还具有一定的生物化学基础，近年来，一般认为，抑郁症这类情感性障碍与生物胺的变化有密切关系；有些生物学研究还表明，抑郁症患者的生长激素水平血浆皮质醇含量与正常人群相比明显不同。同时，不同类型的抑郁症患者表现出不同的性格特征：急性抑郁症患者在患病前多为倔强、执拗，或为被动－攻击性人格；慢性抑郁症患者在患病前多为无能、被动、依赖和孤独的性格特点。此外，重大的生活事件、童年不幸的遭遇、缺乏社会支持等因素都可能在原有遗传素质的基础上促使抑郁症这类情感性障碍的发生。

如果发现身边的人有抑郁的倾向，就必须认真对待，因为抑郁症容易复发，而患重度抑郁症的人可能会有自杀倾向或行为。对抑郁个体的帮助或自助的前提是识别到抑郁的倾向。根据常见的抑郁表现，同学们可以提高自身的警惕性，如果身边或自己出现了上述多个类似的症状，就应该予以相应的关注。面对抑郁，大家不要轻易放弃寻找帮助的念头，当抑郁程度较轻时，同学们可以采取多向身边的人倾诉的方式来缓解负性状态，甚至可以通过增加室外活动，如参加运动、进行短期旅行等方式来排解抑郁情绪。当抑郁程度较高时，就需要寻求专业的心理咨询，必要时还需要结合相应的药物治疗。

二、焦虑症

焦虑的表现形式是多种多样的，常见的有恐惧症、广泛性焦虑症及强迫症。

（一）恐惧症

恐惧症是指明明知道某些物体或某些特殊环境对自身并不存在真实的危险，却产生异常强烈的恐惧，并伴有焦虑情绪及自主神经系统功能紊乱症状，有回避行为出现，希望通过回避解除恐惧所导致的痛苦。大学生常见的恐惧症如社交恐惧症、学校恐惧症、广场恐惧症、视线恐惧症等，都给大学生的学习生活带来了很大的困扰。

恐惧症的形成与学生的内向、胆小、被动、羞怯、依赖性强、遇到事情容易焦虑不安的性格有密切联系，同时与意外事件如自然灾害、车祸、强奸等也有一定的联系。

心理学对恐惧症的发生原因也有不同的假设：行为学派认为，这是由于个体早年经历了某个事件，当时个体感到非常害怕、紧张，这种感觉太强烈了，所以个体形成了对某个情境或者某个人群的条件反射，当新的情境出现时，个体自动地表现出以前所形成的条件反射。精神分析学派认为这是移情，个体把潜意识里对早年生活中的情感转移到现在的对象上，在新的情境下产生了同样的情绪情感体验。对于恐惧症的治疗，既可以采用精神分析的自由联想和移情分析的方法，也可以采用行为学派的系统脱敏疗法，这些都有助于恐惧症的好转。

案例

小丽看到身边的同学都交了男朋友，非常羡慕，渴望自己也能拥有一份甜蜜的爱情，但是却很难和男生建立近距离的关系。每当有男生向她表达爱慕之情的时候，她就会感到浑身难受，不敢看对方，心情非常紧张，不知道怎么和男生交流，心跳出汗，手脚冰凉，表情很不自然，于是找各种借口逃离当时的情境。（对与异性的交流存在异常的焦虑反应，很有可能患有社交恐惧症。）

（二）广泛性焦虑症

广泛性焦虑症一般表现为对生活环境或事件的过分及不可控的担忧。即使不幸的事情并未发生，他们也还是会倾向于预测这些不好的事情将会发生。患有焦虑症的人会有头痛、肌肉紧张、心跳加快、消化不良、面部紧张和坐立不安的症状，并且存在失眠问题。

案例

小玲自上了大学以来心里一直存在一种难以控制的焦虑，她几乎每时每刻都担心着自己的学业表现，即使不在考试阶段，她也时常因为过分担心自己的学习成绩而失眠，甚至出现情绪上的波动。（每个人在生活中都会时常对一些事情存在担忧，但是案例中的小玲对自己学业表现的担忧是过分的，并且不可控，因此，她很有可能患上了广泛性焦虑症。）

其实，适度的焦虑本身并非坏事，它可以促进我们积极思考，并且促进机体调用资源应对问题，进而转化为学习动力。但如果焦虑过度以至于达到焦虑症的程度，就会对学习产生负面的影响。

焦虑症的形成有一定的遗传基础。研究表明，双生子的同病率高、家族人群的发病率高。同时，焦虑症与多愁善感、焦虑不安、严肃、古板、保守、悲观的人格特点具有较高相关度。

对于焦虑症的治疗，可以采用放松疗法，即通过放松身体、深呼吸、冥想等方法进行训练，效果很好。

（三）强迫症

强迫症是指以强迫观念和强迫动作为主要特征，伴有焦虑情绪和适应困难的一种心理障碍。强迫症的典型特点是有意识的自我强迫和反强迫并存，二者强烈冲突使患者感到焦虑和痛苦；患者体验到观念或冲动来源于自我，但违反自己的意愿，虽极力抵抗，却无法控制；患者也意识到强迫症状的异常性，但无法摆脱。强迫行为的种类非常多，比如，强迫洗手、锁门等。强迫症患者的强迫行为是无意的，患者并不能控制自己的这些行为，并且其实很多患者在明确知道这些行为严重影响到正常生活的前提下仍然不断地反复进行。强迫症的形成，多与患者的个性和父母的教养方式有关。患有强迫症的人，在平时表现出胆小、害羞、拘谨、有礼貌、善于思考、喜欢表扬、爱清洁、怕批评的特点，这可能与遗传有关。同时，患者父母平时的焦虑气质和刻板的行为、动作，如对子女要求过于严格、过分爱整齐干净等教养方式对强迫症的形成会产生很大的影响。

🌳 案例 ♡

小李是个特别爱干净的男生，他的生活非常有规律，行为规矩，对自己要求严格，宿舍里的桌子收拾得干干净净、被子叠得整整齐齐，书籍也摆放得非常整齐，一般用过后还会放回原来的位置。同宿舍的同学有时不太注意，经常把他整理过的地方弄脏、弄乱，这让他感到难以忍受。他的图书、报纸等物，很不愿意借给别人，一律收藏妥当，感觉别人用后会不干净，因此和一些同学的关系比较紧张。有一次，舍友的老乡到宿舍来无意中把瓜子皮扔到了他的桌子上，他非常生气，和对方大吵了一架。此后，他回宿舍后总是反复整理自己的东西，担心自己不在时别人动过了。尽管他觉得这样没有必要，但是仍不由自主，心里很烦闷。（喜爱整洁可能是很多同学的一种良好习惯，但是，案例中的小李显然超出了适度的范围，甚至已经超出了他能自制的程度，他无法控制这种观念，因此极可能患上了强迫症。）

精神分析学派对于强迫症有着独特的视角，精神分析学派认为，强迫症的个体人格的三个方面难以整合，难以协调共处，其强大的本我遇到了同样强大的超我，本我和超我之间的强度相当、势均力敌。而遵循现实原则的自我，难以协调本我的需要和超我的压制，在这种情况下，个体可能就会出现强迫症。强迫症的表现其实就是两种相对立的力量在反复斗争，如一方面反复检查，另一方面又觉得没有必要检查。

对于强迫症的治疗，可以采用精神分析疗法，通过自由联想、移情分析，把个体潜意识当中的冲突带到意识层面，尝试接纳自己的观念，降低自己内心冲突的程度，这样强迫症也就自然减轻或者消失了。

三、人格障碍

从心理学角度来看，人格障碍是指人格特征明显偏离正常群体，具有一贯的个人生活风格和人际关系的异常行为模式。这种模式显著偏离特定的文化背景和一般认知方式（尤其在待人接物方面），明显影响其社会功能，造成对社会环境的适应不良。人格障碍有很多种类型，在大学生中较为常见的是偏执型人格障碍、自恋型人格障碍和边缘型人格障碍。

（一）偏执型人格障碍

患有偏执型人格障碍的人，以持久、不切实际的倾向去解释、贬低他人的行动和意图，但是没有持久的幻觉和妄想。因此，偏执型人格的个体，其人际关系通常会存在比较严重的问题，他们习惯于责备别人、贬低别人、怀疑别人，认为是别人有问题而不是自己有问题，很少能够意识到是自己的行为导致了自己的问题。有偏执型人格障碍的个体最明显的特征就是对身边人的不断怀疑，他们甚至会没有理由地怀疑他人，并且不断地从周围环境中搜索支持他们这种怀疑的证据。

案例

小琳工作能力强、学习成绩好，在老师眼里是个优秀的学生。但是和同学们的关系却不好，经常发生冲突。她过于自负，喜欢批评别人，总是认为对方不对；对同学们的举动非常敏感，即使是别人的无意之举，她也会认为是针对她的，经常和同学发生摩擦。辅导员、班长多次找她谈心，但她把别人的好言相劝理解为恶意、敌意，同学关系进一步紧张。

从心理学角度来看，偏执型人格障碍是源于基本信任感的缺乏，与早期父母的情感虐待密切相关。在童年时期，个体由于受到情感虐待或者身体虐待，对危险征兆非常敏感，如果发现一点蛛丝马迹，就会迅速采取行动，保护自己避免遭受虐待。当他们长大以后，这种特点一直保留着，难以改变。他们具有特别"敏锐"的警惕性，特别擅长"敏锐"地从别人的反应中发现线索，并做出快速的反应。然而，遗憾的是，这些猜疑都是捕风捉影，缺乏现实的根据，所以其人际关系总是不好，他们自己也总是充满着不安。偏执型人格障碍的治疗有些困难，有这种障碍的人根本不认为是自己有问题，所以需要接受专业人员的治疗。

（二）自恋型人格障碍

自恋型人格障碍，从广义上说是对自我和他人的歪曲认识。虽然对自我采取积极的态度是正常的、健康的，但是患有自恋型人格障碍的人，夸张地认为自己是特别的、优越的。他们所表现的并不是强有力的自信，而是对自我过分热衷，总是非常积极地寻求自己的地位，以地位来评估自己的价值。如果其他人没有认可他的特殊地位，就会认为自己遭受了无法忍受的虐待，变得气愤不已、充满戒备、情绪低落。如果自己没有成为优胜者或没有被当作特殊人物，就会感到低人一等、微不足道、弱小，从而寻求自我保护。患有自恋型人格障碍的人为他们的社会地位感到骄傲，但是，他们并不遵从社会标准和社会期望，以自我为中心，对别人的情感漠不关心，可以由友好突然转成愤怒，流露出对自我的关注。

 案例

小王长相英俊，受到很多女生的青睐。他特别自大，认为自己是个特殊的人物，理应受到大家的喜欢和优待。在日常生活和学习中，小王总是努力寻找能够表现自我价值的机会，夸大了同学们对自己的关注，对于自己取得的成绩津津乐道，如果有人没有认可自己，他会变得非常愤怒，很仇视对方。

"自恋"一词源于有关水仙花的希腊神话故事，有一个名为纳西斯的小伙子爱上了水中自己的倒影，他如此痴迷于自己的影像，以至于在水边生根，变成了一株水仙花。弗洛伊德将"自恋"这个词纳入心理学领域。一些心理学家认为，自恋是性格缺陷，源于童年时期父母的关爱不足，没有与父母形成良好的依恋关系，为了弥补这种不足，孩子就以自大、虚假的自我来满足自己的需要。这种自恋的特点一直伴随着他们到了成年，他们也许可以取得一些成绩，但是他们的自我夸大有时候令人难以认同。其实，自恋者的自尊程度比较低，他们过于夸大自我正是想弥补内心的脆弱，当他们的自尊受到威胁时，常常反应强烈。

自恋型人格障碍的心理治疗也很困难，在这类人眼中，接受心理治疗意味着自己有瑕疵，而这是他们坚决不能接受的观点，因此需要寻求专业帮助。

（三）边缘型人格障碍

边缘型人格障碍的典型特征是在人际关系、自我意象、情绪和行为等各个方面都非常不稳定。在人际关系方面，患有边缘型人格障碍的人的人际关系经常在极端亲密和极端对立之间快速变化。他们先是极想和别人建立某种亲密关系，但他们依赖于他人的同时又对这些人进行猜疑，并预期自己会被其抛弃，于是竭力要摆脱这种关系，这种模式不断反复，当最终被拒绝时，他们又会出现更强烈的情绪反应。在自我意象方面，患有边缘型人格障碍的个体没有稳定的自我感，他们对自己的认同是建立在与他人的关系当中的，因此他们非常依赖他人，并且对关系的破裂容易感到极大的痛苦。在情绪方面，患有边缘型人格障碍的人既体验到一种空虚和不安全感，缺乏自尊，又体验到一种与上述情况相对立的兴奋感和全能感，给人的印象是有时冷静，有时又极易情感爆发，特别是在遭遇到应激性事件时更为明显。在自我概念上，患有边缘型人格障碍的人对自我经常是不满意的，不知道自己生活的原则与目标，表现为目标经常变动，无法持久地做一件事。在自我控制方面，患有边缘型人格障碍的人控制情感和耐受挫折的能力非常差，患者经常出现不计后果的冲动行为，如酗酒、打架，甚至会出现自伤、自杀行为。

案例

　　小李是个性格很不稳定的学生，和同学的关系也变化多端。有时候他会把你捧到天上，对你的帮助感激涕零，可是转眼间，他又会对你非常不满，痛斥你对他的不在乎、不关注，这种快速的变化常常令人感到不知所措。小李对事情的看法是"非黑即白"，要么特别好，要么特别不好，好像世界上没有一个人能够既有优点又有缺点，他无法容忍中间的模糊情境。小李的情绪很不稳定，有时候会做出不顾后果的极端行为，有时候还会故意伤害自己的身体。

　　在大学生中，很多人具有边缘型人格障碍的特点，只是程度不同。有研究表明，边缘型人格障碍与童年的严重虐待，特别是来自看护者的虐待有密切的关系，因此认为，边缘型人格障碍是由创伤性童年经历造成的，它导致了个人具有不稳定的人格特征。

　　边缘型人格障碍的心理治疗是个漫长的过程，患者和心理治疗师的关系也是变化多端的。一会儿把治疗师捧到天上，认为治疗师是个充满爱心的人；一会儿又会把治疗师踩到脚下，认为治疗师完全没有爱心，根本帮不了自己。对这种类型的个案进行心理治疗，并不是一件容易的事情。

　　除了以上所讲的人格障碍以外，还有分裂型人格障碍、反社会型人格障碍、冲动型人格障碍、表演型人格障碍、强迫型人格障碍、焦虑型人格障碍、依赖型人格障碍等类型，这里就不详细叙述了。

四、精神分裂症

　　精神分裂症多起病于青年阶段，发病比较缓慢，容易被人忽略。精神分裂症患者在思维、情感、行为等多方面有障碍，精神活动不协调。妄想、幻觉、语言混乱、行为异常等都是精神分裂症的典型症状。妄想指的是没有根据地坚定持有某种信念，常见的妄想包括：被害妄想（坚信自己被他人监视并要迫害自己）；控制妄想（坚信自己的思想、行为等都受到别人的控制）；关系妄想（坚信他人实际上与自己无关的行为都是指向自己的）；疑病妄想（坚信自己患有可怕的生理疾病）。幻觉一般包括幻听和幻视两种形式，而又以幻听为主。精神分裂个体常常报告他们能够听到脑海里存在另外一个人的声音，有时候甚至存在多个人在自己脑袋里对话的感觉。精神分裂症患者还会出现思维逻辑缺陷，常有前言不搭后语、答非所问等常人难以理解的表述，有时候也有激烈的伤人、毁物，以及破坏一切特别是美好事物的冲动。

精神分裂症的发病一般可以分为三个阶段。在第一阶段（预兆期），患者会逐渐变得退缩和孤立，他们思维的语言障碍慢慢变得明显，情绪也变得不合理。在第二阶段（活动期），患者开始显示出明显的精神分裂表现，包括妄想、幻觉、胡言乱语等。在第三阶段（残留期），患者在一定程度上回到正常状态，可是仍然存在一些奇异的行为，并且很有可能继续进一步发作。

 案例

小丽最近一段时间内时常觉得身边的人尤其是男生，都用一种异样的眼神看着自己。她向身边的同学倾诉，班里的那些男生都喜欢自己，并且还想和自己发生性关系。慢慢地小丽开始觉得身边的同性也因为嫉妒自己获得了男生们的欢心而不择手段地想加害自己，无论自己走到哪里都感觉有人在跟踪自己，就连自己的手机也感觉被人监听着一样，觉得别人能够通过手机听到自己心里的想法。小丽不敢使用手机，感觉用了之后，想害她的人就会发现自己身处的地方并前来加害自己。即使这一切根本不存在，小丽仍然坚信无疑。（案例中的小丽存在患有精神分裂症的倾向，她存在明显的钟情及被害妄想并且有一种被洞悉的感觉。）

关于精神分裂症的病因，目前普遍认为是七分遗传原因、三分环境原因。有研究表明，精神分裂症与遗传有着密切的关系，家族发病率高（如双胞胎发病率高）。也有研究表明，精神分裂症是由第五对染色体中的基因缺陷引起的；同时，家庭因素也与精神分裂症有关，如家庭不和、父母关系紧张、亲子关系紧张等因素对儿童的成长会带来不良影响，这也可能会导致其患上精神分裂症。还有研究表明，精神分裂症与神经递质（如多巴胺）的浓度有关。

精神分裂症的治疗目前主要以药物治疗为主，支持性心理治疗和改善家庭、社会环境为辅。如果能够及时治疗、彻底治疗，将有助于稳定和控制患者病情，减少病情复发的概率，让患者有机会重新融入社会。

五、厌食症

厌食症是进食障碍的常见类型，在心理学中，进食障碍往往会被看作情感的一种冲突反应。厌食症指的是对体重增加的异常担心导致的过分严重的节食现象。厌食症常见于女性群体中，尤其是年轻的女性，因此也常见于女大学生群体中。厌食症的典型表现就是过分的进食控制，并且伴随一系列的身体表现，如外表消瘦，严重者甚至会出现皮包骨的情况。而且由于过分节食，营养的摄入不足会引发很多健康问题。除了体重的问题，另一个重要的特征就是对肥胖的恐惧。患有厌食症的个体常常对肥胖感到恐惧，担心自己的体重增加，哪怕只是一点点。厌食症具体有两种表现：抵制型厌食症一般表现为对食物的拒绝；清除型厌食症的个体一般表现相反，他们会大量进食，然而进食后会导致他们产生极大的罪恶感，因此之后会通过呕吐或服用药物等形式把食物排出。

 案例

　　小琳本是一个开朗、活泼的女生，有着良好的生活习惯。可是最近，由于在一次和男友的争吵中男友提到关于小琳体重的问题，虽然自己并不算胖，可是男友的这一句话让小琳十分在意。因此她开始对自己的饮食进行控制。她逐渐减少自己的进食量，体重在短时间内有了一个大幅度的下降。她变得过分消瘦，甚至连月经也停了。虽然如此，但在小琳自己眼中，她认为这样很好看，并且能够给自己带来一份自豪感，时刻担心自己体重稍增就会被男友指责。

　　厌食的很大一部分原因来自对肥胖的恐惧，认为肥胖会给自己带来严重的后果。个体对肥胖感到恐惧的原因可能是多方面的，可能根源于家庭观念，也可能根源于身边一些亲密个体的指责。面对厌食症，个体应该积极寻求帮助，如果处理不当，厌食症会引发极其严重的健康问题，有时候甚至是致命的问题。

 拓展阅读

精神"感冒"

　　心理障碍不是洪水猛兽，它如同人们在精神上的"感冒"，几乎每个人都会与它"亲密接触"。只要正确面对、处理得当，不仅能够恢复良好，甚至还有可能提高你的"免疫力"，为你的成长助力！

　　世界卫生组织在一份报告中说，从疾病发展史来看，人类已经从"传染病时代""躯体疾病时代"，进入21世纪的"精神疾病时代"。根据世界卫生组织的统计，全球范围内约有4亿人受到各种精神疾病的困扰；抑郁症患者已经达到2亿人，已经成了世纪病；有30%至40%的求医者有精神卫生问题；20%的人存在心理卫生问题和精神障碍；全球完全没有心理疾病的人口比率仅为9.5%。

　　按照心理学理论，"人人都可能产生心理问题"。由于社会文明的不断进步，人们的需求也越来越高，竞争也越来越激烈，特别是在中国社会转型时期，每个人都背负着不同程度的心理压力，都必然会在某些阶段存在某种程度上的心理不健康状况。在西方国家，人们把心理问题视为精神"感冒"，人人都有可能患上"感冒"，人人都有可能"痊愈"！例如，从1972年开始，美国政府就特别设立了"总统心理健康委员会"作为白宫的办事机构，专门为总统提供心理咨询，以便他能更好地为美国服务。在美国，一旦遇到情感挫折、人际关系不良、环境不适应等方面的问题，人们首先想到的就是心理工作者。大多数美国人都把接受心理咨询看成自信与富有的象征，心理咨询是美国医疗保险中的一部分。

当今美国公民接受心理咨询如同吃一顿麦当劳那样自然、简单，每一个中产阶级都有自己的心理顾问，美国人连拔牙怕疼，都要先找自己的心理医生咨询。当代美国人形容说："美国成功人士的臂膀是由两个职业扶持的：一个是法律顾问，另一个是心理顾问。"因此，一个国家对心理问题的认识程度在一定程度上可以代表一个国家文明发展的程度。

第三节　大学生心理咨询与帮助

诗人艾青说过："人生的路虽然漫长，但紧要处却只有那么几步，特别是当人年轻的时候。"因此，为了走好人生的关键几步、使自己的人生之路走得更为顺畅，在遇到困难的时候，向他人寻求帮助是一个不错的选择。求助是强者的行为，是有效利用身边资源的一种表现，是一种积极的人生态度。

当心理问题出现时，大多数人首先想到的是向家人、朋友、老师、同学等寻求帮助，也有人祈祷神灵。这些非正式的治疗师承担了很多东西，他们的确常常能够对处于挫折、冲突状态的人们有所帮助。当然，还有一些人采取自助方法，随着时间的推移，很多冲突也的确能够自行缓解。但是，如果你希望更加深入地进行自我探索，深入理解自己的心理原因，提高自己的生活质量，那么你可以考虑寻找专业人员的帮助。目前大学里都设置了心理健康教育机构，如心理咨询中心，且一般都是免费向本校在读学生开放的，这是你可以利用的资源之一。

一、了解心理咨询：咨询师的角色

对于从没有走进过心理咨询室的大学生来说，心理咨询是神秘的。有人把咨询师描述成情绪的回收站，在咨询室里，你可以畅所欲言，把心中一切烦恼尽情倾诉；也有人把咨询师描述成个体成长的镜子，通过咨询师的帮助，我们能够看到更加真实的自己。那么咨询师在心理咨询中到底扮演着怎样一个角色？

在咨询中，咨询师会给予来访者无条件的关注和接纳，即使来访者谈到自己不愿意面对的痛苦，也会让来访者感觉到安全、被理解，从而愿意进行深入的自我探索。咨询师会帮助来访者从新的角度重新审视自我，分析个人成长经历对自己性格形成的影响，使来访者逐步接纳自我、肯定自我，从而更加客观地认识自己存在的问题，明确自己努力的方向。心理咨询师会积极关注来访者、尊重来访者，了解来访者的真实情况，不会轻易对来访者的问题下结论，而会努力地去理解来访者；咨询师会帮助来访者分析问题，帮助来访者感受到自己的需要、情感体验，理解其行为模式和自身资源，不为来访者做决定，而是帮助来访者发掘自己的力量、寻找到自身的资源、自己解决问题，从而成长为真正想成为的人。

心理咨询是心理咨询师运用心理学以及相关知识，遵循心理学原则，通过各种技术和方法，帮助人们解决心理问题的过程。它并不神秘，只要你自己做好心理准备，就可以充分利用学校心理咨询中心或者校外正规机构的资源，进行自我探索，促进自我成长。

二、走出心理咨询的误区

随着社会的发展，人们对心理咨询的认识和接纳度都有了很大的提升，但是相对于西方国家的民众而言，心理咨询在我国仍是一个新鲜事物，对它的认识仍存在很多的误区。

（一）精神病患者才需要心理咨询

许多人会以为，接受心理咨询的人通常是患有严重精神疾病的人，这是一个很大的误解。由于能够受益于心理咨询的人，其本身的心理功能不能太差，如其至少要具有相当程度的表达能力、理解能力、人际交往能力等，因此，心理咨询的对象主要是在日常生活中遇到困难或挫折而产生心理困扰的正常人群。心理障碍患者只是咨询的一小部分，发病期的精神病人不属于心理咨询的范畴。

（二）心理咨询师是替人解决问题的人

许多人认为，心理咨询师是专门替人解决心理问题的人，如以为心理咨询师会帮助失业的人找到工作，帮助失恋的人重获爱情，帮助移情别恋的人回心转意，帮助父母寻回离家的孩子等。这样的期待恐怕是要落空的，因为心理咨询师的主要工作是帮助个体了解自我，进而发挥个体的潜能去处理生活中的人际问题，去为自己做最好的决定，去过自己想过的生活。

（三）心理咨询的谈话内容会绝对保密

基于职业道德，心理咨询师通常会对来访者的谈话内容加以保密，即心理咨询师未经来访者同意，不会将来访者的谈话内容告诉其他人。同时，心理咨询的专业保密也是有限制的，当来访者企图自杀或伤害自己、来访者企图伤害他人或危害公共安全、来访者的行为涉及家庭暴力或儿童虐待时，心理咨询师会打破保密原则，与有关人员或部门联系。

（四）心理咨询师具有透视人心的本领

心理咨询师没有特异功能，没有透视人心的本领。心理咨询师对来访者的理解，是建立在专业知识学习和咨询经验的积累上的。因此，如果期望在咨询中得到咨询师的帮助，就需要来访者和心理咨询师建立良好的工作联盟，与咨询师紧密合作，给予咨询师充分的信任，真实地表达自己，与咨询师一起进行自我探索。

（五）好的心理咨询应该是做一次就有效

心理咨询不同于一般的药物治疗，心理咨询很少有做一次就有效的。大部分求助于心理咨询的人，都是带着许多经年累月所形成的心理问题走进心理咨询室的。常言说"冰冻三尺非一日之寒"，要解决这样的问题，需要一个长时间的过程让来访者认识自己、接纳自己，这至少需要几个月的时间，甚至是几年的时间。心理咨询不能或很难立竿见影。

（六）心理咨询无所不能

在咨询中很多来访者把问题抛给心理咨询师，期待心理咨询师为自己开出"良方"。实际上，咨询师在咨询中所做的工作是，通过关注、支持、反馈以及澄清等方法，帮助来访者看清自己的问题，引发其思考，促进其人格的成长。在咨询中真正帮助来访者的是其自己，一个优秀的心理咨询师是不会代替来访者去直接解决问题的。

三、需要心理咨询的时刻

很多人在身体出了问题的时候会去医院，但是当"心理出问题"的时候，却不愿意去寻求专业帮助。其实，身体保健和心理保健的道理是相同的，都要把工夫花在平时，重在预防。

在大学里，每个人都会遇到问题。如果你自己的生活状态是下面的状况之一，那么你可以考虑进行心理咨询。

（1）在某些时候觉得孤独或者想找人说说话；

（2）在工作、生活、情感等方面压力过大，如失恋、工作挑战太大、同伴相处不良等，觉得有点胸闷难受、心区疼痛（但到医院检查又查不出身体问题）、焦虑不安、容易发火、心情忧郁、失眠；

（3）不管什么原因，感觉自己被某种不良心情压抑超过两周时间，且这一情况还在持续；

（4）对于某些特定的物体和行为出现异常反应，如与人交往困难、怕猫狗，或者在面对一些社会场景，如广场、商场，或者没有特定对象场景的情况下，会觉得焦虑不安，甚至呼吸困难、心跳加速；

（5）某些行为，如洗手、关煤气，表现出十次以上的反复，或者对于某一事物的思维反复顽固地出现而无法摆脱，这样的情况已经持续了一段时间；

（6）被一些性问题困扰，如青春期手淫问题、暴露性器官、获取异性衣服等情况；

（7）有物质依赖，如吸烟、酗酒、上网；

（8）有对于食物的障碍，如出现暴食然后呕吐、厌食等；

（9）遇到被非礼、人质危机、自然灾害、其他威胁等突发事件之后一个月，继续经常被这些事件的记忆干扰生活，甚至会经常做噩梦、哭泣；

（10）因为以上这些原因，正在医院方面接受药物治疗，所以很少获得谈话式的心

理咨询;

（11）人际关系一直遭遇或有原因或没有原因的挫折，觉得自己的性格有点格格不入，并让自己感到迷惑或痛苦，如经常严重猜忌别人是否说自己的坏话，或因害怕随时随地会遭受批评而回避与别人交往，或经常和很要好的朋友反目成仇，或经常以自伤和极端事件要挟亲密的人，或觉得自己的情绪经常没有原因地突变而影响了生活。

四、选择合适的心理咨询师

一个优秀的咨询师，不是直接帮你解决具体问题，而是帮助你学会自己解决问题，并且让你最终成为自己的治疗师。助人自助是心理咨询的基本原则，你慢慢会学会发现那些不良的自动化思维，发现那些阻碍你快乐生活的情感模式、行为模式，学会表达内心的各种情绪。

选择合适的咨询师非常重要，就像对信任的医生，人们会更加配合治疗一样。当然，当我们完全向一个陌生人敞开心扉时，我们难免会有些担心，不知道是否会得到帮助、是否会被对方歧视，所以，你必须认真选择。下面介绍的方法也许会对你有所帮助。

（一）查找资料

有些大学生做心理咨询，会考虑校外的咨询机构，那么你还必须考虑费用问题。如果你选择在校外做心理咨询，要看某个心理医生时，可以在网上搜索该医生的名字，以了解其相关信息，比如，他/她的职业背景，有哪些执业资格，受过何种训练，写过什么东西，咨询经历有多少，等等。如果在校内的心理咨询中心做咨询，可以通过心理咨询中心的宣传材料获得咨询师的信息，也可以从辅导员、做过咨询的同学那里获得有关信息。

（二）注意心理咨询师的口碑

无论你在何处做咨询，都要关注心理咨询师的口碑。如果可以，最好找到一些曾经向你要找的咨询师做过咨询的人，他们提供的信息会更为准确、到位，对你有一定的借鉴意义。

（三）自己对心理咨询师的感觉

在做咨询时，你自己的感觉是最真实的。好的心理咨询师会使你感觉到安全、舒适、被爱、被尊重、被接纳与认同，不轻易下结论，而且非常在意你的感觉，总是努力去理解你、懂你、贴近你，而不是控制你、评价你、指导你。他听得很多、说话很少，但每句话可能都是一种新视角，给你一种新体验，让你感觉到一片新的天地。因此，在做咨询时，要学会感受自己的体验。

（四）其他

在你选择心理咨询师时，机构对心理咨询师的介绍、心理咨询师的受教育背景和专业受训背景、专业许可或心理医生执照等方面的信息可以作为参考，但这些信息无法鉴定他的人品、职业素质与职业道德。

在心理咨询过程中，如果心理咨询师与来访者产生情感接触与性接触（如不当的身体接触、性挑逗和要求来访者叙述有关性和身体方面的细节）、与来访者产生生意行为（如转介绍来访者而收取介绍费、跟来访者做生意、向来访者借钱）或泄密行为（如泄露来访者的资料）时，来访者需要保护自己，终止心理咨询，情节严重时还可以进行投诉。

由于目前中国的心理咨询行业仍处于起步阶段，在很多方面都有待进一步地发展，如在咨询师的专业水平、收费问题、职业伦理等方面可能会出现各种各样的问题。因此，在进行咨询前，一定要做好充分的准备工作。

同时，心理咨询是可以进行双向选择的。如果你对你的咨询师不满意，原因可能有很多：也许是这个咨询师的理论流派、人格特点不适合你；也许是这个咨询师的专业能力不够；也许是你对咨询师有了负性的移情；等等。你可以考虑重新选择一个新的咨询师。同样，如果咨询师认为自己的专业能力还不能很好地帮助你，也会出现将你转介绍给其他咨询师的情况，一般在转介绍前咨询师会征求你的意见。

五、心理咨询中的正确心态

（一）要准备积极、主动参与

做心理咨询，不能像到医院去就诊那样，把病情向医生一说，就被动地等待医生开药方、配药。在整个咨询过程中，来访者的配合非常重要。来访者只有与咨询师共同努力，才能帮助自己面对现实、采取恰当的方法解决自己的心理问题。

（二）建立较强的咨询动机

要想在心理咨询中取得满意的效果，必须有改善或改变自己某一方面状况的真诚愿望。在去咨询以前，要先给自己提两个问题："对自己的现状，我确实不满意吗？""我确实愿意在某个方面、某种程度上改变自己吗？"如果你的回答是肯定的，那么你可以去做心理咨询；如果你的回答是否定的，那么你就很难从心理咨询中得到有价值的帮助。

（三）切勿浅尝辄止，好似"蜻蜓点水"

心理困扰、心理障碍不可能像感冒那样吃些药片就会很快恢复，它需要一个过程，要耐心地实施心理咨询师的指导计划，切不可因一时看不到明显的咨询效果就放弃。渴望寻求一位优秀的心理咨询师相助，其心情可以理解，但问题的最终解决是需要坐下来认真探讨的，否则你的状况难以得到改善。

（四）在咨询室里，你是安全的

对于你的个人隐私，咨询师会为你保密，这一点请你尽管放心。保密是心理咨询师的基本职业道德之一，是每个咨询师必须遵守的行业信条。

（五）做好遇到困难的准备

心理困扰最终的解决必须依靠你自己的力量，在这一过程中必定会有困难，因为咨询不得不碰触到平时不愿意碰触的心灵最柔软的部分，有时在恢复到良好状态之前，你也许会觉得感觉更加糟糕，因为心灵的伤口被揭开了。

咨询能够帮助你更了解自己，逐渐提高对自己的接纳程度，能使你更有效地应对生活中的问题和困境。期待咨询能够带给你更多的自我成长，使你做一个真实的自己！

 心理测试

心理障碍自测表

随着社会的快速发展、生活节奏的加快，人们在适应社会的过程中，已经产生各种各样的心理问题——压抑、焦虑、盲目行为等。快来测测你是否有心理障碍。请根据你最近一周的情况，选择符合你的选项。

（1）在面临课堂提问或考试时，你是否会紧张、害怕？ （是　否）

（2）和陌生人见面时是否会不知所措？ （是　否）

（3）工作时碰见陌生人会不会使进度受到妨碍？ （是　否）

（4）情绪紧张时是否会无法清晰地思考问题？ （是　否）

（5）是否因为紧张而做错事？ （是　否）

（6）别人交给你的任务，你是否会出差错？ （是　否）

（7）对于交往不深的人是否会莫名挂念？ （是　否）

（8）没有认识的人陪伴是否会紧张不安？ （是　否）

（9）做决定时是否会犹豫不决、瞻前顾后？ （是　否）

（10）你是否总想和别人聊天？ （是　否）

（11）别人是否认为你不够机敏？ （是　否）

（12）到别人家中做客，是否会感到不自在？ （是　否）

（13）去和别人会面时，是否会感到孤单无助？ （是　否）

（14）遇到挫折后，是否会长时间心情不好？ （是　否）

（15）生活中是否常常流泪？ （是　否）

（16）面对困难时是否会灰心丧气？ （是　否）

（17）你是不是有悲观厌世的情绪？ （是　否）

（18）你曾感到还不如死了好吗？ （是　否）

（19）你是否总是愁眉苦脸？ （是　否）

（20）亲人中有悲观厌世的人吗？ （是　否）

（21）面临问题时是否不知道该怎么办？ （是　否）

（22）别人眼中的你是否有一点神经质？ （是　否）

（23）你是否被诊断有神经官能症？ （是　否）

（24）亲人中有人有严重的精神病史吗？　　　　　　　　　　　　　（是　　否）

（25）是否曾在精神病院接受治疗？　　　　　　　　　　　　　　　（是　　否）

（26）亲人中有人接受过此类治疗吗？　　　　　　　　　　　　　　（是　　否）

（27）神经是否过分敏感？　　　　　　　　　　　　　　　　　　　（是　　否）

（28）亲人中是否有过分敏感的人？　　　　　　　　　　　　　　　（是　　否）

（29）你为人是不是比较冲动？　　　　　　　　　　　　　　　　　（是　　否）

（30）被别人指责时是否会感到慌乱？　　　　　　　　　　　　　　（是　　否）

（31）别人是否认为你过分挑剔？　　　　　　　　　　　　　　　　（是　　否）

（32）是否经常和别人产生误会？　　　　　　　　　　　　　　　　（是　　否）

（33）是否心胸太过狭窄，即使对亲近的人也十分苛刻？　　　　　　（是　　否）

（34）是否固执己见，不愿听从别人的忠告？　　　　　　　　　　　（是　　否）

（35）待人处世是否太急躁？　　　　　　　　　　　　　　　　　　（是　　否）

（36）平时做事是否拖拉，没有组织性？　　　　　　　　　　　　　（是　　否）

（37）是否会为一点小事就发脾气？　　　　　　　　　　　　　　　（是　　否）

（38）别人批评你会让你大发脾气吗？　　　　　　　　　　　　　　（是　　否）

（39）事情不顺心时是否会生气？　　　　　　　　　　　　　　　　（是　　否）

（40）别人对自己有要求时是否会很没耐心？　　　　　　　　　　　（是　　否）

（41）是否会暴跳如雷？　　　　　　　　　　　　　　　　　　　　（是　　否）

（42）是否有时会控制不住颤抖？　　　　　　　　　　　　　　　　（是　　否）

（43）是否容易神经紧张，无法安定下来？　　　　　　　　　　　　（是　　否）

（44）听到响声是否会受到惊吓，突然跳起？　　　　　　　　　　　（是　　否）

（45）对别人做错事是否会烦心？　　　　　　　　　　　　　　　　（是　　否）

（46）夜晚睡梦中是否听到响声？　　　　　　　　　　　　　　　　（是　　否）

（47）会有噩梦出现吗？　　　　　　　　　　　　　　　　　　　　（是　　否）

（48）是否经常想象可怕的场景？　　　　　　　　　　　　　　　　（是　　否）

（49）是否常常感到害怕，手心出汗？　　　　　　　　　　　　　　（是　　否）

（50）夜间会盗汗吗？　　　　　　　　　　　　　　　　　　　　　（是　　否）

结果分析：

答案为是得 1 分，答案为否不得分。

0～15 分，没有心理障碍。你的精神状态很好，希望你继续保持健康的心理状态。

心理状态是一个动态变化的过程，偶尔的情绪失落是正常现象，多锻炼，注意饮食，可以帮助你维持积极乐观的心态。

16～35 分，你的心理、精神方面有一些问题。你需要进行自我调节，例如，在面对大量信息时，不要紧张不安、手足无措，要保持心态平和，提高应变能力；摆正个人与集体、个人与社会的关系，正确对待个人得失，减少心理失衡；适当改变环境，去接受具有挑战性的工作、生活等。

36～50 分，你有明显的心理障碍。你的心理和精神方面都有明显问题。面对大量信息时会使你紧张不安、焦急烦躁；面对挫折悲观消极，难以控制情绪。你的心理障碍已经使你感到痛苦并严重影响社会适应性。为了克服心理障碍，需要你自己尝试去调节，必要时也需要寻求心理咨询师的帮助。

单元小结

本单元主要介绍了心理学流派及其主要观点，并介绍了常见的心理障碍的类型，包括抑郁症、焦虑症、人格障碍、精神分裂症、厌食症等。分析了大学生产生心理障碍的原因以及治疗方法。并指出，大学生一旦出现了心理障碍，应寻求专业的心理咨询师进行咨询，以帮助自己解决心理问题，促进自我成长。

 **思考与练习** ▶▶▶

（1）你怎么看待接受心理咨询的人？

（2）你更喜欢哪一种心理学流派的观点？

（3）你能够试着选择一种理论解释分析自己的心理现象吗？

心理训练营

（1）想一想父母带给自己什么样的感觉？用几个词描述一下心中的父母亲。

_____

（2）在日常生活中，自己对哪一类人有着特殊的情感体验，也许是害怕，也许是喜欢？这类人的特点是什么？写下来。

_____

（3）对比一下，自己的父母与自己喜欢或害怕的人是不是有相似之处？

_____

 **思政学堂** ▶▶▶

影视推荐：电影《革命者》

推荐理由：该影片围绕1912至1927年波澜壮阔的历史展开，讲述了中国共产主义运动的先驱、伟大的马克思主义者、杰出的无产阶级革命家、中国共产党主要创始人之一的李大钊积极探索改变中国、拯救民族的热血历程，热忱追寻正确革命道路的故事。也正是在他的感召之下，毛泽东等一批又一批仁人志士、热血青年及各阶层群众前仆后继，积极投身到传播马克思主义、建立中国共产党和建设新中国的革命进程中。

第九章
大学生生命健康教育与心理危机干预

（1）探索生命的意义。

（2）了解大学生心理危机的表现。

（3）了解大学生心理危机的预防与干预。

✏️ **思政目标** ▶▶▶

（1）积极乐观：选择正确的、有意义的、有价值的人生发展方向。

（2）知行合一：根据生命的意义，寻找适合自己的发展之路。

（3）注重内外因相结合：强化自身，并寻求帮助，正确预防和干预心理危机。

📚 **引导案例**

　　小阳（化名），女，大一学生。2018年5月某天，小阳表示自己和室友相处不融洽，要求更换寝室。经了解，小阳换寝室的原因除了与室友关系不融洽外，主要还是因为该生在高中时期曾患有抑郁症，有较严重的心理问题。在高中时期，小阳父母离异，父亲再婚，该生与后妈关系不好，因家庭环境变化以及其他因素，小阳被检查出患有抑郁症，但是并没有引起家人和老师的重视，导致小阳的病情没有得到及时救治。来学校后，该生前期行为一切正常，后期因一些小事与室友产生矛盾，小阳每天都会控制不住哭泣，较难入睡，精神恍惚。

　　在了解小阳的情况后，老师和辅导员和小阳的室友进行了谈话，室友反映小阳的情绪容易波动，一次在和室友发生矛盾后，小阳曾用头撞击墙面威胁室友。在得知该情况后，学校及时和小阳的父母取得了联系，告知了小阳现在的状况并具体了解了小阳的家庭情况。在得到小阳的同意后，将她带到心理健康中心接受专业老师的帮助，心理健康中心老师建议需尽快带该生去医院接受治疗。精神科医生建议其先吃药治疗观察，该生在校吃药治疗期间，学校主动联系其家长并安排班上同学及时做好陪伴和监护工作。一段时间后，其状况仍无法继续学习，学校与其家长达成共识，办理休学手续，专心治疗修养以便康复后再返校继续学业。

第一节　大学生生命健康教育

一、大学生生命健康教育概述

西塞罗曾说："懂得生命真谛的人，可以使短促的生命延长。"生命是一切智慧、力量和美好情感的唯一载体，失去它一切都不会存在。人的生命价值就在于它是人类创造和实施一切价值的前提和先决条件。

生命受之于父母，成长于社会。生命对于每个人来说都只有一次，它具有单一性和独特性，并且无可替代，因而每个人的生命意义都是独特的。珍爱生命，既可以从教育学、人生哲理的视角加以关注，更应该从心理学的视角深入思考。可以说，心理健康是生命和谐、珍爱生命的内在基础和必要前提，珍爱生命是心理健康的一种外在表现形式。

（一）大学生生命健康教育的含义

生命健康教育是帮助学生认识生命、尊重生命、珍爱生命，促进学生主动、积极、健康地保护生命，提升生命质量，实现生命的意义和价值的教育。大学生生命价值教育是指根据大学生个体生命特点和当前社会发展的需要，有目的、有计划地对大学生进行生命理想教育、人生责任教育、人生幸福教育，使之尊重生命、爱护生命、享受生命，形成正确的生命价值观。

（二）大学生生命健康教育的功能

1. 认识功能——认识自我，升华道德境界

大学生生命健康教育的内容覆盖大学生活的方方面面，如生命理想教育、生命信仰教育、人生责任教育、人生幸福教育等。大学生生命健康教育的核心任务就是帮助学生发现自身特殊的生命意义。开展大学生生命教育，将改善现实教育中忽略生命健康教育的现状，从大学生的生理、心理特点和社会发展现状出发，引导大学生珍惜和热爱自己的生命，形成积极健康的生命态度，并在此基础上实现生命的价值。

2. 激励功能——确立目标，提高学习效率

意志力消失的结果就是感觉生命失败和直觉价值的丧失。为此，生命健康教育要求教育者一方面必须培养大学生树立长远目标和远大理想，使其产生使命感；另一方面，帮助大学生规划出一个个近期明确的并完全可以实现的小目标使其有兴趣、有信心去完成。

3. 实用功能——张扬个性，增强就业能力

生命教育坚信"人人都有特殊的责任和使命，因而人人都有特殊的生命意义"，强调从实际出发，根据学生的家庭背景、个性特点、特长爱好和社会需求引导学生发现

自己特殊的生命意义，制订个性化的职业生涯规划，并在个性发展得到充分尊重的职业教育环境下，人尽其才，各扬其长，使学生的个性、特长得到淋漓尽致的发挥。

4. 预防功能——充实生活，促进身心健康

阿尔伯特·爱因斯坦说："认为生命毫无意义的人不仅得不到快乐，而且很难生存下去。"弗兰克尔说："世界上没有任何东西比生命中存在着意义更能帮助人在最恶劣的环境中生存下来。"

5. 发展功能——获取意义，提升生命价值

生命健康教育要求大学生把学到的本领运用到实践中去，使学生的潜力得到更大发挥，在"为人民服务"的社会实践中让他们感受到知识的意义、人生的意义。生命很短促，生命也很局限，而我们要从这些短促和局限的生命中活出美来。只要活得有意义，生命的过程本身就是美。

（三）开展大学生生命健康教育的必要性

1. 大学生生命信仰缺失现象普遍

近年来，高校发生的刑事案件几乎覆盖全国各个省市，大学生自杀、谋杀等极端事件问题突出。事件表现在：一是青年学生自我伤害或自杀，二是不尊重和伤害他人生命的暴力谋害事件。从 1994 年清华大学朱令案件，到 2004 年马加爵事件，再到 2013 年百年名校复旦大学投毒案，几乎每过十年，便会发生一起牵动高校教育体制、引发全社会关注的恶性校园事件。

WHO 发布的全球预防自杀报告显示，每年有 80 多万人死于自杀，约每 40 秒便会死去一人。因此，每年有数以百万计的人经历自杀带来的影响和丧亲之痛。值得注意的是，自杀已成为 15～29 岁人员中的第二大死因，也成为潜伏于大学生间的无形杀手。

大学生处于人生的青年时期，他们的生理发展接近成熟，但心理发展并未真正成熟。大学生群体具备思维活跃、想象力丰富又自我意识发展迅速、人际交往需求迫切的特点。随着经济社会的快速发展，大学生尚未进入社会却又容易受到社会不良风气的影响，利益和竞争意识使许多大学生的价值观发生巨大转变。很多学生道德观念模糊，自律能力下降，对精神生活的追求也逐渐丧失。当心理未成熟的大学生遇到生活挫折不堪重负时，便有可能采取轻生等极端的方式来解决问题。从本质上讲，是大学生缺乏正确自我认识、缺乏对生命应有的尊重，信仰缺失和生命意识淡薄导致的。

2. 开展生命健康教育是现代高校教育发展的必然趋势

生命健康教育是近几年教育改革的热点，也是大学教育未来的发展方向。高等教育作为社会人才培养的摇篮，除课堂传统知识和技能水平传授外，还应在道德观念和生命价值上给予学生指导，完善生命教育，强化素质培养，促进学生全面平衡发展。

大学生身受高等教育，是祖国的未来、民族的希望，但频发的极端事件突显高等学校生命健康教育的缺失。高校要结合大学生的思想和心理发展状况，树立起生命关

怀意识，采用多学科渗透教育模式，丰富教学内容，培养大学生尊重及热爱生命的情感，同时建立起科学的教育管理方法，在学校日常管理中渗透生命意识，加强大学生生命实践教育环节，突出对其科研实践能力、创新意识以及人文关怀的培养，促进学生知识能力协调发展。

生命健康教育作为一种体验感悟式的教育，应避免空洞的纯理论说教，应积极开展生命体验活动。高校开展生命健康教育应采取：一教育、二管理、三实践渗透的模式。有计划地组织开展生命主体实践活动，培养学生帮助他人、奉献社会的高尚情操。建立干预机制，构建心理健康教育中心模式。学校心理咨询教师应承担起大学生心理危机干预工作，定期开展心理健康教育活动，培养大学生健康的人格。高校要做好大学生心理普查工作，建立学生心理健康档案，对心理危机高危对象加强关注，定期追踪、动态管理，并采取有效措施加以干预，及时化解大学生的心理危机。

二、发现生命与了解生命

假如生命能从头来过，你一定会选择过自己想过的生活，做自己最想做的事情。可是，我们的生命是可贵的，每个人都只有一次，我们没有太多弥补的机会！

（一）生命的可贵在于：拥有生命才能拥有其他

我们每个人都是"赤条条"来到这个世界上，出生的时候什么都没有，只有生命；当我们离开这个世界的时候，同样带不走任何东西，唯有生命。在这中间有生命的历程，我们才会拥有自己的亲情、自己的玩具、自己的衣服、自己的友情、自己的爱情、自己的房子、自己的事业、自己的财富、自己的喜怒哀乐……只有拥有生命，我们才可以选择，才可以做事，才可以追逐梦想，才可以让"假如"成为现实。

当生命不再，我们自己所有的一切也就停止了，即使我们充分考虑自己的身后事，即使我们已安排好离开后的诸多事务，也再不能亲身体验。所以说，人存在于世就是一个体验生命的过程。地球上最宝贵的是生命，是生命体现了世间万物的生存意义，是生命给了我们唯一充满快乐的过程，拥有生命才能拥有一切。

正如一位纪念四川汶川地震的人士所写下的："地震毁灭了家园，但是只要人活着，我们可以重建。地震损失了财物，但是只要人活着，我们可以再挣。所有的灾难都会有物质上的损失，物质损失可以通过努力让它失而复得。而唯有生命，逝去了将永远无法挽回。一场灾难的降临，让人们猝不及防，但是人们要从灾难中获得警示，警示人们要敬仰生命。当人们还被利欲蒙蔽心灵时，是否想过，当生命不存在时，你拥有的一切，有哪一样能随你而去？"

（二）生命的可贵在于：生命是有限的

据世界卫生组织公布的最新数据，全球平均寿命为72.6岁，日本平均寿命为84.6岁，女性寿命最长，达到87.5岁，中国人均寿命为77.3岁。即使我们用100岁来计算的话，每年 365 天、每天 24 小时，一生也只有 36525 天，也只有 876600 小时。生命是可数的，况且就目前来看，世界人口的平均寿命要低于 100 岁。这就说明：生命是有限的。

人的生命无论长短，都有一个限度。具体到我们每个人，随时都要面临着疾病、交通事故、地震等发生的可能，它们可能会夺去我们的生命，我们的生命太有限了！也正因为生命的有限，我们才更要珍惜生命的可贵！生命从它诞生的那一天起就开始走向死亡，就开始与死亡做一生的搏斗。所以，活着真的不是一件容易的事。罗马诗人贺拉斯也告诉我们："每天都想象这是你最后的一天，你不盼望的明天将越发显得可欢恋。"这句话让我们懂得珍惜生命，感激生命中的每一天。

每个人的生命都是有限的，就看你怎样对待这有限的生命。只有懂得生命可贵的人才会好好珍惜它。我们所有的财富都可能会失而复得，唯有生命只有一次。生命是世界上最宝贵的财富。

（三）生命的可贵在于：生命是一去不复返的

我们总是会听到有人在说："世界上要是有卖'后悔药'的就好了！"而也许我们每个人都梦想着时光倒流，去抓住原来放弃的，去经历另外一种选择。可是事实却是，我们的生命每过一天就少一天，每过一小时就少一小时，我们无法回到过去，我们的生命是一去就不复返的，是一张通往离去的单程票。

然而，正是因为生命的一去不复返，生命才更显得弥足珍贵！不要怀疑，生命是最可贵的，只有活着，你才可以为自己的家庭和事业而奋斗，你才可以为自己所爱的人遮风挡雨，才可以孝敬父母。因为生命的一去不复返，所以不要留遗憾在难以预料的明天，不要留内疚在阴阳相隔的时空，不要留自责在撕心裂肺的生死离别中。

生命是脆弱的，从它即将成为胚胎的那一刻起，就开始要适应环境（母体的环境）。当生命真正降临后，疾病、意外、天灾等又时时刻刻威胁着生命的成长。而生命从一开始就注定要慢慢走向不可复返的离去，所以生命是那样的可贵，保护自己的生命是每一个人的天职，所以不要像前面所讲有那么多的"假如"，何不让一切梦想从现在开始？为什么不从现在开始就去热爱生命，让"假如"成为现实，让生命不留下遗憾呢？

三、认识生命与珍爱生命

（一）认识生命的价值和意义

1. 生命的价值

裴多菲说过："生命的多少用时间计算，生命的价值用贡献计算。"生命是有限的，人生之途不过几十年的道路，我们无法无限延长它，无法求得它的永存。但是我们可以追求美好，可以奉献自己的一切，几十年默默的奉献可以换得永恒；一次轰轰烈烈的壮举，一次瞬间美好的展现，也可以说是生命的永恒。

生命

奥斯特洛夫斯基在《钢铁是怎样炼成的》一书中曾写道："人最宝贵的是生命。它给予我们只有一次。人的一生应当这样度过：当他回首往事时不因虚度年华而懊悔，也不因碌碌无为而羞愧。"生命只有一次，无法复制，不可重来。人生短暂，如何在短短的几十年内实现人生的真正价值，是我们很多人都一直在思索的问题。对于我们每个人来说，生命的价值有的来源于家庭、金钱、运气，但更多的是靠自己的拼搏和奋斗，在有限的生命中体验无限的价值。

每个人从出生的那一刻开始，生命便进入倒计时。智者善于利用生命，创造出无限的生命价值；而平庸的人，则将它荒废，当生命之旅结束时，才幡然醒悟，这时却悔之晚矣。塞内卡说过："生命如同寓言，其价值不在长短，而在内容。"若想拥有丰富的人生，就得从生命的点滴开始，充实生命的内容，走自己想走的路，让生命焕发光彩。

2. 生命的意义

在人类历史上，不同时代、不同阶级、不同哲学派别的哲学家对生命意义的看法往往不尽相同，甚至截然相反。如古希腊时期的哲学家大多倾向于快乐主义或幸福主义，如德漠克利特、昔勒尼学派及伊壁鸠鲁学派。而在漫长的中世纪里，禁欲主义或悲观主义则无疑如同一张巨大的黑色天幕将一切光明笼罩，人们的生活以及心灵都被宗教禁欲主义的枷锁牢牢套住。在文艺复兴时期，伴随着人的意识的逐渐觉醒，打破神学和宗教禁欲主义的束缚，追求现世的快乐和幸福成为一股不可遏抑的历史潮流。近代的机械唯物主义者则把生命看作一台机器，将生命的意义束缚在极为狭小的范围内，用自然的机械、静止、孤立的眼光来看待生命的意义和价值。自从进入现代社会，随着科技革命的不断兴起，世界上的物质财富也以惊人的速度不断增加，人们更多地将眼光放在财富的积累以及现实的物质享乐上，却因此忽视了对生命意义的追寻与探索。

人之所以能异于其他动物，其最显著的特征就是人有思维，人类的思维是世界上最美的花朵。而这种思维的最高境界就是人类能够赋予万事万物以意义。正是在它的指引下，人类才能不断深化着对世界的认识并制造出各种各样的先进工具，不断地改造着周围的世界，形成人化的自然。

只有找寻生命的意义，历史的车轮才会沿着正确的方向滚滚向前；只有找寻生命的意义，个体的生命才会在岁月的轮回中向着人生终极的目标坚定地迈进。

生命是具体的、独特的，而不是抽象的。每一个生命都有其不同的天赋、兴趣、气质和爱好。每一个生命都是独一无二的。每个人都有权利获得辉煌、灿烂。

曾经有同学怀疑生命存在的意义：活着为什么？就是为了读书、考试、成家、生儿育女吗？这就是生命存在的意义吗？

其实，每个生命的存在都有它的意义，人不仅应该活着，而且应该活得有意义。尊重生命，不仅是尊重每个人的个性、欣赏生命、享受生命，更应该创造生命的价值。我们活着的每一天，都在支出自己的生命，如果你热爱自己的生命，就应该使自己的每一天都过得充实而有意义。

R. I. 史蒂文森说："生命的唯一意义在于活出真我，并完成那充满各种潜能的明天的我。"黑塞说过："生命究竟有没有意义，并非我的责任，但是怎样安排此生却是我的责任。"这给我们的启示是：人生的过程需要我们自己去规划、去创造。我们要让每天都充实而有意义，积极挖掘自我的潜能，不断充实与完善自我，努力提升生命的意义与价值。

（二）尊重生命和关爱生命

1. 尊重生命

歌德曾经说："所有的理论是灰色的，唯有生命之树长青。"身体发肤受之父母，尊重生命的意念应该是人本身的一种本能反应、一种条件反射。尊重生命，首先要尊重自己，尊重自身的生存价值，时刻不能忘记自己也是一个生命的活体。我们每个人都要真正提升自己的生活质量，让自己的生活更有质感。

生命是最宝贵的。这不仅是指人的生命，也是指世界上所有的生命，哪怕只是一只蚂蚁，也有维护自己生命的权利。在所有生命而前，万物都是平等的，所以我们尊重自己的生命就等于尊重世界上所有的生命。维持自然的平衡，也就持续了人类的生存，生命的个体间相互依存，谁也离不开谁，我们有什么理由以剥夺其他生命来维持自己的生命呢？尊重生命吧，尊重它们，也就是尊重自己。

尊重自己的生命，具体来说：第一，要珍惜生命，养成健康的生活方式，不做损害生命的事。第二，要享受生命，我们应当经常倾听自己的生命在说什么，它真正的需要是什么，怎样的状态才是它感到最舒服的状态。第三，同时也是最重要的，是要对自己的生命负责。

尊重生命的价值，不但要尊重自己的生命，更要尊重他人的生命。人一定要有同理心，即看见别人的生命有了危险，遭到了威胁或损害，他会设身处地去感受，他也会不好受。实际上，这是以生命本能也就是利己本能为基础的，在这个基础上将心比心、推己及人，由爱自己的生命而体会到别人也是爱他自己的生命的。

生命是具体的、独特的，而不是抽象的。每一个生命都有其不同的天赋、兴趣、气质等，每个生命都是独一无二的，世界上没有任何生命能够相互替代。因此，我们要承认每个人的个性差异，而且要学会懂得去欣赏这种差异。热爱生命，要学会欣赏和享受生命，还要学会创造生命的价值，生命是数量和质量的结合，是有限与无限的统一。请珍爱生命，使自己的每一天都充实而有意义，努力提高生命的质量，尽可能多地创造生命的价值，让生命焕发出光彩。

2. 关爱生命

生命的偶然性使我们不得不深深体味生命的唯一和可贵；生命的短暂性，正是我们尊重生命与珍爱生命的至上理由。然而，并不是每个人都能意识到生命的可贵，珍惜生命的存在。

关爱生命，就是要尊重生命的个性。我们每个人都是他人无法取代的，我们身边的每个人都是独一无二的，无论人与人之间有多大的不同，都不会影响我们对彼此的尊重。

关爱生命，不仅要关爱自己的生命，即使输掉一切也不能输掉对生命的信念，还要关爱自然界的万物生灵，关爱他人的生命，让地球上所有的生命物种和谐地生活在同一片蓝天下。

关爱生命，就是要充分欣赏和感受生命的美好，拥有一双发现生命之美的眼睛和一颗感受生命之美的心灵。

关爱生命，就是要拒绝诱惑，远离毒品。毒品会吞噬亲情，泯灭人性，断送未来，摧毁家庭，传播艾滋病。我们要养成良好的生活习惯，不涉足青少年不宜进入的场所，谨慎交友，为自己、家庭以及社会负责。

第二节　大学生心理危机

随着社会经济的发展和网络信息时代的到来，大学生受到社会的影响日益增加，加之大学生正处于身心发展的剧变时期，内心矛盾冲突剧烈。近年来，高校频繁出现的学生自伤、自杀、校园暴力等心理危机事件，在全社会范围内引起了广泛关注，加强大学生心理危机预防与干预已迫在眉睫。

一、心理危机的概念

（一）危机的概念

一般而言，危机（crisis）有两个含义，一是指突发事件，出乎人们意料发生的，如地震、水灾、空难、疾病暴发、恐怖袭击、战争等自然或者人为灾害；二是指人所处的紧急状态。当个体遭遇重大问题或变化使个体感到难以解决、难以把握时，平衡就会被打破，正常的生活受到干扰，内心的紧张不断积蓄，继而出现无所适从甚至思维和行为的紊乱，进入一种失衡状态，这就是危机状态。危机意味着平衡稳定被破坏，引起混乱、不安。危机出现是因为个体意识到某一事件和情景超过了自己的应付能力，而不是个体经历的事件本身。

（二）心理危机的概念

心理危机（psychological crisis）是指个体在遇到了突发事件或面临重大的挫折和困难，当事人自己既不能回避又无法用自己的资源和应激方式来解决时所出现的心理反应。心理危机的当事人往往表现出痛苦、不安的状态，常伴有绝望、麻木不仁、焦虑，以及自主神经症状和行为障碍。

对于个体是否达到心理危机，一般有三个判断标准：一是存在一些重大的影响心情的事件，如突然遭受严重灾难、重大生活事件或精神压力；二是出现严重不适感，引起一系列的生理和心理应激反应；三是个人原有的一些方法无法去应对或者应对无效。如"9·11"事件后，毗邻纽约世贸中心的美林证券公司员工反映，他们经常情绪紧张，失眠情况严重；而纽约市消防局100多人因精神紧张而请假，许多人靠服用安眠药和镇静剂才能维持正常生活。

二、心理危机的特征

现实生活中的心理危机涉及面很广泛，既有不同群体的各种不同心理危机，也有同一群体不同时期的同一心理危机。不同的心理学家对心理危机具有什么特征持不同的观点，归纳起来，主要有以下特征。

（一）普遍性

心理危机的产生、发展及激化经历着复杂而微妙的心理过程。几乎每个成长中的个体都不同程度地经历过心理危机，但心理危机并非必然导致极端行为。事实上，心理危机并不像我们想象的那样神秘，它就在大学生的身边，甚至正存在于某些大学生的心里。心理危机从一定意义讲是每个人成长过程中都会遇到的事，没有人能够避免。虽然在人生中心理危机是不可避免的，但是只要我们把握机会、设定目标、形成计划、妥善处理，是可以渡过心理危机的。

（二）机遇性

危机意味着风险，又蕴藏着机遇。一方面，心理危机是危险的，因为它可能导致个体严重的病态，包括对他人和自我的攻击；另一方面，心理危机也是一种机会，因为它带来的痛苦会驱动当事人寻求帮助，解决问题，从而使自己得到成长。在心理危机状态下，如果大学生成功地把握了心理危机或及时得到了适当、有效的心理危机干预和帮助，个体可能就学会了新的应对技能，不但重新得到了心理平衡，还获得了心理上的进一步成熟和发展。心理危机的成功解决能使个体从心理危机中得到对现状的真实把握、对过去冲突的重新认识，以及学到更好地处理将来心理危机的应对策略和手段，这就是机会。没有心理危机，就没有成长，如果当事人能够有效地利用这一机会，就会在心理危机中逐步成长并达到自我完善。

（三）复杂性

心理危机是复杂的，可以是生物性、环境性和社会性危机，也可以是情境性、过渡性和社会文化结构性危机。而造成危机的原因可能是生理的，也可能是心理的和社会性的。另外，由于个性不同，个体面临心理危机也会采取不同的反应形式，例如，有的当事人能够自己有效地应对心理危机，并从中获得经验，使自己变得成熟；有的当事人虽然能够渡过心理危机，但并没有真正地解决问题，在以后的生活中，心理危机的不良后果还会不时地表现出来；而有的当事人在心理危机开始时心理便瓦解崩溃，如果不获得及时、有效的帮助，就可能产生有害的、难以预料的后果。一旦心理危机出现，便会有很多复杂的问题卷入其中。

（四）动力性

伴随着心理危机，焦虑和冲突总是存在的，这种情绪导致的紧张为变化提供了动力。有人把心理危机看作成长的机会或催化剂，它可以打破个体原有的定势或习惯，唤起新的反应，寻求新的解决问题的方法，增强挫折的耐受性，提高适应环境的能力。个体在成长和追求变化的同时，也意味着带动一个可能受挫的机制，如能及时调整，适应变

（五）困难性

当个体处于心理危机中时，其可供利用的心理能量降到最低点，有些深陷心理危机的个体拒绝成长，心理危机干预者需要帮助处于心理危机中的个体重建新的平衡。这就需要运用专业的心理学支持，常用方法有"支持治疗""认知领悟疗法""家庭治疗""合理情绪疗法"等。但无论哪种方法，都有其独特的适用范围，没有治疗心理危机的通用方法。另外，还有些心理危机愈后容易反复，治疗起来有一定困难。

三、心理危机的类型

（一）根据危机刺激的来源划分

1. 发展性危机

发展性危机（developmental crisis）又称为内源性危机、常规性危机，指正常成长和发展过程中的急剧变化或转变所导致的异常反应。心理学家埃里克森认为人生是由一系列连续的发展阶段组成的，每个阶段都有其特定的身心发展课题。当一个人从某一发展阶段转入下一个发展阶段时，他原有的行为和能力不足以完成新课题，新的行为和能力尚未建立起来，发展阶段的转变常常会使他处于行为和情绪的混乱无序状态。如儿童与父母的分离焦虑；身心发育急剧变化的青少年的情感困惑；青年期的职业选择和经济拮据；对婚姻生活缺乏足够心理准备和处理夫妻角色能力的新婚夫妇；缺乏足够育儿本领的父母面对第一个孩子的诞生；中年职业压力、下岗失业、婚姻危机、子女离家、父母死亡；以及习惯于忙碌的退休老人、衰老、配偶离去、疾病缠身等。如果没有及时为承担新角色培养新的能力和应对方式，每个人都有可能产生发展性危机。如果一个人没有及时建设性地解决某一发展阶段的发展性危机，他（她）未来的成长和发展就会受阻碍，他（她）就会固定在那一阶段。

发展性危机被认为是常规发生的、可以预期的，又是独特的，在生命发展的各个时期都可能存在。如果个体有足够的时间和机会对发展性转变作出适应性的调整，如

获得有关信息，学习新技能，承担新角色，就会减小危机对个体心理上的冲击和损害。但是，如果个体缺乏处理危机的经验、对挫折的耐受能力差、缺乏自信、不会与人相处等，发展性危机对他的冲击就会很严重。

2. 境遇性危机

境遇性危机（situational crisis），也称外源性危机、环境性危机、适应性危机，是指由外部事件引起的心理危机，当出现罕见或超常事件，且个体无法预测和控制时出现的危机。如地震、火灾、洪水、海啸、疾病流行、空难、战争、恐怖事件等。境遇性危机具有随机性、突然性、意外性、震撼性、强烈性和灾难性，往往对个体或群体的心理造成巨大影响，如2008年5月发生在我国四川的"5·12"汶川大地震给民众造成的心理危机就是境遇性危机，这种危机发生突然、影响面广、影响程度深、影响时间长，需要进行及时有效地干预。

3. 存在性危机

存在性危机（existential crisis）指伴随重要的人生问题，如关于人生目的、责任、独立性、自由和承诺等出现的内部冲突和焦虑。存在性危机可以是基于现实的，也可以是基于后悔，还可以是一种压倒性的持续的空虚感、生活无意义感。如一个40岁的人从未做过有意义的事，没有任何成就，没有产生过任何影响；一个50岁的人，一直独身并与父母在一起，从未有过独立的生活，而到现在却永远失去了机会；一个60岁的退休者觉得自己的生活毫无意义，这种空虚的感觉永远无法以有意义的东西来弥补。

（二）根据危机发生的早晚划分

1. 急性危机

由突发事件引起，当事人产生明显的生理、心理和行为的紊乱，若不及时干预会影响当事人或他人的身心健康，甚至会出现伤害他人或自伤行为，需要进行直接和及时的干预。

2. 慢性危机

由长期、慢性的生活事件导致。如有这样一个抑郁患者，4岁时哥哥意外死亡，家庭气氛异常的紧张、严肃，令人窒息。"家"失去了往日的欢乐和对患者的关爱。患者自己讲，当时家里没有一句多余的话，如果谁在无意中提到这件事或这个人，都要遭到严厉的呵斥。原来慈爱的父亲变得性格暴躁，原本性格内向的母亲变得更加不爱讲话，家里气氛非常沉闷。患者非常聪明、敏感，回忆当时的情况时，感到异常的痛苦。20多年过去了，当年的情景和内心体验仍非常深刻，并记忆犹新。父母沉浸在失去儿子的痛苦之中，完全没有意识到自己还有更重要的责任——抚养其他未成年的孩子并减少对其他子女的负性影响，因此使孩子形成慢性危机。慢性危机需要比较长时间的咨询，并需要找出适当的应付机制，一般需要转诊给长期的专业咨询工作者。

3. 混合性危机

混合性危机很多情况都是多种因素混合导致多种危机共存。如一位创伤幸存者存在酒精依赖问题，失业人员的抑郁情绪问题等。因此处理危机时一定要分清主次。

第三节　大学生心理危机表现与觉察

一、心理危机的发展过程

（一）冲击期

发生在危机事件发生后不久或当时，感到震惊、不知所措。

（二）防御期

表现为想恢复心理上的平衡，控制焦虑和情绪紊乱，恢复受到损害的认识功能，但不知如何做。会出现否认、合理化等。

（三）解决期

积极采取各种方法接受现实，寻求各种资源努力设法解决问题。焦虑减轻，自信增加，社会功能恢复。

（四）成长期

经历了危机变得更成熟，获得应对危机的技巧，但也有人消极应对导致出现种种心理不健康的行为。

二、心理危机的表现

大学生重大心理危机行为征兆是指大学生在重大心理危机行为发生前所显现出的特征和征兆。人的心理是一种无形的精神现象，只能通过心理的外部表现——人的言行，对其进行间接的考察。研究表明，大学生在实施重大心理危机行为之前，一般会出现一系列的信号与征兆，其言语、行为、情绪和躯体等方面会显现出不同程度的变异特征。当个体面对危机时会产生一系列身心反应，一般危机反应会维持6～8周。个体相应会呈现不同的状态，主要表现在认知、情绪、行为和生理四个方面。

（一）认知改变

当环境发生变化时，个体对环境变化和自身资源进行认知评价，随即会出现对应激的反应，同时个体也会对反应结果进行认知评价。若反应结果对自身有利，就会增强个体的自信和自尊，对自己的评价会趋于良性，对环境变化也趋于正性评价，增加了自己在未来生活中减少应激的信心；若结果不利，则会出现对自己和环境均趋于负性评价，降低了自信和自尊，降低了个体在环境中克服困难的动机，倾向于将环境中的变化过多地评价为应激源。具体在认知方面会常出现注意力不集中、缺乏自信、无法做决定、健忘、效能降低、不能把思想从危机事件上转移等现象。此时大多数人须进行个体自我感知，及时了解自己的心理状态。

（二）情绪改变

心理危机出现时人易有如下情绪变化：害怕、焦虑、恐惧、怀疑、不信任、沮丧、忧郁、悲伤、易怒、绝望、无助、麻木、否认、孤独、紧张、不安、愤怒、烦躁、自责、过分敏感或警觉、无法放松、持续担忧、担心家人安全、害怕死去等。此类情绪可归类为消极负面的情绪，此类情绪的过度出现是心理危机产生的重要表现，需十分注意。

（三）行为改变

伴随应激的心理反应，机体在外表行为上也会发生改变，这些变化是机体对应激源的应对行为或是应对的结果。

成功的应对常增加个体在日后同样或相似的环境中解决问题的能力。失败的应对可能使个体出现消极的行为倾向，是心理危机现象出现的标志性表现，如社交退缩、逃避与疏离、不敢出门、容易自责或怪罪他人、不易信任他人、行为退化、依赖和无助状态等。此外，某些精神活性物质使用失败的应对也可能促发个体的敌对和攻击行为，如有的个体则采取被动攻击，如自伤、自杀等。更多情况还要具体问题具体分析。

言语方面的行为变化也需要注意，如身边的人出现以下情况请及时告知相关专家老师，如多次和身边人说"活着好累啊""生活真无聊"等消极言语，通过话语、微信、QQ留言、短信、日记等表现出厌世念头或流露出自杀意念。语言是人的心理的外露窗口，语言的表述可循心理的痕迹。

（四）生理改变

心理危机一旦出现，身体功能会产生相应的反应，影响机体的生长发育，严重的还会危及生命安全。在生理方面通常会出现以下症状：肠胃不适、腹泻、食欲下降、头痛、疲乏、失眠、做噩梦、容易惊吓、感觉呼吸困难或窒息、哽塞感、肌肉紧张等，如症状明显且严重，请尽快就医并进行心理干预。

三、心理危机产生的原因

近年来，大学生心理危机情况频繁出现，心理危机得不到及时解决，并且严重时甚至会危及生命。而不断提高的大学生自杀率在心理危机探寻方面也给我们敲响了警钟。那么，到底是什么原因导致大学校园"危机四伏"呢？大学生心理危机又是因何出现的呢？寻本溯源，找到问题原因才能更好地解决问题。究其根本，大学生心理困扰的主要原因为以下几个方面。

（一）人生目标茫然

学习目标不明确、学习动力缺失，生活目标随波逐流，常有无意义感和茫然无措的情绪。

（二）不适应人际关系

进入大学，远离原来熟悉的生活与学习环境，面对新的人际群体，学生多少会有些不适。部分学生对大学的师生关系、同学关系、异性之间的关系显得很不适应。有的学生在上大学前从未离开过家庭，从小在父母的呵护下成长，对于如何关心别人，如何得到朋友的关心想得较少，但又希望得到别人的认可。"心里话儿对谁说？"成为学生普遍的困惑。在"目前，你感到最苦恼的事"的调查中，约有80％的学生涉及人际关系。

（三）自卑与自负两极振荡，懒散与退缩，恐惧失败

事实上，任何一个处于这种状态的大学生，都会对黄金年华、美丽大学生活的感受力下降，对自我发展的心理预期变得不确定，人际吸引力降低且自我满足感不高，从而使内在潜能无法充分发掘，产生心理危机。此外，大量研究表明，大学生的心理危机有其发生发展的特定规律。

首先，从季节上，每年春季和岁末年初是抑郁症、精神疾病的高发期，导致自杀率上升。其次，从学年阶段看，第一年，由入学适应不良、专业学习困惑、人际交往引发的学生心理问题较为常见；第二年至第三年，因学业压力、情感与恋爱、人际关系、自我发展引发的心理问题为多数；第四年，因就业压力、择业困扰、遭遇挫折引发的心理问题较多。最后，从人群、地域分布上，与城镇大学生相比，农村大学生的心理问题要更多一些；与男性大学生相比，女性大学生的心理问题要更多一些；与家境较好的大学生相比，贫困大学生的心理问题要更多一些。

拓展阅读

有研究表明，下述11类大学生是心理危机高发人群，学校管理者及周围同学应予以高度关注，特别是在敏感时段更应重点关注排查。

（1）既往有自杀未遂史或自杀企图与计划者。

（2）在心理健康测评中筛查出来的有心理障碍、心理疾病或自杀倾向的学生。

（3）由于学习压力过大而出现心理异常的学生。

（4）遭遇突然打击而出现心理或行为异常的学生。

（5）个人情感受挫后出现心理或行为异常的学生。

（6）人际关系失调后出现心理或行为异常的学生。

（7）性格内向孤僻、经济严重贫困且出现心理或行为异常的学生。

（8）身体患有严重疾病、身体长期痛苦、患有慢性疾病治疗周期长的学生。

（9）患有严重心理疾病，并已被专家确诊的学生。

（10）出现严重适应不良导致心理或行为异常的学生。

（11）由于身边的同学出现个体危机状况而受到影响，产生恐慌、担心、焦虑、困扰的学生。

第四节　大学生心理危机的预防与干预

一、大学生常见的心理危机

大学生形成心理危机的原因非常复杂，既有主观原因，也有客观原因。心理危机如不能得到及时解决，大学生就会在内心形成阴影，这对大学生的成长非常不利。想要在真正意义上帮助大学生解决心理危机，就要从分析心理危机的成因做起。

（一）人际交往问题

"90""00"后大多都是独生子女，在家庭中常处于核心地位，老人宠溺、父母呵护使其普遍缺少抗挫折能力，缺乏与同龄人长期接触和磨合的经历。当这些个性鲜明的孩子们远离父母的呵护，从五湖四海聚集到一个学校、一个班级、一个宿舍时，性格习惯和处事方式的不同不免产生一系列的摩擦。这些在家中以自我为中心的孩子往往较少站在他人的角度想问题，一旦自己的需求得不到满足或未能达到预期目标时便容易产生挫败感进而引发心理危机。

手机网络等通信工具的普及和发展让越来越多的大学生不愿与同龄人面对面的交流，性格较内向的学生还可能因长期缺乏与同学间的有效沟通而产生抑郁情绪、社交恐惧等。大学课余时间较多，生活规划性较差、自制力不强的学生课余时间在宿舍通宵打游戏、追剧等沉迷于虚幻的世界，使得他们的现实人际交往能力减弱，从而引发心理危机。

（二）学习中存在的问题

1. 学习目标不明确

大学生的学习目标相比初高中而言并不是十分明确，无论是普通高校还是重点高校，这都是一个普遍的现象。大学生未进入大学校园之前的学习都是由老师引导——学生应该学什么，不应该学什么，老师都做出了明确的规定。学生本着考大学的目标努力学习，不断奋斗。当目标实现，步入到大学校园后，没有老师及父母的指导和监督，就失去了明确的学习目标。

一些学生的学习十分被动，在完成老师安排的学习任务后不知做什么，课余闲暇时间不知道如何管理、如何利用便开始玩网络游戏、看视频等。大学的学习更加注重自主创新。部分学生在选择选修学习内容时没有主见，从众随大流，以别人学什么我就学什么的思想进行选课学习。在这种缺乏独立思考，没有结合自身实际特点确定学习目标的情况下，大学生盲目地跟风学习，失去了自己的学习目标和动力，长此以往会使他们对学习丧失兴趣。

2. 学习态度不端正

很多大学生对自己学习的原因并没有准确的认知，所以在学习过程中，缺乏积极主动的学习态度。例如，课堂上老师点名就去，不点名就不去。在学习的时候不主动消化内容，把希望放在考前划重点、考试作弊上。与此同时，对实践课程也没有表现出足够的重视，不注重自身综合能力的提升。对选修课和必修课的态度完全不同，必修课还比较重视，而对于选修课程则采取"能逃则逃"的态度，十分轻视。

3. 学习方法不合理、学习效率低

初高中时期学生都是老师手把手地教授课程内容，指导学生该学什么，怎么去学习。步入大学校园后，学生失去了老师的指导与监督，更需要掌握自主学习的方法，一些学生一时之间难以适应。大学中十分普遍的学习方法就是上课记笔记，考前死记硬背，临阵磨枪。在写论文与做课题分析的时候，很多学生没有进行深入的研究与挖掘，仅仅是在浅层面进行分析，浅尝辄止，得过且过。这种学习方式对知识的积累，培养自身的专业能力并不能够起到提升的作用。

实际上，大学学习更加看重的是独立思考的能力。孔子有云："学而不思则罔，思而不学则殆。"这就表明了学习思考的重要性。当前的高等教育中，很多学生只是为了学习而学习，在学习过程中未进行深入思考，没有找到适合自己的学习方法，造成学习效率低下。

（三）恋爱情感问题

爱情是人类永恒的话题，从"窈窕淑女，君子好逑"，到"所谓伊人，在水一方"；从作家才子到浪漫诗人，人间处处皆留下了无尽的吟咏和感叹。随着社会的发展，人们的婚恋观也发生了深刻的变化。一直以来，在校大学生谈恋爱都是一个让高校德育工作者颇感棘手的敏感问题。从最早"在校期间，不准谈恋爱"的明文禁止到"不提倡、不反对"的普遍默许。如今，大学校园里谈恋爱的现象已不是少数。大学生作为时代的弄潮儿，正值青春年华，不可避免地会遇到恋爱中的问题。

有人说：不谈恋爱的大学是不完美的大学。学习之余，大学的爱情故事似乎已是大学生活的必需品。未名湖回荡着爱情的涟漪；丽娃河延续着恋爱的传说；荷塘月色不仅映有朱自清的背影，还有双双对对的剪影；光华楼前的大草坪上，也留下学子伴

侣缠绵的步履。似乎每所高校都有让爱情驻足、发酵的地方。然而，大学里的恋爱也如同学生的青春年华一样，充满了风雨和挑战，充满了浮动和对未来的不确定。

在校大学生谈恋爱一般不考虑经济、地位、家庭等社会性问题，浪漫色彩浓厚，自主性强，约束性差，情感性强，理智性弱。往往不能理性地对待恋爱中的挫折，表现为恋爱率高，能发展为缔结婚姻关系的不多。

大学生恋爱中常见的心理困惑是多方面的。恋爱之前：无法区分爱与好感；因单恋或暗恋，内心情愫压抑无法排解；既对爱情向往又担心耽误学业的矛盾心理。恋爱中：遇到男女朋友相处的问题，如对性的好奇心理、缺乏独立意识的依赖心理等；缺乏沟通理解相互争吵；恋爱中发现恋爱对象与想象中不符的失落感等。失恋时：失恋后的大学生往往会经历一段痛苦烦躁的过程，外在表现为：悲伤、绝望、痛苦、强烈的报复心和自卑感，如情绪处理不当，易发生自杀、他杀、抑郁等不良心理行为。

（四）网络成瘾问题

1. 大学生网络成瘾类型

①网络游戏成瘾；②网络色情成瘾；③网络交际成瘾；④信息超载成瘾；⑤其他强迫行为：不可抑制地参与网络购物、讨论等活动。

2. 大学生迷恋网络的原因

（1）网络自身的强大诱惑力。网络具有的信息量大、交互性、平等性、虚拟性、交往的无限制性、匿名性、安全性、社会规范的弱化、人格多元性等特点，使其具有强大的诱惑力。

（2）与大学生的心理特点和部分大学生的人格特征密切相关。伴随着生理的成熟，大学生的自我意识开始增强，由于部分大学生缺乏自制、自我规划能力，尤其是对时间的自我管理能力。他们追求个人的自主行为和个人需要的满足，人际交往的需要强烈，渴望被人理解，但往往又带有闭锁心理，情绪波动较大。具有人际关系敏感、孤独、抑郁、焦虑、性格内向、缺乏自信、对外在压力的承受力弱、挫折感强、容易逃避现实等人格特征的学生容易产生网络成瘾行为。

3. 大学生网络成瘾的典型症状

（1）缺乏睡眠，过度疲劳，上课注意力分散，无精打采，食欲下降。

（2）成绩下降，对学习的兴趣明显降低。

（3）与同学关系冷淡，平常与同学交往的时间减少。

（4）对各种社交活动和集体活动不感兴趣，上网成为最好的精神寄托。

（5）个性发生改变，上网时充满激情，离开网络后变得冷漠、紧张或易怒。

（6）对网络"一网情深"，坚持认为网上所学的要优于课堂所学。

（7）对别人隐瞒上网时间和网上行为。

（8）否认问题的严重性。

（9）由于旷课或成绩差有退学危险时想戒网，但不久又恢复网上习惯等。

案例

大一学生宿舍连打某手机游戏 40 小时没下床成脑梗

据报道，2017 年 4 月，19 岁的大一学生小刘（化名）在宿舍床铺上连续激战游戏 40 多个小时，中间只闭眼睡了 3 小时。结束游戏打算外出时，突然发现自己头晕头痛，连站也站不稳，紧急就医的小刘被确诊为脑梗。

尽管近年来网络成瘾问题大家有所耳闻，但大部分人仍然觉得这种长时间看电脑、打游戏打成偏瘫或脑梗的事件是"新闻"，离自己的生活很远。而在神经内科学界，医生们已为这种病例起了一个名字叫"E-stroke"，意指长期熬夜加班等过度疲劳的过程中使用电子产品而引起的脑卒中。

如何才能避免 E-stroke 的发生？医生介绍，预防措施主要包括注意劳逸结合，保证睡眠，加强锻炼，避免情绪激动，减少使用电子产品时间，清淡低盐饮食。一旦长时间使用电子产品过程中出现眩晕、视力模糊、剧烈头痛、走路不稳、吞咽困难、半身麻木等状况，建议立即停止使用电子产品，及时就医。

（五）就业问题

对于即将毕业的大四学生来说，都面临着一个十分棘手的问题——就业问题。近年来由于高校扩招，本科毕业生的人数不断增多，使得就业形势日趋紧张，就业竞争更加激烈，工作岗位的要求和标准也日益提高。除毕业证书外，很多企业招聘要求毕业生在本科期间通过大学英语四六级考试，也有少数企业要求学生通过如：国家二级计算机、国家心理咨询师、人力资源师等考试，获取职业资格证书后才能入职。

招聘标准的提高令许多大学生感觉找到理想的工作越来越困难，尤其是对即将毕业的大四学生造成了很大的心理压力。也有部分大二大三的学生，还未涉及毕业问题，便已感受到了未来就业的压力，对其造成了一定的心理负担。就业方面的压力使部分同学因担心自己毕业无法找到合适的工作而感到焦虑、不安，心理危机也随之产生。

（六）常见情绪困扰

1. 焦虑

焦虑是十分常见的现象，是一种类似担忧的反应或是自尊心受到潜在威胁时产生担忧的反应倾向，是个体主观上预料将会有某种不良后果产生的不安感，是紧张、害怕、担忧混合的情绪体验。

焦虑是大学生常见的情绪状态，当他们在学习、工作、生活各方面遭遇挫折或担心需要付出巨大努力的事情来临时，便会产生这种体验。大学生常见的焦虑有自我形象焦虑、学习焦虑与情感焦虑。

焦虑对大学生的影响是复杂的，既可以成为大学生成才的内驱力，起促进作用，也可以起阻碍作用。实验证明，中等焦虑能使大学生维持适度的紧张状态，注意力高度集中，促进学习。但过度焦虑则会给大学生带来不良的影响。被过度焦虑困扰的大学生，常常会感到内心极度紧张不安、惶恐害怕、心神不定、思维混乱、注意力不集中，甚至记忆力下降，同时还容易产生头痛、失眠、食欲不振、胃肠不适等不良生理反应。

2. 抑郁

抑郁，指精神受到压抑而产生的较持久、消极的情绪状态。其表现为情绪低落、思维迟钝、郁郁寡欢、兴趣丧失、食欲减退和失眠。

一般来说，这种情绪多发生在性格内向孤僻、多疑多虑、不爱交际、生活遭遇挫折、长期努力得不到报偿的大学生身上。那些不喜欢所学专业，或因人际关系处理不当、失恋等问题的大学生也会产生抑郁情绪。

3. 愤怒

愤怒是由于客观事物与人的主观愿望相违背，或因愿望无法实现时，人们内心产生的一种激烈的情绪反应。心理学研究表明，当愤怒发生时，可能导致人体心跳加快、心律失常、高血压等躯体性反应和疾病发生；同时还会使人的自制力减弱、思维受阻、行为冲动，甚至做出一些事后后悔不迭的蠢事，造成不可挽回的损失。

大学生处于精力充沛、血气方刚的青年时期，在情绪情感发展上往往容易动怒。如有的大学生因同学一句刺耳的话或一件不顺心的小事而暴跳如雷；有的因人际协调受阻而怒不可遏、恶语伤人；有的因别人的观点或意见与自己相左而恼羞成怒。如此种种遇事缺乏冷静的分析与思考，图一时之快，逞一时之勇的好激动、易动怒的不良情绪特点，在一些大学生身上时有体现。这种情绪对大学生的影响是极其有害的，因而有人说："愤怒是以愚蠢开始，以后悔结束。"大学生违纪打架行为多源于此。

4. 嫉妒

嫉妒是他人在某些方面胜过自己引起的不快甚至是痛苦的情绪体验。西班牙作家塞万提斯说"嫉妒是万恶的根源，美德的蟊贼"。

嫉妒是大学生普遍存在的自尊心异常的一种表现。具体表现为当看到他人学识能力、品行荣誉甚至穿着打扮超过自己时，内心产生的不平、痛苦、愤怒等感觉；当别人身陷不幸或处于困境时则幸灾乐祸，甚至落井下石，在人后恶语中伤、诽谤等。嫉妒是一种情绪障碍，它扭曲人的心灵，妨碍人与人之间的正常真诚交往。

二、大学生常见的心理危机表现形式

构建完善的大学生心理健康教育体系，培养大学生健全的人格，是预防心理危机的根本途径。当大学生的心理出现危机时，其自身就会表现出一些明显的状况，其表现形式主要体现在以下几个方面。

(一) 情绪上的变化

情绪不安、易怒、暴躁、紧张、恐惧、忧虑、悲伤、有罪恶感、怕见人、情绪低落或不稳定，表面平静却给人的感觉有眼神游离等。

(二) 认知上的变化

学生经过波折后在很长一段时间内不能从阴影中走出来，不能对事物的好坏加以正确区分，不能正确地对事物的发展规律进行判断。若患者平时性格开朗、生活态度积极乐观，出现危机时则相反；如果平时性格内向，出现危机则可能会加重，变得喜欢抱怨，认为社会对他不公平等。一旦渡过了这个难关，这一现象便会消失。

(三) 自身行为的变化

在发生波折之后，学生不能把精神集中到学习中来；常利用非常特别的方式对自己进行心理安慰；对周围关心自己的人具有强烈的攻击性；不愿意接受别人的帮助；并可能出现了以前没有出现过的行为，如沉默少语、自言自语、或言语出现异常。

(四) 身体上的不适

学生表现出了头晕、恶心、记忆力减退、不思饮食、失眠、做事注意力不集中、学习能力下降等变化，严重者会出现自杀、药物滥用等情况。

三、大学生心理危机干预的原则和方法

(一) 心理危机干预的原则

1. 生命至上

我们应当了解，导致危机的原因是压力。当一个人超过其个人身心所能承受的压力范围或经历重大突发事件时，便会让他无法通过正常人处理问题的解决手段去抗衡当前面临的困难，从而使其陷入惊慌失措的情绪状态，最终失去导向及自我控制力。正因为学生失去了自我控制力，对存在的价值和生命的意义感到困惑，使得自杀、暴力、犯罪等漠视生命的现象在高校校园中时有发生。因此，在处理大学生心理危机案件时，应该确保学生的人身安全。这是"以人为本"的理念在危机干预中的体现，也是处理学生危机事件的基本原则。这一原则要求要绝对保证学生的人身安全。心理危机干预的首要原则就是要维持生命的继续。

2. 及时迅速地处理

危机干预应该是 24 小时全天候开放的。由于患者情绪的不稳定性，心理治疗师必须本着 Butcher 和 Maudal 提出的一个原则："所有的危机干预单元都必须被当作最后

一次与患者的接触。"因此，要迅速确定要干预的问题，强调以当下的问题为主，并立即采取相应措施。

当大学生处于心理危机状态时，如果没有得到及时迅速的干预很容易产生过激行为，如自伤或伤人等。心理出现问题是当事人一时难以接受和自我改变的事情，因此必须在数小时、数天或数周以内采取干预。心理危机发生的本身是应激性的，危机干预中时间是一个关键因素，不允许进行过多细致的思考和无谓的尝试。因此，危机干预者必须有对心理危机中不断涌现、不断变化的问题做出迅速的反应和处理的能力，保证能够及时准确地处理问题。

3. 两面性原则

危机既意味着"危险"，又存在着"挑战"。一方面，危机是危险的。因为它可能导致个体严重的病态的发生。另一方面，危机也是一种挑战。弗洛伊德的精神分析理论将压抑解释为心理防卫机制的最基本功能。它将来自人类的生理本能的冲动或外部不良刺激进行非理性处理并使之进入潜意识状态。而危机干预不仅以解决当事人所面临的问题为目标，更应该以帮助当事人快速提升应对危机能力为目标。通过危机干预，充分调动当事人的积极思想，塑造良好的潜意识。在有效应对当前危机的基础上，获得应对类似危机的经验。能够从不利中看到有利，从阴霾中看到阳光，从危机中看到生机，使自己变得坚毅和乐观，全面提高应对未来突发事件的心理素质和能力。因此，危机具有两面性。

4. 释放为主的原则

释放是指个体把负面的心理想法或引起心理危机的情绪及时排放的过程。心理危机便是由不良情绪积累到超过心理防御临界点而发生的。理性的压力和非理性内驻力（潜意识状态）经常出现相互倾轧，即使理性获胜，个体也将产生抑郁或焦虑情绪。如果能及时恰当地释放这种不良情绪或冲动，将有助于其更好地减轻心理压力。危机带来的痛苦会迫使当事人寻求帮助，而释放这种痛苦会帮助患者实现个体成长和自我实现。

（二）心理危机干预的方法

1. 找寻问题的所在

干预者与处于危机的个体接触后应尽快建立信任关系，必须非常迅速地确定引发危机的核心问题是什么。同一事件对不同人的反应会受个性、文化、价值观等众多因素的影响。所以分析问题必须完全从患者的角度出发，从患者的角度来确定和理解其所认识的危机问题。因此，需要干预者使用积极的倾听技术，同情、理解、真诚接纳及尊重患者，交流过程中既要注意患者的言语信息，也要注意其非言语信息。如果危机干预人员所认识的危机境遇并非患者所认同的，那么即使危机干预人员的认识并不错误，其干预都是很难达到预期效果的。

2. 保证当事者安全

在整个危机干预的过程中，当事者安全问题都应该被放到最重要的地位，应以保证当事者的安全为首要目标。因此，干预者应先评估危机的严重程度，确定需要紧急处理的问题，帮助当事者尽快脱离灾难现场或创伤情景，脱离伤人、自杀等危险行为意念，保证当事者把对他人和对自身的生理和心理产生危险的可能性降到最低。

3. 提供有效支持

增强与当事者的沟通与交流，给患者以尽可能全面的、充分的理解和支持，并积极、无条件地接纳患者。不管当事者遭遇的经历是天灾人祸还是自己的过失所致，也不管当事者当前的感受可以理解还是不合常情，一律不予评价。应该提供机会，通过沟通与交流，让当事者表达和宣泄自己的情感，给当事者以同情、支持和鼓励。使其感到干预者是完全可以信任的，也是能够给予其关心和帮助的人。

4. 思考变通方式

处于危机中的患者的思维往往处于被抑制状态，很难判断什么是最佳选择，因此要让患者认识到有许多变通的应对方式可供选择，可建议患者从不同的途径思考变通方式。

思考变通方式的途径：对外开发环境资源，引导当事者从身边的亲朋好友中去寻找支持和帮助。如有哪些人现在或过去能关心患者？能在行为或心理上予以支持和陪伴？如父母的关心、恋人的陪伴，朋友的帮助等。对内开启心理资源，鼓励当事者尝试新的、积极的、建设性的思维方式，通过改变自己对问题的看法来减轻应激反应与焦虑水平。干预人员要帮助患者认识到，危机问题有许多变通的应对方式可供选择，帮助患者探索他自己可以利用的替代解决方法，促使患者积极地搜索可以获得的环境支持、可以利用的应对方式、发掘积极的思维方式。如果患者能够从这三个方面客观地评价各种可变通的应对方式，危机干预工作者就能够给感到绝望和走投无路的患者以极大的支持。

5. 制订计划

与当事者共同制订行动计划来矫正其情绪的失衡状态，帮助当事者做出可实现的短期计划，并确定该计划是当事者理解认同、可操作的行动步骤。制订计划时要充分考虑当事者的自控能力和自主性。行动计划的制订应该让当事者充分地参与其中，使他们感到自己的权利、自尊没有被剥夺。最后将变通的应对方式以可行性的时间表和行动步骤的形式罗列出来。

6. 获得承诺

回顾和改善有关计划和行动方案，要用同情、理解和支持的方式进行讨论。要明确在实施计划时达成同意合作的协议，帮助当事者向自己承诺要采取确定的、积极的行动步骤。这些计划和行动步骤必须是患者自己认同的，从现实角度上是可以完成的或接受的，以便当事者在今后坚持按照预定计划和方案行事。同时，获得承诺的过程具有重要的仪式意义。

四、大学生心理危机预防措施

要想在真正意义上解除大学生的心理危机，就要有针对性地采取一些预防措施。首先，应深入探究造成大学生心理危机的关键因素，再针对其采取预防措施。就当前研究成果来看，通过高校、家庭、社会三个层面进行心理危机预防是最为有效的方式。

相关院校要建立心理危机预防机制，关注该现象出现的高危人群，采取心理预警措施，有效杜绝大学生心理危机现象的出现。对于高校来讲，建立以大学生为核心，辅导员为引导者的心理防范机制是非常有必要的。利用预警指示法来对出现心理危机的学生进行治疗是解决问题最为有效的方式。预警指示法要求为调查对象制定一套行之有效的体系，按照以往的经验，应对心理危机产生的因果关系进行有效制定，在心理危机发生的早期将问题加以解决。

（一）高校预防大学生心理危机现象的常见方式

高校需关注学生心理健康，预防心理危机现象，可通过以下五种方式引导和建立危机干预机制，帮助学生树立正确的价值观和人生观。

第一，开展心理健康教育活动，丰富大学生心理学知识，增强他们的心理保健意识，端正他们对心理咨询的看法，引导他们主动寻求帮助，缓解负性情绪，避免因心理问题加重导致心理危机的发生。

第二，开展心理素质训练，提升大学生心理调适能力，通过各种途径锻炼他们的意志、训练他们的心理素质，使他们保持心理健康的状态。

第三，开展大学生心理辅导和心理咨询工作，采取有效的、使学生易于接受的心理辅导方式，如通过讲座、心理游戏、心理健康活动、播放心理电影等形式多样的活动，解析心理现象，帮助大学生了解常见的心理问题，拉近他们与心理咨询工作的距离。通过语言、文字等媒介，给咨询对象以帮助、启发和教育，解决其在学习、工作、生活、疾病等方面出现的心理困扰。

第四，加强校园文化建设，改善大学生的社会心理环境。开展心理健康普查，对有精神病倾向的要及时转诊就医，对有神经症可能的要约请他们面谈，了解情况，建立心理健康档案，确定危机预警的范围和对象；建设以学生辅导员、学生干部、寝室长和学生党员为骨干力量的信息员队伍，及时了解预警对象的相关信息并及时汇报，做到早发现早干预；成立危机干预机构，如邀请心理专家建立大学生危机干预中心，确保危机干预的专业化；设立信息化的心理危机干预热线，让大学生在身处危机时能及时得到帮助。与此同时开展丰富多彩的校园文化生活，满足大学生精神和心理需求，为他们展现天赋和才华、增强竞争意识、获取自信心提供平台。

第五，构建大学生成才服务体系，为大学生心理减负减压。如加强学习与考研的辅导，帮助他们进行职业生涯规划，为毕业生提供就业信息，搭建就业平台，开展就业指导等，为处于困境中的学生提供及时有效的支持，帮助其顺利渡过难关。

解决大学生心理危机问题的工作是一项长期而复杂的工作，仅靠高校的努力来实现是不现实的。要想在真正意义上将大学生心理问题加以解决，需要各界共同努力来完成这项工作。

（二）来自家庭的力量

家庭要尽量创造一个有利于学生成长发展的和谐氛围，大学生的父母要多换位思考，充分理解孩子的需求，尊重孩子的想法。假期或日常生活中多与孩子进行交流，与学校辅导员及时进行沟通，以便及时掌握大学生的内心活动。

（三）来自社会的力量

目前，大学生心理工作在不同的高校发展不平衡，一些高校对其重要性的认识不足。有些高校很难找到专职心理咨询师，还有个别高校根本就没有心理咨询机构。一些高校学生众多，心理咨询人员却只有一两人。

心理咨询机构的条件是影响心理咨询质量的一个关键因素，心理咨询机构的条件包括人力资源、咨询设施、财政支援等。获得教育管理部门的资金支持，可为高校心理咨询机构的建立奠定良好的经济基础。同时相关部门还要落实机构设置、专职人员匹配、活动经费、咨询场地、设备、资料建设、工作量考核、报酬计算以及提供业务进修的机会等。除此之外，社会还应该加强心理健康资料的宣传力度，让更多大学生对心理疾病、心理危机的危害性加以认识，在全社会范围内普及心理健康的重要性。

五、可以求助的专业资源

北京危机干预中心：800-810-1117，（010）82951332。

上海市心理援助公益热线：021-12320-5。

北京协和启迪心理治疗/咨询中心救助热线：（010）65132928。

南京生命求助热线：（025）86528082。

杭州心理研究与干预中心救助热线：（0571）85029595。

武汉市精神卫生中心危机干预中心救助热线：（027）85844666/51826188。

深圳心理危机干预热线：（0755）25629459。

广州市青少年心理健康热线：（020）83182110。

天津市心理危机干预热线：（022）96051199。

四川省心理危机干预中心热线：（028）87577510/87528604。

湖南省《法制周报》心理危机干预中心热线：（0731）4839110。

重庆市心理危机干预中心热线：（023）66644499。

青岛市心理危机干预中心自杀干预热线：（0532）85659516。

石家庄心理危机干预热线：（0311）6799116。

北京1980阳光部落心理治疗/咨询热线：（010）68001980。

◆ 🧠 心理测试

测试你是否存在心理危机

如何能提前得知自己是否患有精神心理疾病呢？可以通过以下 15 道测试题进行测试：

（1）你最近是否有失眠？ （　　）

A. 基本没有 　　　　B. 不知道 　　　　C. 偶尔 　　　　D. 总是

（2）你会为你身边的朋友打几分？ （　　）

A. 满分 　　　　　　B. 优秀 　　　　　C. 说不清楚 　　　D. 及格

（3）你认为最近生活与工作很难协调吗？ （　　）

A. 是的 　　　　　　B. 有一点 　　　　C. 说不清楚 　　　D. 没有

（4）如果你病了需要吃药，医生告诉你吃一片，你会吃多少？ （　　）

A. 半片 　　　　　　B. 一片 　　　　　C. 两片 　　　　　D. 不吃

（5）你觉得你十分容易与陌生人搭讪吗？ （　　）

A. 是的 　　　　　　B. 还算可以 　　　C. 有点难 　　　　D. 十分难

（6）满分如果是 9 分你会给现在的你打几分？ （　　）

A. 8 分 　　　　　　　　　　　　　　　B. 6 分

C. 4 分 　　　　　　　　　　　　　　　D. 不知道

（7）你觉得患有心理疾病的病人值得同情吗？ （　　）

A. 完全同情他们 　　　　　　　　　　　B. 有些同情他们

C. 不好说 　　　　　　　　　　　　　　D. 没有什么值得同情的

（8）你在填这份问卷时抱着什么态度？ （　　）

A. 好奇 　　　　　　　　　　　　　　　B. 获得知识

C. 说不清楚 　　　　　　　　　　　　　D. 纯属娱乐

（9）在下午时分走在大街上，你背后有个影子，你会认为是什么？ （　　）

A. 我自己的影子 　　　　　　　　　　　B. 别人的影子

C. 不清楚 　　　　　　　　　　　　　　D. 那是影子吗

（10）看见一只猫从一棵树上跑过去，你会想到什么？ （　　）

A. 它在追老鼠 　　　　　　　　　　　　B. 它在练跑步

C. 它喜欢树上的小鸟 　　　　　　　　　D. 有人在后面追赶它

（11）你认为你最近的焦虑指数怎么样？ （　　）

A. 没听说过这个东西 　　　　　　　　　B. 还算正常

C. 有点高 　　　　　　　　　　　　　　D. 十分高

（12）觉得秋天的雨天怎么样？ （　　）

A. 季节正常规律，很惬意 　　　　　　　B. 有点冷

C. 跟我心情一样，有点抑郁 　　　　　　D. 太难受了

（13）你认为那些有名作家是有些神经质吗？ （ ）

A. 完全就是 B. 应该有点吧

C. 不知道 D. 不觉得

（14）你觉得跟陌生人说话会呼吸急促吗？ （ ）

A. 完全不会 B. 不清楚

C. 稍微有点 D. 完全是的

（15）你独自一个人静静待在一间屋子里最长的时间是多少？ （ ）

A. 1～2 小时 B. 6 小时

C. 半天 D. 一天

答案：从 A 到 D 依次为 1 分、2 分、3 分、4 分。得分相加后看看你属于什么情况。

分数解释：

（1）得分 20 分以下：表示心理十分健康。

（2）得分 20～40 分：需要注意调节。

（3）得分 40～50 分：存在着心理障碍的风险。

（4）得分 50 分以上：表示你可能存在着一些心理疾病，适当的考虑治疗。

单元小结

本单元主要介绍了大学生生命健康教育概念及功能，阐述了生命健康教育的重要性，教育大学生要热爱生命、珍惜生命。对大学生的心理危机从概念、特征和类型开始，讲述了大学生心理危机产生时的常见表现，包括情绪反应、认知反应、行为反应、生理反应；分析了大学生产生心理危机的原因；以及大学生心理危机的预防和应对措施。从中我们了解到大学生心理危机具有两面性，对于大学生来讲既是机遇又是挑战，如果不能妥善处理会给他们带来危害，这也反映出心理危机干预的重要性。

思考与练习 ▶▶▶

（1）简述大学生生命健康教育的重要性。

（2）什么是心理危机？

（3）心理危机的特征及类型？

（4）简述大学生心理危机干预的原则及方法？

心理训练营

（1）如果你的生命只剩下七天的时间，你会做哪些和现在不同的事情？

_____

（2）假设你走到了生命的尽头，你的追悼会正在进行，你希望听到家人、朋友、同事说些什么？

_____

（3）假设你走到了生命的尽头，你希望如何撰写你的墓志铭？

_____

 ▶▶▶

影视推荐：电影《长津湖》

电影《长津湖》再现了抗美援朝战争中第 9 兵团在长津湖地区那场艰苦卓绝的战役，生动诠释了国家意志和民族力量的强大，有力彰显了中国军人为国舍命的碧血丹心。细腻描摹了志愿军将士的家国情怀和民族大义。影片中，先烈们的话语字字铿锵、句句滚烫，一直激荡在每个观众心间。诗意山河与无情战火的强烈对比，深切地表达了人民对和平与美好新生活的无比珍视和期许。深情礼赞了伟大的抗美援朝精神。伟大抗美援朝精神，是弥足珍贵的精神财富，它必将激励中国人民和中华民族克服一切艰难险阻、战胜一切强大敌人。

第十章
大学生择业与创业心理

📖 **学习目标** ▶▶▶

（1）了解大学生择业与创业时应该做好的心理准备。

（2）了解大学生择业与创业的心理问题和心理障碍。

（3）了解大学生择业与创业常见的错误观念。

（4）掌握大学生择业与创业的心理调适方法。

📝 **思政目标** ▶▶▶

（1）自立自信：推陈出新，养成正确的生活习惯。

（2）价值重塑：通过职业价值观澄清，建立职业价值观取向。

（3）以人为本：个体化发展需求的确认与满足。

📚 **引导案例**

"90"后小伙养殖小龙虾实现"创业梦"

近几年，小龙虾成了市民餐桌上的美食。2017年的一天，申志亮和朋友相约一起吃饭，席间一道麻辣小龙虾，充满魅力，刺激着他的味蕾。朋友随口说养殖小龙虾肯定赚钱。说者无心听者有意，申志亮开始关注小龙虾养殖和销售市场。经过一年多的市场调研，申志亮发现小龙虾的个头虽然很小，但价钱却一年比一年高，市场需求量呈逐年上升趋势。经过进一步了解，申志亮得知，本地市场上的小龙虾大部分都来源于湖北、安徽等地，长途运输导致物流成本增高。"如果在本地养殖小龙虾，肯定有赚头！"申志亮产生了创业的念头。他和家里人商量后，东拼西凑了十几万元钱，准备开始试验养殖小龙虾，自己创业。

创业之路总不会一帆风顺。养殖小龙虾需要水域，本地几乎没有现成的水域，这就需要建设一个水塘。申志亮走遍了附近的村庄，找到了一片地域养殖小龙虾。地方有了，紧接着就是购置虾苗。申志亮预订了虾苗后，开始建造水塘。但因没有经验，修建的水塘漏水，不能满足养殖小龙虾的水域要求。他在网上向网友求助，结合网友的建议，重新修整水塘做防水工程，完成了水塘改造。

在改建水塘的过程中，申志亮结识了一位在北京养殖小龙虾的能手，并去他的养殖基地学习养殖技术。

2019年5月，和风习习，阳光灿烂，水塘水温已达十几摄氏度，正是投放虾苗的时候。为了使虾苗能够高质量成活，每天他都认真地记录水池的温度、酸碱度、水位的变化等，时刻关注着小龙虾生长的情况。在申志亮的精心呵护下，两个月后，小龙虾长成了。这批小龙虾的质量很高，每只小龙虾的重量都在60克左右，这让申志亮喜出望外。

养殖小龙虾成功了，剩下的就是打通销路。申志亮每天都在自己的朋友圈记录着养殖的经过和心情，有人看到后便与他联系，并向他预订小龙虾。之后，来预订的人越来越多，因为是首次养殖，虾苗的投放数量较少，所以产量有限，有时竟无法满足预订者的需求。

说起小龙虾养殖未来的发展，申志亮满怀信心。有了今年的养殖经验，明年他想要扩大养殖规模，建造一个规模更大、供养环境更好的水塘，养殖更多的小龙虾。

"幸福是奋斗出来的！为了成功创业，再辛苦都值得！"申志亮心里还埋藏着一个更大的梦想：在未来的几年，计划将养殖规模不断扩大，同时打开更广阔的销售市场。

第一节 大学生择业与创业的心理准备

一、明确目标

西方有句谚语："你想要的尽管拿去，只要付出相应的代价就行。"有位哲人说："决心攀登高峰的人，总能找到道路。"强烈的动机可以驱使人超越诸多困境，到达成功的彼岸。志向是事业成功的基本前提，没有志向，事业的成功也就无从谈起。立志是人生的起跑点，反映着一个人的理想、胸怀、情趣和价值观，影响着一个人的奋斗目标及成就的大小。清晰的目标和方向，对我们人生的成功有重要意义。只有我们给自己的人生设定了目标，我们内心深处那个勇敢、坚定、执着、不畏艰险的"我"才会走出来，才能最大限度地激发自己的潜能，更好地迎接人生路上的各种挑战。

哈佛大学有一个关于目标对人生影响的非常著名的跟踪调查。调查的对象是一群智力、学历、环境等条件都差不多的大学毕业生。结果是这样的：27%的人，没有目标；60%的人，目标模糊；10%的人，有清晰但比较短期的目标；3%的人，有清晰而长远的目标。25年后，哈佛大学再次对这群学生进行了跟踪调查。结果是这样的：3%的人，25年间他们朝着一个方向不懈努力，几乎都成为社会各界的成功人士，其中不乏行业领袖、社会精英；10%的人，他们的短期目标不断地实现，成为各个领域中的专业人士，大都生活在社会的中上层；60％的人，他们安稳地生活与工作，但都没有什么特别的成绩，几乎都生活在社会的中下层；剩下27％的人，他们的生活没有目标，过得很不如意，并且常常抱怨他人、抱怨社会、抱怨这个"不肯给他们机会"的世界。成功，需要明确的目标和方向。目标，像分水岭一样，轻而易举地把资质相似的人们分为少数的精英和多数的平庸之辈。其实，他们之间的差别仅仅在于25年前，他们中的一些人知道自己到底要什么，而另一些人则不清楚或不是很清楚。

明确职业目标包括选定职业的理想目标、基本目标和参考目标，明确择业或者创业的主攻方向和努力方向。当然这基于正确的自我评价，既不能过高地估计自己的能力，也不要过低地估计自己。要找准职业定位，做好职业规划，寻求适合自己价值观、人生观、个性需要和发展需求的职业。一个人的择业或创业目标要与本人具备的实力相当或接近，要根据自己的志向、兴趣、气质、性格和能力来选择适合自己的职业，既不故步自封，也不好高骛远。

 拓展阅读

新生活从选定方向开始

比塞尔是西撒哈拉沙漠中的一个小村庄，它靠在一块1.5平方千米的绿洲旁，可是在1926年肯·莱文发现它之前，这儿的人没有一个走出过大沙漠。肯·莱文作为英国皇家学院的院士，当然不相信这种说法。他用手语向当地的人问其原因，结果每个人的回答都是一样：从这儿无论向哪个方向走，最后都还是要转到这个地方来。为了证实这种说法的真伪，他做了一次实验，从比塞尔向北走，结果三天半就走了出来。比塞尔人为什么走不出来呢？肯·莱文非常纳闷，最后他只得雇一个比塞尔人，让他带路，肯·莱文收起指南针等现代化设备，只挂一根木棍跟在后面。10天过去了，他们走了很远的路程，第11天的早晨，一块绿洲出现在眼前。他们果然又回到了比塞尔。这一次肯·莱文终于明白了，比塞尔人之所以走不出沙漠，是因为他们根本不认识北斗星。在一望无际的沙漠里，一个人如果凭着感觉往前走，他会走出许许多多、大小不一的圆圈，最后的足迹十有八九是一把卷尺的形状。比塞尔处在浩瀚的沙漠中间，方圆上千公里没有一点参照物，若不认识北斗星又没有指南针，想走出沙漠，确实是不可能的。

肯·莱文在离开比塞尔时，带了一位叫阿古特尔的青年，这个青年就是上次和他合作的人，他告诉这位小伙子，只要白天休息，夜晚朝北面那颗最亮的星走，就能走出沙漠。阿古特尔跟着肯·莱文，3天之后果然来到了大漠的边缘。现在比塞尔已是西撒哈拉沙漠中一颗明珠，每年有数以万计的旅游者来到这儿，阿古特尔作为比塞尔的开拓者，他的铜像被竖在小城中央。铜像的底座上刻着一行字：新生活是从选定方向开始的。

二、自我评估

自我评估的目的是认识自己、了解自己。因为只有认识了自己，才能对自己的职业做出正确的选择，才能选定适合自己发展的职业生涯路线，才能对自己的职业生涯目标做出最佳抉择。自我评估包括自己的兴趣、特长、性格、学识、技能、智商、情商、思维方式、思维方法、道德水准以及社会中的自我等。

自我是独立的、客观存在的实体。对这样一个客观存在的实体，要做出客观的评价并不容易，有些毕业生往往容易出现走极端现象，要么自负，要么自卑。自负与自卑都是由于不能客观地评价自我而引发出来的畸形心态，个体需要尽快地摆脱它们。要知道，在现实生活中，"人无完人，金无足赤"，每个人都有不可避免的弱点，也有别人没有的独特长处，对自己要进行全面、正确的分析，弄清自己的长处和不足之处、适合到什么单位什么岗位工作、适不适合创业。只有实事求是、扬长避短，才能使自己的长处得到发挥。

三、正视社会现实

社会作为大学生择业与创业的客观基础，为大学生就业、创业提供了现实的可能性，除了要正确、全面、客观地认识自己，还要正确认识社会，了解我国的大学生就业和创业政策、人才政策、人才需求状况和社会需要，寻找自我与社会的最佳结合点，努力使自己的愿望与社会需要相互协调，达到和谐统一。择业创业时积极的心态会使大学生正视社会、适应社会；消极的心态会使大学生脱离社会、逃避社会。随着知识、经济时代的到来，社会越来越尊重知识、尊重人才，将尽可能为人们择业创业提供较好的环境，为择业创业者施展自己的才能提供广阔的天地。但同时也必须看到，我国目前的生产力还相对落后，供需形势不够平衡，教育结构不尽合理，社会为择业创业者提供的机遇不可能使人人都满意。另外，我国的就业市场还需要进一步完善，不正之风还有可乘之机，用人单位自主权扩大以后，对择业者要求更加严格。所以，择业创业者要从实际出发，勇敢地投入社会、了解社会，积极主动地去适应社会需要。面对竞争激烈的人才市场，要勇于竞争，不轻言放弃，才能被社会承认和接受。

四、调整择业与创业心理

择业和创业都要避免理想主义，不要奢望一次就能找到理想的工作岗位或者一次创业就能成功，或一夜暴富。面对竞争日益激烈的就业、创业形势，每个人在规划自己的职业时，期望值不要过高，眼光不要只盯着那些大城市、大公司或者效益好、工资高的单位。职业理想的追求与实现，并不一定取决于职业本身。在中外众多的伟大科学家的成长过程中，我们常常可以看到他们当初职业的起点并非那么理想。富兰克林曾经是个钉书工人，华罗庚初中毕业后便帮助家里料理杂货铺，也曾在母校干过杂务。北大毕业生卖猪肉的故事也是大家耳熟能详的。

五、强化自身的竞争意识

求职择业或者创业不是凭理想按图索骥，而是社会选择，优胜劣汰。因此，不断强化竞争意识，迎接新的挑战就成为求职者在择业、创业前最基本的心理准备。强化择业、创业的竞争意识，一是要在正确自我评价的基础上，充分相信自己的实力，敢于通过竞争达到理想的目标；二是必须在心理上准备同"铁饭碗""大锅饭"的传统告别，从社会进步和发展的角度来加深对竞争机制的认识，自觉地正视社会现实，转变观念，做好参加竞争的心理准备。择业本身就是一个选择与被选择的过程，随时都有可能被招聘单位拒绝，但只要勇于竞争，善于竞争，有耐心和韧性，就一定会实现自己的理想。

六、保持自信

所谓自信，就是无论成功与否，无论身在顺境还是逆境都能坦诚地对待自己，相信自己，做到自尊、自爱、自信、自强，保持乐观进取、积极健康的心态。自信是求职、创业成功的心理基础，自信是对自己的实力有充分的估计和坚定的信心。一个心理健康的人对人生总保持着自信心，如果丧失了自信心，就失去了开拓新生活的勇气。在顺境中有自信心不足为奇，在逆境中更需要自信心的支持。求职者、创业者都应该对自己有充分的认识，面对社会的选择，把主观愿望和客观条件结合起来，充满自信地向社会推销自我。要做到这点，在平时就应该注意培养自己良好的人格品质，培养自信乐观、自强不息、宽容豁达、开拓创新等品质。

七、正确对待挫折

人们在择业与创业中遇到挫折是正常的，不可因此而自卑。对于求职者、创业者而言，挫折更是一种鞭策，并不意味着淘汰和鄙视，相反，它能促使失败者振作起来，使自己加快自立、自强的转化过程。求职者和创业者在求职创业过程中应保持健康、稳定的心理，积极进取的态度，遇到挫折不要消极退缩，要认真分析失败的原因，是主观努力不够还是客观条件太苛刻，经过认真分析才能心中有数，调节好心态。不要一次失败就灰心丧气、一蹶不振。落聘或创业失败虽失去一次机会，但并不意味事业无成、人生无望。要不断地激励自己，放弃等待机遇、怨天尤人、牢骚满腹的挫折心理，要有一种屡败屡战的昂扬斗志，百折不回的勇气和毅力，藐视困难，增强信心，修正目标，积极进取。即使暂时失败，也应坚信"我不是失败，只是还没有成功"。

 拓展阅读

永远的坐票

有一个人经常出差，但经常买不到对号入座的车票。可是无论长途短途，无论车上多挤，他却总能找到座位。他的办法其实很简单，就是耐心地一节车厢一节车厢找过去。这个办法听上去似乎并不高明，但却很管用。每次，他都做好了从第一节车厢走到最后一节车厢的准备，可是每次他都用不着走到最后就会发现空位。他说，这是因为像他这样锲而不舍找座位的乘客实在不多，经常是在他落座的车厢里尚余若干座位，而在其他车厢的过道和车厢接头处，居然人满为患。他说，大多数乘客轻易就被一两节车厢拥挤的表面现象迷惑了，不大细想在数十次停靠之中，从火车十几个车门上上下下的流动中蕴藏着不少提供座位的机遇；即使想到了，他们也没有那一份寻找的耐心。眼前一方小小立足之地很容易让大多数人满足，为了一两个座位背负着行囊挤来挤去有些人也觉得不值。他们还担心万一找不到座位，回头连个好好站着的地方也没有了。同理生活中一些安于现状、不思进取、害怕失败的人，永远只能滞留在没有成功的起点上，这些不愿主动找座位的乘客大多只能在上车时最初的落脚之处一直站到下车。

生活就是这样，如果你只接受最好的，你终究会得到最好的。自信、执着、富有远见、勤于实践，会让你握有一张人生之旅永远的坐票。

第二节　大学生择业与创业的心理问题

一、大学生择业与创业常见的错误观念

（一）只顾眼前利益，忽视职业发展

一些大学生在择业与创业标准中只在乎工作条件、收入等眼前的利益，而对自我的职业兴趣、能力、职业的发展前景等因素不做考虑，因而极易选择并不适合自己的职业。

（二）职业标准过于功利化、等级化

一些毕业生过分强调职业的功利价值，甚至还将职业划分为不同等级，而不考虑国家与社会的需要，不愿意到条件比较艰苦的地区和行业去工作。

（三）求安稳，求职一次到位的传统观念根深蒂固

很多大学生仍然喜欢稳定、清闲、福利保障好的单位，认为这样就能选定理想的职业，而不愿意选择有风险、有挑战性的职业，更不敢去创业。

（四）过分强调专业对口，学以致用

大学生在求职时，只要是与自己专业关系不密切的职业就不考虑，这样做只能是

人为地增加了自己的就业和创业难度。

（五）职业意义认识不当

许多大学生从观念上来说，仅仅把工作当作一种谋生的手段，没有充分认识到职业对个人发展、社会进步的重要意义。

二、大学生择业与创业面临的心理矛盾

（一）理想与现实之间的矛盾

大学生富有热情，带有理想主义色彩，十年寒窗一朝毕业，都希望有一个理想的职业环境，或者创业一次就成功，顺利实现自己的愿望，但是他们真正接触社会较少，涉世不深，还不善于客观地认识和面对现实，心中的理想往往脱离客观条件，与现实状况有较大落差。从我国的实际情况来看，由于生产力发展水平还比较低，各地的经济发展也不均衡，地区之间、城乡之间在生活方式、工作环境、劳动报酬等方面都存在较大的差异。再加上近年来，我国高等教育大众化，全社会就业竞争加剧，毕业生个人的愿望不可能都得到满足，因此大学生在择业和创业过程中容易失败，真正体会到现实的残酷。

（二）独立性与依赖性之间的矛盾

大学生毕业就要告别老师和同学，离开自己生活多年的校园，失去家长与老师在学习、生活上的监督，进入相对自主与开放的社会大舞台，独立意识逐渐增强，也渴望拥有一份独立的心理空间。然而由于各种主客观因素的制约，大学生往往有要求独立的想法，但缺乏独立的行为能力，这是社会实践经验不足，并且长期以来对家长与老师过分依赖导致的。

（三）渴望竞争与畏惧竞争之间的矛盾

大学生乐于接受竞争机制。新的就业、创业制度的改革，为大学生提供了公平竞争的机会，能者优先。他们早已意识到竞争能推动社会发展，推动人类进步，并且在现代社会越来越体现出优越性。可往往自己参与竞争时，又缺乏自信与勇气，恐惧竞争，害怕失败，顾虑重重。或者在择业与创业时只注意到事物积极的一面，忽略消极的影响，一旦出现困难就认为自己运气不好、不适合竞争，被困难吓倒，浪费一次择业或创业的机会。这一矛盾出现在竞争意识无处不在的当今社会，且影响很大。大学生应当在业务上充实自我，在心理上鼓足干劲，树立自信，积极参与，迎难而上，才有可能在竞争中立于不败之地，才能成就一番事业。

（四）较强的自我意识与缺乏客观评价自我的能力之间的矛盾

当代大学生自我表现意识日趋增强，自我存在意识也很强烈，表现出了较强的个

性，有主见，有特色，力求不落俗套。然而由于他们涉世尚浅，社会经验不足，自我认识与评价能力较差，不能正确、客观、科学地评价自己。大学生对自己估计太高，洋洋自得、盲目自信，甚至骄傲自满，容不下别人，这会在择业、创业中给自己带来诸多不利；大学生对自己估计太低，会产生自卑心理，认为人家都比自己强，自己是一个"废物"，经常由于自暴自弃而失去良好的择业或创业机会，到头来留下遗憾。因此，大学生在择业和创业过程中，应当真实客观地把握自我，遇事既不要忘乎所以、狂欢乱喜，也不要停滞不前、自我轻视、烦恼忧郁。要冷静明智地面对现实，提高把握自我的能力。

三、大学生择业与创业的一般心理问题

大学生群体是由青年期到成年期成长过程中一个特殊的群体，集多种特殊性于一身，具有处于"第二次心理断乳期""心理延缓偿付期"、多重价值观、人格的再构成等内在原因；同时存在于环境中的诱发因素，使得大学生的心理健康状况比个体一生中的其他阶段人群及处于这一时期的其他群体明显要低。由于心理应激水平相对低，心理冲突强度大，有的毕业生会出现一些躯体化症状，如头痛、头晕、心慌、消化紊乱、神经衰弱、失眠等。行为与生理反应的失常通常是择业与创业心理失常的表现。

（一）压力与焦虑

当前激烈的就业竞争环境给大学生带来了较大的心理压力，而且各年级学生都存在这种压力。调查显示，个人前途与就业已成为大学生心理压力中最主要的因素，而且压力有随着年级增高而增大的趋势。学生对就业压力体验相当消极，尤其以心理体验最为严重。大学生毕业前心理压力较过去有明显增大，主要原因是毕业方向的选择、就业、考研、恋爱分合、离别感伤、经济条件等冲突和事件。女大学生心理压力大于男大学生，农村学生的焦虑水平高于城市学生。而大学生面对就业压力采取的释放方式则过于内向化，主要是自己解决和求助于同学朋友。大学生在求职择业过程中普遍出现焦虑和烦躁不安甚至恐惧的心理。有的学生对用人单位严格的录用程序：笔试、口试、面试、心理测试，感到胆战心惊。尤其是自己向往的高职位、高待遇的单位，参与竞争的人越多，录用条件越严格，大学生就越容易失去被录用的信心。当然，还有的因自己是女生而怕求职失败，有的因自己学习成绩不佳而烦恼，有的因自己能力低而紧张。这些都是心理焦虑现象的表现。刚走出校门，没有社会经验的大学生对选择职业这一人生大课题产生焦虑心理是正常现象。但是，如果过度焦躁、沮丧、不安，自己又不能在一定时间内化解这些情绪，这些情绪就有可能转变为心理障碍或心理疾病。它会严重影响学生主观能动性的发挥，使他的潜能和才华被埋没，给就业或创业带来不必要的困难，甚至造成失败。

（二）期望与失落感

许多大学生都有一种"十年寒窗，一举成名"的心理，因此，对择业或创业的期望相当高。大学生大多希望到生活条件好、福利待遇高的大城市、大机关、大公司工作，而不愿到急需人才但条件艰苦的中小城市和基层小单位工作，过分地考虑择业的地域、职位的高低和单位的经济效益。高期望驱使毕业生总是向往高薪水、高职位、高起点，渴求高收入、高物质回报，并一厢情愿地对用人单位提出种种要求，将自己就业的目标定得很高，即使找不到合适的单位也不肯降低就业期望值。可是，现实的就业岗位大多不像大学生想象得那么美好，创业也不是那么容易就能成功的，因此，当发现现实与理想的差距较大时，大学生就容易出现"高不成，低不就"的现象，产生偏执、幻想、自卑、虚伪等心理问题，并可能导致择业与创业行为的偏差。

四、常见的心理问题

面对严峻的就业形势，面对众多的竞争对手，大学生要想获得择业或创业的成功，没有充分的心理准备是不行的。"双向选择、自主择业创业"既为广大的大学生提供了公平竞争和施展才华的机会，同时也对大学生的心理素质提出了新的挑战，特别是近年来就业矛盾日益突出，就业难度日趋增大，给广大毕业生带来了巨大的心理压力。有相当一部分毕业生在新的就业体制和严峻的就业形势而前，心理准备不足，在就业创业过程中出现了种种心理偏差，有的甚至出现了严重的就业心理障碍。

（一）自卑畏怯心理

一些大学生自我评价过低，在求职过程中缺乏自信、过于拘谨、缩手缩脚，不能向用人单位充分展示自我，在创业过程中优柔寡断，从而错失良机；有的大学生因为学历、成绩、能力、性格方面的某些缺陷和不足而丧失了勇气，悲观失望、抑郁孤僻、不思进取，觉得自己事事不如他人，不敢参与就业或创业的竞争。大学生一旦在就业或创业过程中受到挫折，他们缺乏心理上的承受能力，总是选择放弃。

在就业中的自卑一般产生于以下一些情况：首先，一些冷门专业的学生看到就业市场寻求自己专业的单位少、待遇差或在求职中遭冷遇，就容易悲观失望；其次，一些性格比较内向、不善言辞的大学生看到其他应聘者口若悬河，自己什么也说不出来也会自惭形秽；再次，一些在校成绩与表现一般的大学生看到别人的自荐书上奖励、证书、成果一大堆，自己什么也没有，也容易自我贬低；最后，一些女大学生在就业遭受到用人单位的歧视后也会自怨自艾。总之，自卑的大学生不敢正视现实，对自己的长处估计不够，怀疑自己的能力，不善于发现适合自己的职业岗位，在对自己的抱怨、贬低中失去了求职的勇气。在激烈的择业竞争中，这种心理障碍是走向成功的大敌，必须认真加以克服。

（二）盲目自信心理

一些大学生受陈旧观念的影响，自认为高人一等，或自我评估过高，过高估计自己的知识和能力水平，在择业过程中好高骛远、自命不凡、眼高手低，给用人单位留下浮躁、不踏实的印象，从而不受用人单位的欢迎。有的则就业期望值过高，择业脱离实际，怕吃苦、讲实惠，不愿到基层和艰苦地区等需要人才的地方工作，或者希望创业能够一朝成功、一夜暴富。其实择业、创业目标往往与现实之间存在巨大的反差。一些专业较好、就业资本较雄厚的大学生容易从自信变为自负。还有一些大学生是脱离实际的自大，他们既缺乏对自己的客观认识，也对就业市场、职业生活缺乏了解，一切都凭自己的主观想象。有的同学认为自己在择业或创业中具备种种优势：学习成绩优秀，政治条件好，专业需求大，家庭经济条件优越，因而盲目自信，择业、创业胃口吊得很高，到头来往往会由于对自己估计过高，对自己的不足和可能遇到的困难估计不充分而在择业或创业中受挫。

自卑与自大是大学生身上常见的人格缺陷，他们在择业或创业中对自己缺乏一个客观的评价，同时对职业缺乏深入的认识。自卑是自大的反面，但是两者有时会相互转化。在就业或创业中自卑与自大常存在交织的现象，如一些大学生在求职或创业比较顺利时容易自大，一旦遇到挫折就自卑；一些大学生虽然对自身条件比较自卑，但是真正遇到用人单位时却又表现为自大，要价很高。这都不是正确的。大学生要学会客观评价自己，既不过于自负，也不自卑，才能成功就业。

（三）盲目从众心理

盲目从众，是指在择业或创业时不考虑自己的兴趣、专业等特点，盲目听从或跟随别人的意见以及盲目寻求热门职业的现象。大学生正处于人格逐渐完善和成熟的阶段，容易受社会思潮和社会观念的影响，人云亦云，缺乏个人主见，从众心理较为严重。表现在求职择业过程中，就是忽视所学专业的特点，过分追求实惠，盲目奔向经济发达地区和中心城市就业，一味追求所谓的热门单位、热门职业，在创业过程中只想追求眼前经济利益，没有从职业发展与个人前途、社会需要去考虑，求安稳，缺乏积极进取精神，功利主义、实用主义思想严重。持有这种心理的毕业生往往脱离自己的实际状况，跟在别人的后面走。如在就业市场中哪个摊位前人多他们就往哪里去，别人说什么工作好他们就寻求什么样的工作，别人说什么公司赚钱他们就想去开什么公司，而全然不顾自己的能力和现状，不会扬长避短。从个人长远发展看，这并非明智的选择。

（四）患得患失心理

大学生在求职择业或创业的过程中，面临着种种剧烈的心理冲突，因而产生了种种矛盾的心态：他们希望自主择业或创业，但又不愿承担风险；渴望竞争，又缺乏竞争的勇气；胸怀远大，却不愿正视眼前的现实；注重专业能力的发展，但又互相攀比、爱慕虚荣；重事业、重才智的发挥，但在实际价值取向上重物质、重利益；对自我有充足的信心，但在遇到挫折之后，又容易自卑；既崇尚个人奋斗、自我实现，又有较强的依赖感。职业目标上理想和现实的反差，自我认知上自傲与自卑并存，职业选择上独立性和依赖感错位，使得部分大学生在就业中感到十分迷惘和困惑。职业的选择往往也是对机遇的一种把握，错过机遇，将会与成功失之交臂。当断不断、患得患失，这山望着那山高，这也是导致许多毕业生陷入择业与创业误区的一种心理问题。

 拓展阅读

选定一把椅子

世界著名歌唱家帕瓦罗蒂生前回顾自己走过的成功之路时说："当我还是一个孩子时，我的父亲，一个面包师，就开始教我学习唱歌。他鼓励我刻苦练习，培养嗓子的功底。当时，我的兴趣广泛，有很多爱好和目标，想当老师、工程师、科学家，还想当歌唱家。父亲告诫我说：'孩子，如果你想同时坐两把椅子，你就会掉在两把椅子之间。在人生的道路上，你应该选定一把椅子。'经过反复考虑，我选择了唱歌。于是，经过七年的不懈学习，终于第一次登台演出。又用了七年，才得以进入大都会歌剧院。而第三个七年结束时，我终于成了歌唱家。要问我成功的诀窍，那就是一句话：请你选定一把椅子。"

 案例

患得患失，错失良机

某高校毕业生小王在择业时，最初拟签约的公司与他学的专业对口，待遇也不错，但是一家私营企业，他感觉不稳定，于是放弃了；第二家单位是国有单位，但是地域不好，于是又放弃了；对于第三家，其他条件还行，但专业又完全不对口……眼看机会一个个失去，别的同学都纷纷签订了就业协议，而自己还没有着落，小王感到十分茫然。

部分大学毕业生在择业时患得患失，盲目从众，一味求稳求全，希望第一次择业可以一步到位，这样会导致这山望着那山高，反而错失良机。

（五）依赖心理

在择业或创业过程中，一些大学生缺乏主动参与意识和竞争意识，信心和勇气不足，在社会为其提供的就业或创业机会面前顾虑重重，不能主动地参与市场的竞争，向用人单位展示自我、推销自我，依靠自身的努力去赢得竞争，赢得用人单位青睐，而是寄希望于学校，寄希望于地方毕业生就业主管部门，寄希望于家庭，或静候学校和地方的安排，或依靠家长去四处奔波，缺乏择业与创业的主动性，等靠思想和依赖心理严重，使自己在就业或创业中处于劣势。在求职择业中，这种心理又具体表现为两种倾向：一种是依赖大多数的从众心理，自己缺乏独立的见解，不是从自己的实际情况做出切合实际的选择，而是人云亦云，见别人都往大城市、大机关挤，自己也跟着凑热闹；另一种是依赖心理，依赖他人的倾向，不主动积极，这种心态也是与激烈竞争的社会现实格格不入的。

（六）挫折心理

在生活中有成功就会有失败。大学生一直囿于校园，生活经历比较简单，没有经受过挫折的考验，所以心理承受能力和自我调节能力较差，情绪波动性大，情感较为脆弱，缺乏迎接挫折的准备。在择业或创业过程中，一旦受到挫折，大学生往往产生挫折心理，感到失落、悲观失望、自惭形秽，对自己、对未来失去信心，或不思进取、消极等待，或怨天尤人、失落放弃。

（七）畏难心理

大学生在求职或创业过程中，普遍拔高职业标准，即起点高、薪水高、职位高，而畏惧可能遇到的困难和挫折，这是典型的贪图享乐、害怕吃苦的表现。在畏难心理的驱使下，学生们选择职业的面很窄，形成千军万马过独木桥的局面。畏难的心理严重影响择业与创业的成功率，因此大学生择业与创业前就应克服畏难的心理。

第三节　大学生择业与创业的心理调适与创业途径

一、大学生择业与创业的心理调适

择业与创业本身就是我们认识和适应社会的一个过程，在择业与创业过程中遇到困难，甚至经过几次挫折才最后成功是正常的；在择业与创业过程中遇到许多心理冲突、困惑，产生一些不良情绪也是正常的。遇到问题时，要学会调节自己的心态，使自己能从容、冷静地面对就业这一人生重大课题，并做出正确、理智的选择。如果你遇到了就业心理困扰，可以试着从以下几个方面来调节。

大学生择业与创业的心理调适

（一）树立正确的就业观念，降低就业期望值

大学生总要走向社会，比起学校来社会是复杂的，因此正确的心态是正视社会、适应社会。就业市场化、自主择业、创业给大学生带来了机遇与实惠，但许多大学生

对市场残酷的一面认识不足，对就业市场的客观了解不够。与其成天怨天尤人，浪费了时间、影响了心情，还不如勇敢地承认和接受当前所面临的现实，彻底打破以往的美好想象，脚踏实地地寻求解决问题的好方法。

在就业市场上，用人单位找不到人、大量的毕业生无处去的"错位"现象普遍存在，这是因为大学生的就业期望普遍较高。因此，要顺利就业就必须首先根据自己的实际情况和就业形势，调整自己的就业期望值。调整就业期望值不是对单位没有选择，只要有单位就去，而是要在职业生涯规划和职业发展观念的基础上重新确定自己的人生轨迹。这就是说要树立长远的职业发展观念，放弃过去那种择业就是"一次到位"，要求绝对安稳的观念。在择业时要看得长远一些，学会规划自己整个人生的职业生涯。在当前获得一个理想职业的时机还不成熟时，应采取"先就业，后择业，再创业"的办法。也就是说，在择业时不要期望太高，可以先选择一个职业，不断提高自己的社会生存能力、增加工作经验，然后凭借自己的努力，通过正当的职业流动，来逐步实现自我价值。

面对就业市场的新形势，国务院印发的《关于大力推进大众创业万众创新若干政策措施的意见》明确提出"支持大学生创业"，并提出"建立健全弹性学制管理办法""支持大学生保留学籍休学创业"。教育部日前颁布的新修订版《普通高等学校学生管理规定》明确提出，大学生参加创新创业等活动，折算成学分，计入学业成绩，并鼓励学校建立创新创业档案、设置创新创业学分。由此，一部分大学生通过创业形式实现就业，也是一种不错的尝试。但是由于当前经济形势严峻、自身经验不足、缺乏经济基础等原因，目前我国大学生创业的成功率还是很低，选择创业还是要综合考虑客观、主观条件，慎重选择，不能期望值过高。

 拓展阅读

沙子和珍珠

有一个自以为是的年轻人，大学毕业以后一直找不到理想的工作，他觉得自己怀才不遇，对社会感到非常失望。

多次的碰壁，让他伤心而绝望，他感到没有伯乐来赏识他这匹"千里马"。痛苦绝望之下，他来到大海边，打算就此结束自己的生命。在他正要被海水淹没的时候，正好有一位老人从这里走过，看见了他，并且救了他。老人问他为什么要走绝路，他说自己得不到别人和社会的承认，没有人欣赏并且重用他……

老人听完，从脚下的沙滩上捡起一粒沙子，让年轻人看了看，然后就随意地扔在了地上，对年轻人说："请你把我刚才扔在地上的那粒沙子捡起来。""这根本不可能！"年轻人说。老人没有说话，从自己的口袋里掏出一颗晶莹剔透的珍珠，也是随意地扔在了地上，然后对年轻人说："你能不能把这颗珍珠捡起来呢？""当然可以啦！""那你就应该明白是为什么了吧？你应该知道，现在你自己还不是一颗珍珠，所以你不能苛求别人立即承认你。如果要别人承认，那你就要想办法使自己成为一颗珍珠才行。"年轻人蹙眉低首，顿有所悟。

有的时候，我们必须正视自己是普通的沙粒，而不是价值连城的珍珠。想要卓尔不群，那必须要有鹤立鸡群的资本才行。我们要忍受得了打击和挫折，也要承受得了被忽视，努力向上，争取离成功更近一点。宝剑锋自磨砺出，梅花香自苦寒来。不经历风雨，哪能见彩虹？无论你现在如何，请先试着把自己变成一颗珍珠吧！

（二）坦然面对就业挫折，提高心理承受能力

面对市场竞争、就业压力，大学生在择业和创业过程中总会遇到许多困难、挫折或委屈，如一些专业"热门"，有些则"冷门"；女大学生找工作容易受到歧视等。大学生在面对这些问题时重要的不是抱怨，重要的是调整心态，提高自己对各种突发事件的心理承受能力。择业和创业的过程也是大学生重新认识自我、认识社会，并主动调整自我适应社会的过程。如果能通过择业和创业而增强自我调节与承受能力，对大学生今后的职业、生活都是非常有用的。

大学毕业生在择业与创业过程中，一定会遇到各种障碍和挫折。对待和处理挫折的态度、方法不同，产生的影响和效果也是迥然不同的。有的人在挫折中徘徊、沉沦；有的人在挫折中奋发、崛起。对于挫折，不在于挫折本身，而在于人们如何认识它、对待它。有了强烈的自信心、乐观开朗的性格、顽强的意志和优良的心理素质，才能够经得起失败和痛苦的考验，战胜挫折。在遇到挫折时，要用冷静和坦然的态度待之，客观地分析自己失败的原因，进行正确的归因。

首先，在就业市场化和需求形势不佳、市场竞争激烈的条件下，求职与创业失败是在所难免的，自己不能期望每次求职或创业都能成功。要对可能出现的挫折有充分的心理准备。同时，应把择业与创业看作一个很好的认识社会、认识职业、适应社会的机会，应通过求职或创业活动来发展自己，促进自我成熟。其次，自己求职或创业失败并不一定就是因为自己的能力不行。失败有许多原因，可能是因为你择业或创业的方向不对，也可能是因为你的价值观与单位的企业文化不符合，还有可能是其他一些偶然因素。总之，要正确分析自己失败的原因，调整自己的求职或创业策略，学会安慰自己，以便在下次的尝试中获得成功。

（三）调整择业、创业心态，促进人格完善

在择业与创业时，自己或身边的同学出现一些不健康的心态是正常的，没有必要过度担心、害怕自己有心理障碍。当然，对于这些不良心态也要学会主动调适，必要时还可以寻求相关专业人员的帮助。进行自我心理调适的方法有很多，首先，可以进行积极的自我心理暗示，鼓励自己、相信自己，帮助自己渡过难关。其次，可以向朋友、老师倾诉，寻求他们的安慰与支持。最后，还可以通过体育锻炼、听音乐、郊游等方式转移自己的注意力，排解心中的烦闷，放松自己的心情。

通过对自己在择业或创业时出现的种种不良心态的分析，我们可以发现自己平时不容易察觉的一些人格缺陷。应该说这些人格缺陷是产生这些心理问题的根本原因，如果现在没有很好地完善自己的人格，那么这些问题还会在今后的工作、生活中继续给我们带来困扰。因此，有些问题其实是暴露得越早越好，同时也不必为自己所存在的人格缺陷而懊恼，因为很少有人是绝对的人格健全的，关键是要在发现自己的问题的基础上，积极改变自己、发展自己，使自己的人格更加成熟，将来的人生之路就会更加顺畅。

（四）克服不良情绪的影响

心理学研究发现，积极的情绪体验与积极的行为变化总是有一致的关系，毕业生在择业时，要尽可能多地形成这种关系。毕业生要掌握自我调节情绪的方法，及时从消极情绪中解脱出来，促使不良情绪无害化。

 拓展阅读

心理高度

为了研究"心理高度"的限制问题，有人曾经做过这样一个实验：往一个玻璃杯中放进一只跳蚤，发现跳蚤立即跳了出来。再重复几遍，结果还是一样。根据测试，跳蚤跳的高度一般可达它身体的 400 倍，所以说跳蚤可以称得上是动物界的跳高冠军。接下来实验者再次把这只跳蚤放进杯子里，不过这次是同时在杯上加一个玻璃盖，"嘣"的一声，跳蚤重重地撞在玻璃盖上。跳蚤十分困惑，但是它不会停下来，因为跳蚤的生活方式就是"跳"，一次次被撞，跳蚤开始变得聪明起来了，它开始根据盖子的高度来调整自己所跳的高度。再一阵子以后，跳蚤再也没有撞击到这个盖子，而是在盖子下面自由地跳动。

一小时后，实验者开始把这个盖子轻轻拿掉，跳蚤不知道盖子已经去掉了，它还是在原来的这个高度继续地跳；三小时后，她发现这只跳蚤还在那里跳。一天以后发现，这只可怜的跳蚤还在这个玻璃杯里不停地跳着——可是它已经无法跳出这个玻璃杯了。

心理高度决定求职成功率。在求职过程中，许多人也在过着这样的"跳蚤人生"，屡屡去尝试成功，但是往往事与愿违，屡屡失败。几次失败以后，他们便开始抱怨这个世界不公平，怀疑自己的能力，他们不是不惜一切代价去追求成功，而是一再地降低成功的标准——即使原有的一切限制已取消。人们往往因为害怕成功高度的限制，而甘愿忍受失败者的生活。

二、大学生常见的创业途径

（一）学习

通过课堂学习掌握过硬的专业知识，对创业者来说，在创业过程中将受益无穷；大学图书馆可以找到创业指导方面的报刊和图书，广泛阅读能增加大学生对创业市场的认识；参加大学社团活动能锻炼他们的各种综合能力，这是创业者积累经验必不可少的实践过程。总之，创业知识广泛存在于大学生的学习、生活的视野之中。他们只要善于学习，总能找到施展才华的途径。但在信息泛滥的社会里，"去粗取精，去伪存真"极其重要。善于学习和总结永远是赢者的座右铭。

（二）与人交流

商业活动无处不在。可以在你生活的周围，与一些具有创业经验的朋友交流，你将学到最直接的创业技巧与经验；还可以通过电子邮件和电话拜访你崇拜的商界人士，或咨询与你的创业项目有密切联系的商业团体，你的谦逊总能得到他们的帮助。

（三）曲线创业

先就业、再创业是时下很多大学毕业生的选择。大学生毕业后，由于自己各方面阅历和经验都不足，可以先到实体单位锻炼几年，等积累了一定的知识和经验后再创业。

先就业、再创业的学生跳槽后，所从事的创业项目通常也与过去的工作密切相关。而在准备创业的过程中，可以利用与专业人士交流的机会获得更多来自市场的创业知识。

（四）创业实践

真正的创业实践开始于创业意识萌发之时。大学生的创业实践是学习创业知识的最好途径。间接的创业实践学习主要借助学校举办的某些课程的角色性、情景性模拟参与来完成。例如，积极参加校内外举办的各类大学生创业大赛、工业设计大赛等，对知名企业家成长经历、知名企业经营案例开展系统研究等也属间接学习的范畴。直接的创业实践学习主要通过课余时间来完成，例如，大学校园勤工俭学、假期在外的兼职打工等；也可通过举办创意项目活动，创建电子商务网站，谋划书刊出版事宜等多种方式来完成。

（五）校园代理

大学生由于经验、能力、资本等方面都存在不足，直接创业存在很大困难，既不现实，成功率也很低，而校园代理对经验、资金等方面要求较低，可以利用课余时间代理校园销售产品，积累市场经验，锻炼创业能力，做校园代理没有成败之分，对于大学生来说多多益善，如果做得较好，还可以积攒一定的创业资金。

（六）个人网店

大学生是最具活力的群体，也是新技术和新潮流的引导者和受益方。网络购物的方便性、直观性，使越来越多的人在网络上购物。一些人即使不买，也会去网上了解一下自己将要买的商品的市场价。此时，一种点对点、消费者对消费者之间的网络购物模式开始兴起，以国外的易趣（ebay）为开端，以国内的淘宝为象征。这种模式吸引了越来越多的人在网上开店，在线销售商品，引发了一股个人开网店的风潮。而大学生正是这一群里的主要力量，不少大学生看到这一潮流纷纷投身个人网店，成功者也不乏其人。

 心理测试

霍兰德职业倾向测验

约翰·霍兰德认为人的人格类型、兴趣与职业密切相关，兴趣是人们活动的巨大动力，凡是具有职业兴趣的职业，都可以提高人们的积极性，促使人们积极地、愉快地从事该职业，而且职业兴趣与人格之间存在很高的相关性。霍兰德认为人格可分为现实型、研究型、艺术型、社会型、企业型和常规型六种类型。

请根据对每一题目的第一印象作答，不必仔细推敲，答案没有好坏、对错之分。具体填写方法是，根据自己的情况回答"是"或"否"。

（1）我喜欢把一件事情做完后再做另一件事。　　　　　　　　　（是　否）

（2）在工作中我喜欢独自筹划，不愿受别人干涉。　　　　　　　（是　否）

（3）在集体讨论中，我往往保持沉默。　　　　　　　　　　　　（是　否）

（4）我喜欢做戏剧、音乐、歌舞、新闻采访等方面的工作。　　　（是　否）

（5）每次写信我都一挥而就，不再重复。　　　　　　　　　　　（是　否）

（6）我经常不停地思考某一问题，直到想出正确的答案。　　　　（是　否）

（7）对别人借我的和我借别人的东西，我都能记得很清楚。　　　（是　否）

（8）我喜欢抽象思维的工作，不喜欢动手的工作。　　　　　　　（是　否）

（9）我喜欢成为人们注意的焦点。　　　　　　　　　　　　　　（是　否）

（10）我喜欢不时地夸耀一下自己取得的好成就。　　　　　　　（是　否）

（11）我曾经渴望有机会参加探险。　　　　　　　　　　　　　（是　否）

（12）当我一个人独处时，会感到更愉快。　　　　　　　　　　（是　否）

（13）我喜欢在做事情前，对此事情做出细致的安排。　　　　　（是　否）

（14）我讨厌修理自行车、电器一类的工作。　　　　　　　　　（是　否）

（15）我喜欢参加各种各样的聚会。　　　　　　　　　　　　　（是　否）

（16）我愿意从事虽然工资少，但是比较稳定的职业。　　　　　（是　否）

(17) 音乐能使我陶醉。 （是　否）

(18) 我办事很少思前想后。 （是　否）

(19) 我喜欢经常请示上级。 （是　否）

(20) 我喜欢需要运用智力的游戏。 （是　否）

(21) 我很难做那种需要持续集中注意力的工作。 （是　否）

(22) 我喜欢亲自动手制作一些东西，从中得到乐趣。 （是　否）

(23) 我的动手能力很差。 （是　否）

(24) 和不熟悉的人交谈对我来说毫不困难。 （是　否）

(25) 和别人谈判时，我总是很容易放弃自己的观点。 （是　否）

(26) 我很容易结识同性别朋友。 （是　否）

(27) 对于社会问题，我通常持中庸的态度。 （是　否）

(28) 当我开始做一件事情后，即使碰到再多的困难，我也要执着地干下去。（是　否）

(29) 我是一个沉静而不易动感情的人。 （是　否）

(30) 当我工作时，我喜欢避免干扰。 （是　否）

(31) 我的理想是当一名科学家。 （是　否）

(32) 与言情小说相比，我更喜欢推理小说。 （是　否）

(33) 有些人太霸道，有时明明知道他们是对的，也要和他们对着干。 （是　否）

(34) 我爱幻想。 （是　否）

(35) 我总是主动地向别人提出自己的建议。 （是　否）

(36) 我喜欢使用榔头一类的工具。 （是　否）

(37) 我乐于解除别人的痛苦。 （是　否）

(38) 我更喜欢自己下了赌注的比赛或游戏。 （是　否）

(39) 我喜欢按部就班地完成要做的工作。 （是　否）

(40) 我希望能经常换不同的工作来做。 （是　否）

(41) 我总留有充裕的时间去赴约会。 （是　否）

(42) 我喜欢阅读自然科学方面的图书和杂志。 （是　否）

(43) 如果掌握一门手艺并能以此为生，我会感到非常满意。 （是　否）

(44) 我曾渴望当一名汽车司机。 （是　否）

(45) 听别人谈家中被盗一类的事，很难引起我的同情。 （是　否）

(46) 如果待遇相同，我宁愿当商品推销员，而不愿当图书管理员。 （是　否）

(47) 我讨厌跟各类机械打交道。 （是　否）

(48) 我小时候经常把玩具拆开，把里面看个究竟。 （是　否）

(49) 当接受新任务后，我喜欢以自己的独特方法去完成它。 （是　否）

(50) 我有文艺方面的天赋。 （是　否）

(51) 我喜欢把一切安排得整整齐齐、井井有条。 （是　否）

(52) 我喜欢做一名教师。 （是　否）

（53）和一群人在一起的时候，我总想不出恰当的话来说。　（是　否）

（54）看情感影片时，我常禁不住眼圈红润。　（是　否）

（55）我讨厌学习数学。　（是　否）

（56）在实验室里独自做实验会令我寂寞难耐。　（是　否）

（57）对于急躁、爱发脾气的人，我仍能以礼相待。　（是　否）

（58）遇到难解答的问题时，我常常放弃。　（是　否）

（59）大家公认我是一名勤劳踏实的、愿为大家服务的人。　（是　否）

（60）我喜欢在人事部门工作。　（是　否）

职业人格的类型：（符合以下是答案的记 1 分，不符合的记 0 分）

常规型：是（7、19、29、39、41、51、57），否（5、18、40）

现实型：是（2、13、22、36、43），否（14、23、44、47、48）

研究型：是（6、8、20、30、31、42），否（21、55、56/58）

企业型：是（11、24、28、35、38、46、60），否（3、16、25）

社会型：是（26、37、52、59），否（1、12、15、27、45、53）

艺术型：是（4、9、10、17、33、34、49、50、54），否（32）

请将得分最高的三种类型从高到低排列，得出一个（或两个）三位组合答案，再对照《人格类型与职业环境的匹配》得出人格类型所匹配的职业。

《人格类型与职业环境的匹配》

现实型（R）具有顺从、坦率、谦虚、自然、坚毅、实际、有礼、害羞、稳健、节俭的特征，表现为：

（1）喜爱实用性的职业或情境，以从事所喜好的活动，避免社会性的职业或情境。

（2）用具体实际的能力解决工作及其他方面的问题，较缺乏人际关系方面的能力。

（3）重视具体的事物，如金钱，权力，地位等。工人、农民、土木工程师。

研究型（I）具有分析、谨慎、批评、好奇、独立、聪明、内向、条理、谦逊、精确、保守的特征，表现为：

（1）喜爱研究性的职业或情境，避免企业性的职业或情境。

（2）用研究的能力解决工作及其他方面的问题，即自觉、好学、自信、重视科学，但缺乏领导方面的才能。科研人员、数学、生物方面的专家。

艺术型（A）具有复杂、想象、冲动、独立、直觉、无秩序、情绪化、理想化、不顺从、有创意、富有表情、不重实际的特征，表现为：

（1）喜爱艺术性的职业或情境，避免传统性的职业或情境。

（2）富有表达能力和直觉、独立、具创意、不顺从（包括表演、写作、语言），并重视审美的领域。诗人、艺术家。

社会型（S）具有合作、友善、慷慨、助人、仁慈、负责、圆滑、善社交、善解人意、说服他人、理想主义等特征，表现为：

（1）喜爱社会型的职业或情境，避免实用性的职业或情境，并以社交方面的能力解决工作及其他方面的问题，但缺乏机械能力与科学能力。

（2）喜欢帮助别人、了解别人，有教导别人的能力，且重视社会与伦理的活动与问题。教师、牧师、辅导人员。

企业型（E）具有冒险、野心、独断、冲动、乐观、自信、追求享受、精力充沛、善于社交、获取注意、知名度等特征，表现为：

（1）喜欢企业性质的职业或环境，避免研究性质的职业或情境，会以企业方面的能力解决工作或其他方面的问题能力。

（2）有冲动、自信、善社交、知名度高、有领导与语言能力，缺乏科学能力，但重视政治与经济上的成就。推销员、政治家、企业家。

常规型（C）具有顺从、谨慎、保守、自控、服从、规律、坚毅、实际稳重、有效率、但缺乏想象力等特征，表现为：

（1）喜欢传统性质的职业或环境，避免艺术性质的职业或情境，会以传统的能力解决工作或其他方面的问题。

（2）喜欢顺从、规律、有文字与数字能力，并重视商业与经济上的成就。出纳、会计、秘书。

单元小结

本单元主要介绍了大学生择业与创业的心理问题，分析了大学生择业与创业面临的矛盾心理，即理想与现实之间的矛盾、独立性与依赖性之间的矛盾、渴望竞争与畏惧竞争之间的矛盾及较强的自我意识与缺乏客观评价自我的能力之间的矛盾，指出大学生在择业与创业过程中面对严峻的就业形势，应该对自己的心理问题进行调适，以适应当前的社会环境，调整择业、创业心态，提高心理承受能力，排除不良情绪的影响，顺利完成就业。

思考与练习 ▶▶▶

（1）大学生择业与创业时有哪些心理问题？

（2）如何调适大学生择业与创业的心理问题？

（3）在校大学生有哪些创业途径？

心理训练营：重要他人的影响

请写下你的父母及对你成长有重要影响的他人所从事的职业，并思考一下：他们对你选择人生的方向产生了怎样重要的影响？父母和重要他人：

父亲　　职业＿＿＿＿＿＿＿＿＿　　　　影响＿＿＿＿＿＿＿＿＿

母亲　　职业＿＿＿＿＿＿＿＿＿　　　　影响＿＿＿＿＿＿＿＿＿

他人　　职业＿＿＿＿＿＿＿＿＿　　　　影响＿＿＿＿＿＿＿＿＿

……　　　　　　　　　　　　　　　　　……

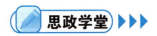 **思政学堂** ▶▶▶

影视推荐：电视剧《外交风云》

《外交风云》在叙述上以点带面，用一系列重大外交事件串联起 1949—1976 年中华人民共和国外交的整体历程；在风格上宏大厚重，自始至终把新中国的外交工作置于整个国际情势中加以艺术呈现。其间，通过全面展现与深度描摹日内瓦会议、万隆会议、周恩来访非、恢复联合国席位等一系列波澜壮阔的外交事件，并借此折射当时的国内环境与国际局势，从而表现出了毛泽东、周恩来、刘少奇、邓小平、陈毅等老一辈无产阶级革命家的深谋远虑、高瞻远瞩、运筹帷幄、决胜千里。该剧通过聚焦中华人民共和国外交战线来回溯历史的荣光，一方面有助于更好地鉴往知来，另一方面更是生动地诠释了当下中国的外交思想。

参考文献

［1］刘畅．大学生心理素质教育［M］．北京：北京交通大学出版社，2017.

［2］郑乐平，卫红．大学生心理健康教育［M］．长沙：湖南师范大学出版社，2013.

［3］赵海信．大学生心理健康教育［M］．沈阳：东北师范大学出版社，2013.

［4］樊富眠，王建中．当代大学生心理健康教程［M］．武汉：武汉大学出版社，2014.

［5］张文新．大学生心理健康教育［M］．济南：山东人民出版社，2013.

［6］杨昭宁．大学生心理健康教育［M］．济南：山东人民出版社，2012.

［7］崔建华．快乐成长营——大学生心理素质提升训练［M］．厦门：厦门大学出版社，2009.

［8］吉家文．新编大学生心理健康教育［M］．天津：南开大学出版社，2018.

［9］彭聊龄．普通心理学［M］．4版．北京：北京师范大学出版社，2014.

［10］钱明．医学心理学［M］．2版．天津：南开大学出版社，2005.

［11］沈德立．大学生心理健康［M］．北京：高等教育出版社，2013.

［12］胡佩诚．认识你自己［M］．北京：北京大学出版社，2011.

［13］梁庆．大学生心理健康教育教程［M］．沈阳：辽宁教育出版社，2019.

［14］陈秋燕．大学生心理健康教育［M］．北京：北京师范大学出版社，2016.

［15］郝春生．大学生心理健康［M］．北京：中国财政经济出版社，2008.

［16］王金凤，柴义江．大学生心理健康教育［M］．北京：清华大学出版社，2017.

［17］杨世昌．大学生心理健康教育教程［M］．北京：科学出版社，2016.

［18］蔺桂瑞．大学生心理成长与案例教学［M］．北京：高等教育出版社，2015.

［19］彭文英．大学生社会心态［M］．重庆：重庆大学出版社，2016.

［20］严万森，王加好．大学生心理健康教育［M］．北京：北京大学医学出版社．2015.

［21］夏翠翠．大学生心理健康教育［M］．北京：人民邮电出版社，2015.

［22］汪艳丽，李斌．大学生心理素质训练［M］．北京：电子工业出版社，2016.

［23］梅宪宾．大学生心理健康教育［M］．长春：吉林大学出版社，2019.

［24］姚萍．大学生心理健康与咨询［M］．北京：北京大学出版社，2018.

［25］李百珍．青少年心理卫生与心理咨询［M］．北京：北京师范大学出版社，2011.

［26］张松．大学生心理健康教育［M］．武汉：武汉大学出版社，2012.

［27］崔艳．大学生心理健康教育［M］．大连：东北财经大学出版社，2013.

［28］王金云，张静，宋大成．大学生心理健康教育与训练［M］，北京：电子工业出版社，2015.